DR. OETKER

CUPCAKES & MUFFINS

VON A–Z

Dr. Oetker Verlag

Abkürzungen

EL	=	Esslöffel
TL	=	Teelöffel
Msp.	=	Messerspitze
Pck.	=	Packung/Päckchen
g	=	Gramm
kg	=	Kilogramm
ml	=	Milliliter
l	=	Liter
evtl.	=	eventuell
geh.	=	gehäuft
gem.	=	gemahlen
ger.	=	gerieben
gestr.	=	gestrichen
TK	=	Tiefkühlprodukt
°C	=	Grad Celsius
Ø	=	Durchmesser

Kalorien-/Nährwertangaben

E	=	Eiweiß
F	=	Fett
Kh	=	Kohlenhydrate
kJ	=	Kilojoule
kcal	=	Kilokalorien
BE	=	Broteinheiten

Bei den Nährwertangaben in den Rezepten handelt es sich um auf- bzw. abgerundete ganze Werte. Lediglich die Broteinheiten werden in 0,5er-Schritten mit einer Stelle nach dem Komma angegeben.
Aufgrund von ständigen Rohstoffschwankungen und/ oder Rezepturveränderungen bei Lebensmitteln, kann es zu Abweichungen kommen. Die Nährwertangaben dienen daher lediglich Ihrer Orientierung und eignen sich nur bedingt für die Berechnung eines Diätplans, zum Beispiel bei Krankheiten wie Diabetes. Bei krankheitsbedingten Diäten richten Sie sich daher bitte nach den Anweisungen Ihres Diätassistenten bzw. Ihres Arztes.

Allgemeine Hinweise

Lesen Sie bitte vor der Zubereitung – besser noch vor dem Einkauf – das Rezept einmal vollständig durch. Oft werden Arbeitsabläufe oder -zusammenhänge dann klarer.

Zutatenliste und Arbeitsschritte

Die Zutaten sind in der Reihenfolge ihrer Verarbeitung aufgeführt.
Die Arbeitsschritte sind einzeln hervorgehoben, in der Reihenfolge, in der sie von uns ausprobiert wurden.

Zubereitungszeiten

Die Zubereitungszeit ist ein Anhaltswert für die Zeit der Vorbereitung und die eigentliche Zubereitung. Sie variiert je nach Geschick und Übung.
Wartezeiten wie Abkühl-, Kühl- oder Auftauzeiten sind, sofern parallel keine weitere Tätigkeit erfolgt, nicht in der Zubereitungszeit enthalten. Die Backzeiten werden gesondert ausgewiesen.

Backofeneinstellung und Backzeiten

Die in den Rezepten angegebenen Backtemperaturen und Backzeiten sind Richtwerte, die je nach individueller Hitzeleistung Ihres Backofens über- oder unterschritten werden können. Gegen Ende der angegebenen Backzeit sollten die Gebäcke genau beobachtet werden. Machen Sie nach Beendigung der angegebenen Backzeit eine Garprobe.
Die Temperaturangaben in diesem Buch beziehen sich auf Elektrobacköfen. Die Temperatureinstellmöglichkeiten für Gasbacköfen variieren je nach Hersteller sehr stark, sodass wir keine allgemeingültigen Angaben machen können. Bitte beachten Sie deshalb bei der Einstellung des Backofens die Gebrauchsanleitung des Herstellers. Ein Backofenthermometer eignet sich dabei gut, um die Backofentemperatur im Blick zu haben.

Einschubhöhe

Hohe und halbhohe Formen werden im Allgemeinen auf dem Rost im unteren Drittel des Backofens eingeschoben, flache Formen auf dem Rost in die mittlere Einschubleiste. Blechkuchen, Klein- und Eiweißgebäck gelingen am besten in der Mitte des Backofens. Abweichungen sind möglich und von der Ausführung Ihres Backofens abhängig (Herstellerangaben beachten).

Nur frische Eier verwenden

Bei der Zubereitung von Torten oder Tortenfüllungen mit frischen Eiern, die später nicht gebacken werden, nur Eier verwenden, die nicht älter als 5 Tage sind (Legedatum beachten!). Ei bzw. Eier in eine Rühr- oder Edelstahlschüssel geben und im heißen Wasserbad mit einem Mixer (Rührstäbe) bei mittlerer Hitze aufschlagen, bis eine Temperatur von etwa 70 °C entstanden ist. Die Torten im Kühlschrank aufbewahren und innerhalb von 24 Stunden verzehren.

Vorwort

Bunte Früchte für tolle Farben und Aromen. Knackige Nüsse für den Extra-Crunch.
Zart-schmelzende Schokolade für garantierte Glücksgefühle.

Grenzenlos vielfältig in der Kombination der Zutaten, ohne großen Aufwand gemacht und sehr praktisch zu essen: Cupcakes und Muffins sind für jede Gelegenheit das perfekte süße Vergnügen – egal ob feines Damenkränzchen, trendiges Candy- oder klassisches Brunch-Buffet. Kein Wunder, dass sie längst zum Dauerbrenner in heimischen Backstuben geworden sind.

Backvergnügen „easy going" versprechen Muffins: Einfach den Teig rühren, in die Förmchen füllen und im Backofen schön hochbacken lassen. Die wunderbar duftenden Küchlein dann entweder sofort genießen oder als Vorrat gut verpacken. So haben Langschläfer mit Haferflocken-Honig- oder klassischen Heidelbeer-Vanille-Muffins immer ein ideales Frühstück to go parat und am Nachmittagstief-Leidende mit Kaffee- oder Chai-Tea-Muffins den nötigen Energie-Kick in der Schublade.

Wem die Liebe die Sprache verschlagen hat, der sagt mit einem Cheescake „Cassis Love" sowieso mehr als tausend Worte.

Während Muffins bei der Garnierung mit Schoko- oder Zuckerguss oder einer dicken Puderzuckerschicht auskommen, verlangen die Beautys unter den kleinen Törtchen schon nach einem ausgiebigen, wohlüberlegten Styling: Pavlova-, Black-Forest- oder Super-Choc-Cheese-Cupcakes brauchen Glamour in Form von cremigen, gerne auch farbenprächtigen, kunstvoll aufdrapierten Toppings. Je nach Dekolust und -laune werden sie dann mit bunten Zuckerperlen, Schokostreuseln, Nüssen, Krokant, Früchten oder Marzipan üppig bestreut und ziehen alle Blicke auf sich.

Wer Abwechslung mag, wird unsere getesteten, gelingsicheren Rezepte lieben.

Amarena-Muffins

Cremig gefüllt

12 Stück

Pro Stück: E: 4 g, F: 14 g, Kh: 31 g, kJ: 1107, kcal: 262, BE: 2,5

Zum Vorbereiten:

130 g abgetropfte Amarenakirschen (aus dem Glas)
Amarenakirschsaft (aus dem Glas)
etwa 150 ml Buttermilch
1 Bio-Zitrone (unbehandelt, ungewachst)

Für den All-in-Teig:

200 g Weizenmehl
2 gestr. TL Dr. Oetker Backin
1 Pck. Dr. Oetker Pudding-Pulver Vanille-Geschmack
50 g Puderzucker
1 Prise Salz
2 Eier (Größe M)
75 ml Speiseöl, z. B. Sonnenblumenöl

Für die Mascarpone-Creme:

150 g Mascarpone (ital. Frischkäse)
20 g Speisestärke
10 g Puderzucker

etwas Puderzucker zum Bestäuben

Zubereitungszeit: 25 Minuten, ohne Abkühlzeit
Backzeit: etwa 25 Minuten

1. Zum Vorbereiten von den Kirschen den Saft auffangen. 6 Kirschen beiseitelegen, die restlichen Kirschen in kleine Stücke schneiden. Den Kirschsaft mit Buttermilch auf 175 ml auffüllen. Die Zitrone heiß abwaschen und abtrocknen. Die Schale fein abreiben. Dann die Zitrone halbieren und den Saft auspressen.

2. Den Backofen vorheizen.
Ober-/Unterhitze: etwa 180 °C
Heißluft: etwa 160 °C

3. Für den Teig Mehl mit Backpulver, Pudding-Pulver, Puderzucker und Salz in einer Rührschüssel mischen. Die Hälfte der Zitronenschale sowie Eier, Speiseöl und die Buttermilch-Kirschsaft-Mischung hinzufügen. Die Zutaten mit einem Mixer (Rührstäbe) zunächst kurz auf niedrigster, dann auf höchster Stufe in etwa 2 Minuten zu einem glatten Teig verarbeiten. Die vorbereiteten Kirschstücke unter den Teig heben.

4. Für die Creme Mascarpone mit Speisestärke, Zitronensaft, restlicher Zitronenschale und Puderzucker zu einer geschmeidigen Masse verrühren.

5. Die Hälfte des Teiges in die Mulden einer Muffinform (für 12 Muffins, gefettet, gemehlt) geben, die Mascarpone-Creme gleichmäßig darauf verteilen. Den restlichen Teig daraufgeben. Die Form auf dem Rost in den vorgeheizten Backofen schieben. Die Amarena-Muffins **etwa 25 Minuten backen.**

6. Die Form auf einen Kuchenrost stellen. Die Muffins etwa 10 Minuten in der Form abkühlen lassen. Anschließend vorsichtig aus der Form lösen und auf dem Kuchenrost erkalten lassen. Die beiseitegelegten Kirschen halbieren und auf den Muffins verteilen. Die Muffins mit Puderzucker bestäubt servieren.

Amaretto-Muffins | Mit Alkohol

12 Stück

Pro Stück: E: 4 g, F: 6 g, Kh: 29 g, kJ: 802, kcal: 192, BE: 2,5

Zum Vorbereiten:

2 säuerliche Äpfel, z. B. Boskop (etwa 400 g)
2 EL Zitronensaft
75 g getrocknete Pflaumen
2 EL Orangensaft
3 EL Amaretto (ital. Mandellikör)

Für den Rührteig:

3 Eiweiß (Größe M)
75 g Joghurt-Butter (zimmerwarm, 65 % Fett)
100 g Zucker
1 Pck. Dr. Oetker Vanillin-Zucker
3 Tropfen Bittermandel-Aroma
½ TL gem. Zimt
3 Eigelb (Größe M)
175 g Weizenmehl
3 gestr. TL Dr. Oetker Backin

etwa 1½ EL Semmelbrösel für die Form
etwas Puderzucker zum Bestäuben

Zubereitungszeit: 40 Minuten, ohne Abkühlzeit
Backzeit: etwa 30 Minuten

1. Zum Vorbereiten Äpfel schälen, halbieren und entkernen. Die Apfelhälften in je 3 gleich große Stücke schneiden, mit Zitronensaft beträufeln.

2. Pflaumen klein schneiden, mit Orangensaft und Amaretto in einen hohen Rührbecher geben und fein pürieren.

3. Den Backofen vorheizen.
Ober-/Unterhitze: etwa 180 °C
Heißluft: etwa 160 °C

4. Für den Teig Eiweiß mit einem Mixer (Rührstäbe) steif schlagen. In einer anderen Schüssel Joghurt-Butter mit dem Mixer (Rührstäbe) auf höchster Stufe geschmeidig rühren. Nach und nach Zucker, Vanillin-Zucker, Aroma und Zimt unterrühren. So lange rühren, bis eine gebundene Masse entstanden ist.

5. Eigelb nach und nach, dann die Pflaumen-Saft-Mischung unterrühren. Mehl mit Backpulver mischen und auf mittlerer Stufe ebenfalls kurz unterrühren. Eischnee vorsichtig unterheben.

6. Jeweils 1 Esslöffel von dem Teig in die Mulden einer Muffinform (für 12 Muffins, gefettet, mit Semmelbröseln ausgestreut) geben. Jeweils 1 Apfelstück darauflegen und anschließend den restlichen Teig darauf verteilen.

7. Die Form auf dem Rost in den vorgeheizten Backofen schieben. Die Amaretto-Muffins **etwa 30 Minuten backen.**

8. Die Form auf einen Kuchenrost stellen. Die Muffins etwa 10 Minuten in der Form abkühlen lassen. Anschließend vorsichtig aus der Form lösen und auf dem Kuchenrost erkalten lassen. Die Muffins mit Puderzucker bestäubt servieren.

Ananas-Litschi-Muffins

Exotisch

12 Stück

Pro Stück: E: 4 g, F: 4 g, Kh: 32 g, kJ: 769, kcal: 184, BE: 2,5

Zum Vorbereiten:

18 Litschis
100 g frisches Ananasfruchtfleisch (vorbereitet gewogen)

Für den Teig:

3 Eiweiß (Größe M)
3 Eigelb (Größe M)
80 g Zucker
2 TL Zitronensaft
30 ml Speiseöl, z. B. Sonnenblumenöl
200 g Weizenmehl
3 gestr. TL Dr. Oetker Backin
100 g getrocknete Ananas, ungezuckert

Zum Garnieren:

½ Pck. ungezuckerter Tortenguss, klar
1 EL Zucker
125 ml Apfelsaft

12 Muffin-Papierbackförmchen

Zubereitungszeit: 35 Minuten, ohne Abkühlzeit
Backzeit: 25–30 Minuten

1. Zum Vorbereiten die Litschis aus der Schale lösen und die Kerne entfernen. 6 Litschis halbieren. Das Ananasfruchtfleisch in kleine Stücke schneiden, in einen Rührbecher geben und mit einem Pürierstab fein pürieren.

2. Den Backofen vorheizen.
Ober-/Unterhitze: etwa 180 °C
Heißluft: etwa 160 °C

3. Für den Teig Eiweiß mit einem Mixer (Rührstäbe) steif schlagen. Der Schnee muss so fest sein, dass ein Messerschnitt sichtbar bleibt.

4. In einer anderen Schüssel Eigelb und Zucker mit dem Mixer (Rührstäbe) auf höchster Stufe etwa 3 Minuten schaumig schlagen.

5. Zitronensaft, Speiseöl sowie das Ananaspüree zugeben und sorgfältig unterrühren.

6. Das Mehl mit dem Backpulver vermischen und unterheben. Getrocknete Ananas in sehr kleine Stückchen schneiden und unterheben. Zuletzt Eischnee unter den Teig heben.

7. Teig in die Mulden einer Muffinform (für 12 Muffins, mit Papierbackförmchen ausgelegt) geben und glatt streichen. Jeweils 1 Litschi in die Mitte setzen.

8. Die Form auf dem Rost in den vorgeheizten Backofen schieben. Die Muffins **25–30 Minuten backen.**

9. Die Form auf einen Kuchenrost stellen. Die Muffins etwa 5 Minuten in der Form abkühlen lassen. Anschließend aus der Form lösen und auf dem Kuchenrost erkalten lassen.

10. Zum Garnieren aus Tortengusspulver, Zucker und Saft einen Guss nach Packungsanleitung zubereiten. Die halbierten Litschis auf den Muffins verteilen und mit Tortenguss übergießen. Den Guss trocknen lassen.

Tipp: Sie können auch abgetropfte Litschis aus der Dose verwenden.

Ananas-Minz-Muffins I

Erfrischend – fettarm

12 Stück

Pro Stück: E: 4 g, F: 8 g, Kh: 36 g, kJ: 974, kcal: 233, BE: 3,0

Zum Vorbereiten:

350 g abgetropfte Ananasscheiben (aus der Dose)
3–4 Stängel frische Pfefferminze

Für den All-in-Teig:

225 g Weizenmehl
2 gestr. TL Dr. Oetker Backin
1 Prise Salz
75 g Puderzucker
3 Eier (Größe M)
75 g Butter oder Margarine (zimmerwarm)
150 ml Zitronen-Buttermilch

Für den Guss:

100 g Puderzucker
3–4 TL Zitronensaft

Zubereitungszeit: 25 Minuten, ohne Abkühlzeit
Backzeit: 25–30 Minuten

1. Zum Vorbereiten die Ananasscheiben in kleine Stücke schneiden. Pfefferminze abspülen, trocken tupfen und die Blättchen von den Stängeln zupfen. Blättchen fein hacken und mit den Ananasstücken mischen.

2. Den Backofen vorheizen.
Ober-/Unterhitze: etwa 180 °C
Heißluft: etwa 160 °C

3. Für den Teig Mehl mit Backpulver, Salz und Puderzucker in einer Rührschüssel mischen. Eier, Butter oder Margarine und Buttermilch hinzufügen.

4. Die Zutaten mit einem Mixer (Rührstäbe) zunächst kurz auf niedrigster, dann auf höchster Stufe in etwa 2 Minuten zu einem glatten Teig verarbeiten. Die Ananas-Minz-Mischung unterheben.

5. Teig in die Mulden einer Muffinform (für 12 Muffins, gefettet, gemehlt) geben und glatt streichen.

6. Form auf dem Rost in den vorgeheizten Backofen schieben. Die Ananas-Minz-Muffins **25–30 Minuten backen.**

7. Die Form auf einen Kuchenrost stellen. Die Muffins etwa 10 Minuten in der Form abkühlen lassen. Anschließend vorsichtig aus der Form lösen und auf dem Kuchenrost erkalten lassen.

8. Für den Guss den Puderzucker mit Zitronensaft zu einem dickflüssigen Guss verrühren. Die Muffins damit bestreichen. Guss trocknen lassen.

Tipps: Statt Ananas aus der Dose können Sie auch frische Ananas verwenden – so schmecken die Muffins besonders fruchtig und fein-säuerlich: Dazu die Ananas schälen, vierteln und den harten Strunk entfernen. Ananas in kleine Stücke schneiden, mit der vorbereiteten Minze vermengen und unter den Teig heben. Wenn Sie keine frische Pfefferminze bekommen, können Sie auch den Inhalt eines Pfefferminz-Teebeutels mit der Ananas vermischen.

Ananas-Muffins

Exotisch

12 Stück

Pro Stück: E: 4 g, F: 12 g, Kh: 28 g, kJ: 998, kcal: 238, BE: 2,5

Für den Teig:

100 g Marzipan-Rohmasse
150 g Weizenmehl
2 gestr. TL Dr. Oetker Backin
100 g Zucker
1 Pck. Dr. Oetker Vanillin-Zucker
70 ml Milch (1,5 % Fett)
80 ml neutrales Speiseöl, z. B. Sonnenblumenöl
2 Eier (Größe M)

Für den Belag:

12 abgetropfte kleine Ananasscheiben (aus Dosen)

1 EL Kokosraspel zum Bestreuen
etwas Puderzucker zum Bestäuben

Zubereitungszeit: 20 Minuten, ohne Abkühlzeit
Backzeit: etwa 30 Minuten

1. Den Backofen vorheizen.
Ober-/Unterhitze: etwa 180 °C
Heißluft: etwa 160 °C

2. Für den Teig Marzipan-Rohmasse auf der groben Seite der Haushaltsreibe in eine Rührschüssel raspeln. Mehl, Backpulver, Zucker und Vanillin-Zucker hinzufügen, mit einem Schneebesen verrühren.

3. Milch, Speiseöl und Eier in einem Rührbecher mit dem Schneebesen verrühren. Die flüssigen Zutaten zu der Marzipan-Mehl-Mischung in die Rührschüssel geben und zu einem glatten Teig verrühren.

4. Den Teig in den Mulden einer Muffinform (für 12 Muffins, gefettet, gemehlt) glatt streichen. Die Ananasscheiben darauflegen, dabei von innen nach außen so in den Teig drücken, dass der Rand auf den Förmchen aufliegt. Muffins mit Kokosraspeln bestreuen. Form auf dem Rost in den vorgeheizten Backofen schieben. Muffins **etwa 30 Minuten backen.**

5. Die Form auf einen Kuchenrost stellen. Die Muffins nach etwa 5 Minuten aus der Form lösen und auf den Kuchenrost setzen. Muffins mit Puderzucker bestäuben und erkalten lassen. Zum Servieren die Ananas-Muffins nochmals mit Puderzucker bestäuben.

Apfel-Cola-Cakes

Gut kombiniert

12 Stück

Pro Stück: E: 6 g, F: 26 g, Kh: 41 g, kJ: 1781, kcal: 426, BE: 3,5

Für den Rührteig:

180 g	*Butter oder Margarine (zimmerwarm)*
2 EL	*Speiseöl, z. B. Sonnenblumenöl*
180 g	*brauner Zucker*
1 Prise	*Salz*
½ Pck.	*Dr. Oetker Finesse Geriebene Zitronenschale*
2	*Eier (Größe M)*
220 g	*Weizenmehl*
1 ½ gestr. TL	*Dr. Oetker Backin*
150 ml	*Cola*

Für das Topping:

3	*säuerliche Äpfel (500 g)*
100 ml	*Cola*
½ Pck.	*Dr. Oetker Finesse Geriebene Zitronenschale*
20 g	*Zucker*
200 g	*Doppelrahm-Frischkäse*
2 Pck.	*Sahnesteif*
200 g	*Schlagsahne (mind. 30 % Fett)*
20 g	*Puderzucker*
einige	*Minze- oder Zitronenmelissenblättchen*
etwas	*Apfel-Zimt-Zucker oder Zimt-Zucker*

Außerdem:

12	*Muffin-Papierbackförmchen*

Zubereitungszeit: 45 Minuten, ohne Abkühlzeit
Backzeit: etwa 30 Minuten

1. Den Backofen vorheizen.
Ober-/Unterhitze: etwa 180 °C
Heißluft: etwa 160 °C

2. Für den Teig Butter oder Margarine und Speiseöl mit einem Mixer (Rührstäbe) auf höchster Stufe geschmeidig rühren. Nach und nach Zucker, Salz und Zitronenschale unterrühren. So lange rühren, bis eine gebundene Masse entstanden ist. Die Eier nach und nach unterrühren (jedes Ei etwa ½ Minute). Mehl mit Backpulver mischen und abwechselnd mit der Cola in 2 Portionen auf mittlerer Stufe kurz unterrühren.

3. Den Rührteig in die Mulden einer Muffinform (für 12 Muffins, mit Papierbackförmchen ausgelegt) geben und glatt streichen. Die Form auf dem Rost in den vorgeheizten Backofen schieben. Die Cakes **etwa 30 Minuten backen.**

4. Die Form auf einen Kuchenrost stellen. Die Cakes etwa 5 Minuten in der Form abkühlen lassen. Anschließend aus der Form lösen und auf dem Kuchenrost erkalten lassen.

5. Für das Topping die Äpfel schälen, vierteln und entkernen. Apfelviertel in Würfel schneiden.

6. Cola mit Zitronenschale, Zucker und Apfelwürfeln in einem kleinen Topf aufkochen. Danach die Masse bei schwacher Hitze zugedeckt etwa 2 Minuten dünsten. Die Apfelwürfel in einem Sieb abtropfen lassen, dabei die Flüssigkeit auffangen. Die aufgefangene Flüssigkeit wieder in den Topf geben und etwa 3 Minuten einkochen lassen, bis etwa 1 Esslöffel dickflüssiger Sirup übrig bleibt. Den Sirup etwas abkühlen lassen.

7. Den Frischkäse mit dem lauwarmen Sirup glatt rühren. 1 Päckchen Sahnesteif unter die abgekühlten Apfelwürfel mischen. Die Sahne kurz aufschlagen. Restliches Sahnesteif mit Puderzucker mischen und einstreuen, dabei die Sahne vollständig steif schlagen. Sahne vorsichtig mit dem Frischkäse verrühren und zuletzt die Apfelwürfel unterheben.

8. Für jeden Cupcake mit einem Eiskugelportionierer (Ø etwa 5 cm) eine Kugel Apfel-Sahne formen und daraufgeben. Die Apfel-Cola-Cakes mit abgespülten, trocken getupften Minze- oder Zitronenmelisseblättchen garnieren und mit Apfel-Zimt-Zucker oder Zimt-Zucker bestreuen.

Apfel-Cupcakes

Wunderbar saftig

12 Stück

Pro Stück: E: 4 g, F: 29 g, Kh: 35 g, kJ: 1734, kcal: 415, BE: 3,0

Zum Vorbereiten:

1 großer Apfel (etwa 220 g)
20 g frischer Ingwer
20 g Marzipan-Rohmasse
½ TL gesiebter Kakao zum Backen

Für den Rührteig:

180 g Butter oder Margarine (zimmerwarm)
160 g Zucker
3 Eier (Größe M)
180 g Weizenmehl
1 gestr. TL Dr. Oetker Backin

Für das Topping:

180 g Butter (zimmerwarm)
1 EL Puderzucker
140 g rotes Johannisbeergelee
50 g Crème fraîche (zimmerwarm)
12 vorbereitete Zitronenmelisseblättchen oder 12 Schoko-Dekor-Blätter

Außerdem:

12 Muffin-Papierbackförmchen

Zubereitungszeit: 40 Minuten, ohne Abkühlzeit
Backzeit: etwa 30 Minuten

1. Zum Vorbereiten Apfel schälen, vierteln, entkernen und in kleine Stücke schneiden. Ingwer schälen und fein reiben.

2. Das Marzipan mit dem Kakao sehr gut verkneten. Aus dem Marzipan 12 Apfelstiele modellieren. Diese auf ein Stück Backpapier legen und trocknen lassen.

3. In der Zwischenzeit den Backofen vorheizen.
Ober-/Unterhitze: etwa 180 °C
Heißluft: etwa 160 °C

4. Für den Teig Butter oder Margarine mit einem Mixer (Rührstäbe) auf höchster Stufe geschmeidig rühren. Nach und nach Zucker unterrühren. So lange rühren, bis eine gebundene Masse entstanden ist.

5. Die Eier nach und nach unterrühren (jedes Ei etwa ½ Minute). Mehl mit Backpulver mischen und auf mittlerer Stufe kurz unterrühren. Zum Schluss die Apfelstücke mit dem fein geriebenen Ingwer vorsichtig unterheben.

6. Den Rührteig in die Mulden einer Muffinform (für 12 Muffins, mit Papierbackförmchen ausgelegt) geben und glatt streichen. Die Form auf dem Rost in den vorgeheizten Backofen schieben. Die Cupcakes **etwa 30 Minuten backen.**

7. Die Form auf einen Kuchenrost stellen. Cupcakes etwa 5 Minuten in der Form abkühlen lassen. Anschließend aus der Form lösen und auf dem Kuchenrost erkalten lassen.

8. Für das Topping die sehr weiche Butter und den Puderzucker mit einem Mixer (Rührstäbe) zunächst kurz auf niedrigster, dann auf höchster Stufe etwa 4 Minuten schaumig schlagen. Das Johannisbeergelee esslöffelweise unterrühren. Zuletzt die Crème fraîche kurz unterschlagen.

9. Das Topping mit einem Esslöffel oder einer kleinen Palette kuppelförmig auf die Cupcakes streichen. Den Marzipan-Stiel in die Mitte stecken und mit einem abgespülten, trocken getupften Zitronenmelisseblatt oder einem Schokoblatt garnieren.

Apfel-Marzipan-Muffins

Feiner Genuss

12 Stück

Pro Stück: E: 6 g, F: 15 g, Kh: 27 g, kJ: 1120, kcal: 268, BE: 2,0

Zum Vorbereiten:

250 g Äpfel,
z. B. Jonagold
1 EL Zitronensaft

Für den Rührteig:

2 Eiweiß (Größe M)
1 Prise Salz
75 g Zucker
200 g Marzipan-Rohmasse
70 g Butter oder Margarine (zimmerwarm)
1 Msp. gem. Ingwer
2 Eier (Größe M)
2 Eigelb (Größe M)
125 g Weizenmehl
1 gestr. TL Dr. Oetker Backin

Zum Garnieren:

30 g gehobelte Mandeln
2–3 EL Aprikosenkonfitüre
1 EL Wasser

Außerdem:

Semmelbrösel für die Form

Zubereitungszeit: 30 Minuten, ohne Abkühlzeit
Backzeit: 20–25 Minuten

1. Zum Vorbereiten die Äpfel schälen, vierteln und entkernen. Apfelviertel auf der groben Seite der Haushaltsreibe raspeln, dann mit Zitronensaft mischen.

2. Den Backofen vorheizen.
Ober-/Unterhitze: etwa 180 °C
Heißluft: etwa 160 °C

3. Für den Teig zunächst Eiweiß mit Salz und 25 g von dem Zucker steif schlagen und beiseitestellen.

4. Marzipan in hauchdünne Scheiben schneiden und in eine Rührschüssel geben. Butter oder Margarine hinzufügen und mit einem Mixer (Rührstäbe) auf höchster Stufe geschmeidig rühren. Nach und nach den restlichen Zucker und den Ingwer unterrühren. So lange rühren, bis eine gebundene Masse entstanden ist.

5. Eier und Eigelb nach und nach unterrühren (jedes Ei etwa ½ Minute). Mehl mit Backpulver mischen und auf mittlerer Stufe kurz unterrühren.

6. Die geraspelten Äpfel hinzufügen und mit dem Eischnee vorsichtig unter den Teig heben.

7. Den Teig in die Mulden einer Muffinform (für 12 Muffins, gefettet, mit Semmelbröseln ausgestreut) geben und glatt streichen. Die Form auf dem Rost in den vorgeheizten Backofen schieben. Die Apfel-Marzipan-Muffins **20–25 Minuten backen.**

8. Die Form auf einen Kuchenrost stellen. Die Muffins etwa 5 Minuten in der Form abkühlen lassen. Anschließend vorsichtig aus der Form lösen und auf dem mit Backpapier belegten Kuchenrost erkalten lassen.

9. Zum Garnieren in der Zwischenzeit die Mandeln in einer Pfanne ohne Fett unter Wenden goldbraun rösten, auf einen Teller geben und erkalten lassen.

10. Die Aprikosenkonfitüre mit dem Wasser in einem kleinen Topf verrühren, aufkochen, auf die Muffins streichen (stückige Konfitüre nach dem Aufkochen durch ein Sieb streichen) und mit gehobelten Mandeln bestreuen.

Apfelrosen mit Creme

Etwas Besonderes

12 Stück

Pro Stück: E: 3 g, F: 17 g, Kh: 38 g, kJ: 1358, kcal: 325, BE: 3,0

Für den Knetteig:

230 g Weizenmehl
1 Msp. Dr. Oetker Backin
100 g Zucker
1 Prise Salz
1 EL kaltes Wasser
150 g Butter oder Margarine

Für die Creme:

15 g Speisestärke
50 g Zucker
1 Pck. Dr. Oetker Vanillin-Zucker
2 Eigelb (Größe M)
100 ml Milch (1,5 % Fett)
200 g Schlagsahne

Für den Belag:

2 mittelgroße Äpfel, z. B. Jonagold (etwa 350 g)
200 ml Apfelsaft, klar
2 EL Zitronensaft
30 g Zucker

Für den Guss:

½ Pck. ungezuckerter Tortenguss, klar
1–2 EL Zucker
125 ml Saft von den Äpfeln (evtl. mit Wasser aufgefüllt)

Außerdem:

etwa 400 g getrocknete Hülsenfrüchte zum Vorbacken, z. B. Bohnen, Erbsen oder Linsen
24 Muffin-Papierbackförmchen

Zubereitungszeit: 70 Minuten, ohne Kühlzeit
Backzeit: 20–30 Minuten

1. Für den Teig Mehl mit Backpulver in einer Rührschüssel mischen. Restliche Zutaten hinzufügen und mit einem Mixer (Knethaken) zunächst kurz auf niedrigster, dann auf höchster Stufe gut durcharbeiten.

2. Anschließend auf einer leicht bemehlten Arbeitsfläche kurz zu einem Teig verkneten und zu einer Rolle formen. Die Teigrolle in Frischhaltefolie gewickelt etwa 60 Minuten in den Kühlschrank legen.

3. Für die Creme in der Zwischenzeit Speisestärke mit Zucker, Vanillin-Zucker, Eigelb, Milch und Sahne in einem Topf sorgfältig anrühren. Anschließend unter Rühren zum Kochen bringen und aufkochen lassen. Den Topf von der Kochstelle nehmen und Frischhaltefolie direkt auf die Creme legen, damit sich keine Haut bildet. Die Creme erkalten lassen.

4. Den Backofen vorheizen.
Ober-/Unterhitze: etwa 200 °C
Heißluft: etwa 180 °C

5. Die Teigrolle auf der leicht bemehlten Arbeitsfläche in 12 gleich große Scheiben schneiden. Die Scheiben einzeln zu runden Platten (Ø etwa 8 cm) ausrollen.

6. Die Teigscheiben in die Mulden einer Muffinform (für 12 Muffins, mit 12 Papierbackförmchen ausgelegt) legen und rundherum gleichmäßig bis zum Papierrand andrücken. Teigböden mit einer Gabel mehrfach einstechen.

7. Die restlichen Papierbackförmchen in die rohen Törtchen setzen und mit Hülsenfrüchten befüllen. Die Form auf dem Rost in den vorgeheizten Backofen schieben. Die Törtchen **15–20 Minuten vorbacken.**

8. Nach Ende der Vorbackzeit die Form auf einen Kuchenrost stellen. Die oberen Papierbackförmchen mit den Hülsenfrüchten vorsichtig entfernen. Dann die Muffinform mit den vorgebackenen Törtchen wieder in den heißen Backofen schieben. Die Törtchen **bei gleicher Backofentemperatur in 5–10 Minuten fertig backen.**

9. Die Form auf einen Kuchenrost stellen. Die Törtchen etwa 5 Minuten in der Form abkühlen lassen. Anschließend aus der Form lösen und auf dem Kuchenrost erkalten lassen.

10. Für den Belag die Äpfel schälen, vierteln und entkernen. Apfelviertel der Länge nach in 3–5 mm dicke Spalten schneiden.

11. Apfelsaft, Zitronensaft und Zucker in einem Topf zum Kochen bringen. Apfelspalten portionsweise in jeweils etwa 3 Minuten darin garen, mit der Schaumkelle vorsichtig herausnehmen und in einem Sieb abtropfen lassen. Dabei den abtropfenden Saft für den Guss auffangen und evtl. mit Wasser auf 125 ml auffüllen.

12. Die Creme in einen Spritzbeutel mit großer Lochtülle füllen und in die Törtchen spritzen. Für jedes Törtchen einige Apfelspalten wie Rosenblätter umeinanderlegen und auf die Creme geben.

13. Für den Guss aus Tortengusspulver, Zucker und aufgefangenem Saft nach Packungsanleitung eine halbe Portion Guss zubereiten, etwas abkühlen lassen. Den Guss auf den Apfelspalten verteilen. Guss fest werden lassen. Die Apfelrosen bis zum Servieren zugedeckt im Kühlschrank aufbewahren.

Apfel-Sahne-Muffins

Schmecken warm besonders gut

12 Stück

Pro Stück: E: 4 g, F: 10 g, Kh: 22 g, kJ: 805, kcal: 192, BE: 2,0

Zum Vorbereiten:

2 Äpfel, z. B. Gala oder Braeburn (etwa 250 g)
1 EL Zitronensaft
4 Scheiben Buttertoast (etwa 100 g)

Für den Teig:

100 g Weizenmehl
1 gestr. TL Dr. Oetker Backin
100 g Zucker
1 Pck. Dr. Oetker Vanillin-Zucker
1 Prise Salz
200 g Schlagsahne
1 EL neutrales Speiseöl
2 Eier (Größe M)
40 g gestiftelte Mandeln

Zubereitungszeit: 25 Minuten, ohne Abkühlzeit
Backzeit: etwa 25 Minuten

1. Den Backofen vorheizen.
Ober-/Unterhitze: etwa 180 °C
Heißluft: etwa 160 °C

2. Zum Vorbereiten Äpfel heiß abwaschen, abtrocknen, vierteln und entkernen. Die Apfelviertel quer in Scheiben schneiden und mit Zitronensaft beträufeln. Toastbrotscheiben entrinden und in kleine Würfel schneiden.

3. Für den Teig Mehl mit Backpulver, Zucker, Vanillin-Zucker und Salz in einer Rührschüssel mit einem Schneebesen verrühren.

4. Sahne, Speiseöl und Eier in einem Rührbecher mit dem Schneebesen verrühren.

5. Die flüssigen Zutaten zu der Mehlmischung in die Rührschüssel geben und zu einem glatten Teig verrühren. Toastbrotwürfel und Apfelscheiben mit einem Löffel unterrühren.

6. Den Teig in die Mulden einer Muffinform (für 12 Muffins, gefettet, gemehlt) geben und glatt streichen. Die Mandeln darauf verteilen. Die Form auf dem Rost in den vorgeheizten Backofen schieben. Apfel-Sahne-Muffins **etwa 25 Minuten backen.**

7. Die Form auf einen Kuchenrost stellen. Die Muffins etwa 5 Minuten in der Form abkühlen lassen. Anschließend aus der Form lösen und auf dem Kuchenrost erkalten lassen.

Tipps: Vor dem Servieren 50 ml Apfelsaft mit 100 g Apfel- oder rotem Johannisbeergelee erhitzen, glatt rühren und auf die Muffins geben. Die Muffins können auch mit Nektarinen zubereitet werden.

Apfel-Zimt-Muffins

Wunderbar saftig

12 Stück

Pro Stück: E: 3 g, F: 13 g, Kh: 34 g, kJ: 1121, kcal: 268, BE: 3,0

Zum Vorbereiten:

500 g Äpfel, z. B. Boskop
2 EL Zucker
1 gestr. TL gem. Zimt

Für den Teig:

3 Eiweiß (Größe M)
50 g Zucker
160 g Butter (zimmerwarm)
120 g Zucker
1 Prise Salz
3 Eigelb (Größe M)
180 g Weizenmehl
1 gestr. TL Dr. Oetker Backin

Zum Bestreuen:

2 EL Zucker
1 gestr. TL gem. Zimt

Außerdem:

12 Muffin-Papierbackförmchen

Zubereitungszeit: 25 Minuten, ohne Abkühlzeit
Backzeit: etwa 25 Minuten

1. Den Backofen vorheizen.
Ober-/Unterhitze: etwa 180 °C
Heißluft: etwa 160 °C

2. Zum Vorbereiten die Äpfel schälen, vierteln und entkernen. Die Apfelviertel in kleine Stücke schneiden, mit Zucker und Zimt vermischen.

3. Für den Teig Eiweiß und Zucker mit einem Mixer (Rührstäbe) steif schlagen. In einer anderen Rührschüssel die Butter mit dem Mixer (Rührstäbe) etwa 2 Minuten schaumig schlagen. Nach und nach Zucker und Salz unterrühren. Eigelb ebenfalls nach und nach unterrühren. Das Mehl mit dem Backpulver mischen und hinzugeben (noch nicht vermischen).

4. Zunächst die Hälfte des Eischnees zügig unter die vorbereitete Masse rühren. Anschließend den restlichen Eischnee mit einem Teigschaber vorsichtig unterheben.

5. Teig in die Mulden einer Muffinform (für 12 Muffins, mit Papierbackförmchen ausgelegt) geben und glatt streichen. Die vorbereiteten Zimt-Äpfel auf dem Teig verteilen und etwas hineindrücken. Die Muffinform auf dem Rost in den vorgeheizten Backofen schieben. Die Apfel-Zimt-Muffins **etwa 25 Minuten backen.**

6. Die Form auf einen Kuchenrost stellen. Die Muffins etwa 5 Minuten in der Form abkühlen lassen. Anschließend aus der Form lösen, mit Zimt-Zucker bestreuen und auf dem Kuchenrost erkalten lassen.

Tipps: Die Apfel-Zimt-Muffins kurz vor dem Servieren zusätzlich mit etwas Puderzucker bestäuben. Die Muffins sind besonders saftig und halten sich gut verpackt 2–3 Tage.

Aprikosen-Müsli-Muffins

Einfach

12 Stück

Pro Stück: E: 5 g, F: 20 g, Kh: 28 g, kJ: 1026, kcal: 245, BE: 2,5

Zum Vorbereiten:

100 g getrocknete Aprikosen
125 ml Aprikosennektar oder Multivitaminsaft
100 g Knuspermüsli mit Rosinen

Für den All-in-Teig:

125 g Butter oder Margarine
175 g Weizenmehl
2 TL Dr. Oetker Backin
100 g Zuckerrübensirup (Rübenkraut)
3 Eier (Größe M)

etwas Puderzucker zum Bestäuben

Zubereitungszeit: 20 Minuten, ohne Einweich- und Abkühlzeit
Backzeit: etwa 20 Minuten

1. Zum Vorbereiten Aprikosen in kleine Würfel schneiden, in eine flache Schale legen und mit Nektar oder Saft übergießen. Aprikosenwürfel etwa 60 Minuten darin einweichen. Knuspermüsli in einen Gefrierbeutel geben. Den Beutel fest verschließen und das Knuspermüsli mit einer Teigrolle grob zerbröseln.

2. Den Backofen vorheizen.
Ober-/Unterhitze: etwa 180 °C
Heißluft: etwa 160 °C

3. Für den Teig die Butter oder Margarine zerlassen und abkühlen lassen. Mehl mit Backpulver in einer Rührschüssel mischen. Müslibrösel, Zuckerrübensirup, Eier und flüssige Butter oder Margarine hinzufügen. Die Zutaten mit einem Mixer (Rührstäbe) zunächst kurz auf niedrigster, dann auf höchster Stufe in etwa 2 Minuten zu einem glatten Teig verarbeiten. Die Aprikosenwürfel unterheben.

4. Den Teig in die Mulden einer Muffinform (für 12 Muffins, gefettet, gemehlt) geben und glatt streichen. Die Form auf dem Rost in den vorgeheizten Backofen schieben. Die Aprikosen-Müsli-Muffins **etwa 20 Minuten backen.**

5. Die Form auf einen Kuchenrost stellen. Muffins etwa 10 Minuten in der Form abkühlen lassen. Anschließend vorsichtig aus der Form lösen und auf dem Kuchenrost erkalten lassen. Die Muffins mit Puderzucker bestäuben.

Aprikosen-Safran-Cakes

Feiner Genuss

12 Stück

Pro Stück: E: 7 g, F: 32 g, Kh: 39 g, kJ: 1971, kcal: 471, BE: 3,5

Für den Teig:

200 g Butter oder Margarine (zimmerwarm)
2 EL Speiseöl, z. B. Keimöl
180 g Zucker
1 Prise Salz
3 Eier (Größe M)
200 g Weizenmehl
30 g Speisestärke
2 gestr. TL Dr. Oetker Backin
100 g Joghurt (3,5 % Fett)
1 Pck. gem. Safran (0,1 g)

Für das Topping:

250 g abgetropfte Aprikosenhälften (aus der Dose)
2 Pck. Sahnesteif
70 g Butter (zimmerwarm)
50 g Puderzucker
350 g Doppelrahm-Frischkäse

Außerdem:

12 Muffin-Papierbackförmchen

Zubereitungszeit: 40 Minuten, ohne Abkühlzeit
Backzeit: etwa 30 Minuten

1. Den Backofen vorheizen.
Ober-/Unterhitze: etwa 180 °C
Heißluft: etwa 160 °C

2. Für den Teig Butter oder Margarine und Speiseöl mit einem Mixer (Rührstäbe) auf höchster Stufe geschmeidig rühren. Nach und nach Zucker und Salz unterrühren. So lange rühren, bis eine gebundene Masse entstanden ist.

3. Eier nach und nach unterrühren (jedes Ei etwa ½ Minute). Mehl mit Speisestärke und Backpulver mischen. Joghurt mit Safran verrühren. Das Mehlgemisch und den Safran-Joghurt abwechselnd in 2 Portionen auf mittlerer Stufe kurz unterrühren.

4. Den Teig in die Mulden einer Muffinform (für 12 Muffins, mit Papierbackförmchen ausgelegt) geben und glatt streichen. Die Form auf dem Rost in den vorgeheizten Backofen schieben. Die Cupcakes **etwa 30 Minuten backen.**

5. Die Form auf einen Kuchenrost stellen. Die Cupcakes etwa 5 Minuten in der Form abkühlen lassen. Anschließend aus der Form lösen und auf dem Kuchenrost erkalten lassen.

6. Für das Topping von den Aprikosenhälften 8 Stück zum Garnieren beiseitelegen. Das Sahnesteif mit den restlichen Aprikosenhälften in einem Rührbecher mischen. Die Zutaten mit einem Pürierstab pürieren.

7. Die Butter mit dem Puderzucker mit dem Mixer (Rührstäbe) cremig aufschlagen. Den Frischkäse esslöffelweise unterrühren. Aprikosenpüree nach und nach unterrühren.

8. Die Creme in einen Spritzbeutel mit Lochtülle (Ø 12–15 mm) füllen. Auf jeden Cupcake einen dicken Tupfen Creme spritzen. Die beiseitegelegten Aprikosenhälften in kleine Stücke schneiden, auf der Creme verteilen und leicht andrücken.

Aprikosen-Schmand-Cakes

Feiner Genuss

12 Stück

Pro Stück: E: 5 g, F: 21 g, Kh: 29 g,
kJ: 1362, kcal: 325, BE: 2,5

Für den Teig:

150 g Weizenmehl
1 Pck. Saucenpulver Vanille-Geschmack zum Kochen
3 gestr. TL Dr. Oetker Backin
125 g Zucker
125 g Butter oder Margarine (zimmerwarm)
3 Eier (Größe M)
100 ml Milch (1,5 % Fett)
50 g Mohnsamen

Für das Topping:

200 g Schlagsahne (mind. 30 % Fett)
30 g Zucker
1 Pck. Sahnesteif
100 g Schmand (Sauerrahm)

Zum Garnieren:

3–4 reife Aprikosen oder einige abgetropfte Aprikosenhälften (aus der Dose)
12 Schokoladenwaffeln (etwa 50 g, aus dem Keksregal)

Außerdem:

12 Muffin-Papierbackförmchen

Zubereitungszeit: 35 Minuten, ohne Abkühlzeit
Backzeit: etwa 25 Minuten

1. Den Backofen vorheizen.
Ober-/Unterhitze: etwa 180 °C
Heißluft: etwa 160 °C

2. Für den Teig Mehl mit Saucenpulver, Backpulver und Zucker in einer Rührschüssel mischen. Butter oder Margarine, Eier und Milch hinzufügen.

3. Die Zutaten mit einem Mixer (Rührstäbe) zunächst kurz auf niedrigster, dann auf höchster Stufe in etwa 2 Minuten zu einem glatten Teig verarbeiten. Mohn zuletzt kurz unterrühren.

4. Den Mohnteig in die Mulden einer Muffinform (für 12 Muffins, mit Papierbackförmchen ausgelegt) geben und glatt streichen. Die Form auf dem Rost in den vorgeheizten Backofen schieben. Die Cupcakes **etwa 25 Minuten backen.**

5. Die Form auf einen Kuchenrost stellen. Die Cupcakes etwa 5 Minuten in der Form abkühlen lassen. Anschließend aus der Form lösen und auf dem Kuchenrost erkalten lassen.

6. Für das Topping Sahne mit Zucker und Sahnesteif steif schlagen. Schmand unterheben. Die Cupcake-Oberfläche mit der Schmand-Sahne-Creme bestreichen. Die Cupcakes zugedeckt, sodass das Topping nicht zerdrückt wird, in den Kühlschrank stellen.

7. Zum Garnieren frische Aprikosen waschen, abtrocknen, halbieren und entsteinen. Die Aprikosenhälften in Spalten schneiden. Die Cupcakes direkt vor dem Servieren mit Schokoladenwaffeln und Aprikosenspalten garnieren.

Aprikosen-Sonnen-Muffins

Wunderbar saftig

12 Stück

Pro Stück: E: 5 g, F: 17 g, Kh: 40 g, kJ: 1860, kcal: 330, BE: 3,5

Für den All-in-Teig:

250 g Weizenmehl
2 gestr. TL Dr. Oetker Backin
150 g Zucker
1 Pck. Dr. Oetker Vanillin-Zucker
1 Msp. gem. Zimt
1 Ei (Größe M)
150 g Magerquark
50 ml Milch (1,5 % Fett)
150 ml Speiseöl, z. B. Sonnenblumenöl

Für die Füllung:

240 g abgetropfte Aprikosenhälften (aus der Dose)
100 ml Aprikosensaft (aus der Dose)
100 g Schlagsahne
1 Pck. Backfeste Puddingcreme

Zum Aprikotieren:

2 EL Aprikosenkonfitüre

Zubereitungszeit: 35 Minuten, ohne Abkühlzeit
Backzeit: etwa 25 Minuten

1. Den Backofen vorheizen.
Ober-/Unterhitze: etwa 180 °C
Heißluft: etwa 160 °C

2. Für den Teig Mehl mit Backpulver in einer Rührschüssel mischen. Restliche Zutaten hinzufügen und mit einem Mixer (Rührstäbe) zunächst kurz auf niedrigster, dann auf höchster Stufe in etwa 2 Minuten zu einem glatten Teig verarbeiten.

3. Den All-in-Teig in die Mulden einer Muffinform (für 12 Muffins, gefettet, gemehlt) geben.

4. Für die Füllung von den Aprikosenhälften den Saft auffangen. 100 ml von dem Saft mit Sahne und Puddingcreme-Pulver nach Packungsanleitung – aber mit den hier angegebenen Zutaten und Mengen – zubereiten. Die Puddingcreme in einen Spritzbeutel mit Lochtülle (Ø etwa 7 mm) füllen. Die Puddingcreme portionsweise in die Mitte der Muffins spritzen, dabei den Spritzbeutel langsam nach oben ziehen, sodass ein Puddingklecks an der Oberfläche sichtbar wird.

5. Die Form auf dem Rost in den vorgeheizten Backofen schieben, Muffins **etwa 25 Minuten backen.**

6. Die Form auf einen Kuchenrost stellen. Die Muffins etwa 10 Minuten in der Form abkühlen lassen. Anschließend aus der Form lösen und auf dem Kuchenrost erkalten lassen.

7. Während des Erkaltens fällt der Pudding etwas ein und es entsteht ein Loch. Die Aprikosenhälften mit der Wölbung nach oben in die entstandenen Löcher legen. Die restlichen Aprikosenhälften in schmale Spalten schneiden und in Form einer Sonne auf die Muffins legen.

8. Zum Aprikotieren die Konfitüre in einem kleinen Topf unter Rühren erhitzen. Die Muffins damit bestreichen.

Banana-Lemon-Cakes

Für Kinder

12 Stück

Pro Stück: E: 6 g, F: 25 g, Kh: 52 g, kJ: 1936, kcal: 463, BE: 4,5

Zum Vorbereiten:

1 Btl. aus
1 Pck. Götterspeise Zitronen-Geschmack
60 g Zucker
200 ml Bananen-Nektar
200 g Doppelrahm-Frischkäse

Für den Teig:

2 Eiweiß (Größe M)
1 Prise Salz
180 g Zucker
2 reife Bananen (300 g)
2 Eigelb (Größe M)
150 Butter oder Margarine (zimmerwarm)
2 EL Speiseöl, z. B. Sonnenblumenöl
200 g Weizenmehl
30 g Speisestärke
2 gestr. TL Dr. Oetker Backin
100 ml Bananen-Nektar

Für das Topping:

200 g Schlagsahne (mind. 30 % Fett)
20 g Zucker
1/2 Pck. Sahnesteif
12 Schoko-Bananen

Außerdem:

12 Muffin-Papierbackförmchen

Zubereitungszeit: 40 Minuten, ohne Kühlzeit
Backzeit: etwa 30 Minuten

1. Zum Vorbereiten für das Topping das Götterspeisepulver mit 60 g Zucker in einem Kochtopf mischen, dann mit dem Bananen-Nektar verrühren. Mischung unter Rühren erhitzen, bis alles gelöst ist (nicht kochen lassen!). Den Frischkäse in einen Rührbecher geben, die lauwarme Flüssigkeit daraufgießen und mit einem Mixer (Rührstäbe) kurz aufschlagen. Die Masse zugedeckt mindestens 60 Minuten in den Kühlschrank stellen, bis sie anfängt dicklich zu werden.

2. Den Backofen vorheizen.
Ober-/Unterhitze: etwa 180 °C
Heißluft: etwa 160 °C

3. Für den Teig Eiweiß mit Salz in eine Rührschüssel geben und mit dem Mixer (Rührstäbe) auf höchster Stufe steif schlagen. Eischnee 3 Minuten weiterschlagen, dabei nach und nach die Hälfte des Zuckers dazugeben.

4. Bananen schälen und in dünne Scheiben oder kleine Würfel schneiden. Scheiben oder Würfel in einer anderen Schüssel zusammen mit Eigelb, Butter oder Margarine, Öl und restlichem Zucker schaumig rühren. Mehl mit Speisestärke und Backpulver mischen und abwechselnd mit dem Bananen-Nektar auf niedrigster Stufe kurz unterrühren. Den Eischnee ebenfalls in 2 Portionen kurz unterrühren.

5. Teig in die Mulden einer Muffinform (für 12 Muffins, mit Papierbackförmchen ausgelegt) geben und glatt streichen. Die Form auf dem Rost in den vorgeheizten Backofen schieben und die Cakes **etwa 30 Minuten backen.**

6. Die Form auf einen Kuchenrost stellen. Die Cakes etwa 5 Minuten in der Form abkühlen lassen. Anschließend aus der Form lösen und auf dem Kuchenrost erkalten lassen.

7. Für das Topping die Sahne leicht aufschlagen. Zucker mit Sahnesteif mischen und einstreuen, dabei die Sahne vollständig steif schlagen. Die gelierende Frischkäsemasse nochmals durchrühren und die Sahne unterheben. Die Creme mit einem Esslöffel auf den Cupcakes verteilen.

8. Die Cupcakes zugedeckt, sodass das Topping nicht zerdrückt wird, etwa 30 Minuten in den Kühlschrank stellen und das Topping fest werden lassen.

9. Die Cupcakes vor dem Servieren mit halbierten Schoko-Bananen garnieren.

Bananenchips-Muffins

Für Kinder – schnell

12 Stück

Pro Stück: E: 4 g, F: 16 g, Kh: 35 g, kJ: 1275, kcal: 305, BE: 3,0

Für den Schüttelteig:

120 g	*Butter oder Margarine*
100 g	*Bananenchips*
200 g	*Weizenmehl*
2 gestr. TL	*Dr. Oetker Backin*
120 g	*Zucker*
1 Pck.	*Dr. Oetker Vanillin-Zucker*
3	*Eier (Größe M)*
100 ml	*Bananen-Nektar*
50 g	*gehackte Vollmilch-Schokolade (etwa 30 % Kakaoanteil)*

Für den Belag:

50 g	*Vollmilch-Schokolade (etwa 30 % Kakaoanteil)*
etwa 25 g	*Bananenchips*

Zubereitungszeit: 15 Minuten, ohne Abkühlzeit
Backzeit: 25–30 Minuten

1. Für den Teig Butter oder Margarine zerlassen und abkühlen lassen. Die Bananenchips evtl. mit einem Blitzhacker hacken.

2. Den Backofen vorheizen.
Ober-/Unterhitze: etwa 180 °C
Heißluft: etwa 160 °C

3. Das Mehl mit Backpulver mischen, in eine verschließbare Schüssel (etwa 3 l) geben, mit Zucker und Vanillin-Zucker mischen. Eier, Nektar und flüssige Butter oder Margarine hinzufügen und die Schüssel mit dem Deckel fest verschließen. Schüssel mehrmals kräftig schütteln (insgesamt 15–30 Sekunden), sodass alle Zutaten gut vermischt sind.

4. Bananenchips- und Schokoladen-Stückchen hinzugeben. Alles mit einem Schneebesen oder Rührlöffel nochmals sorgfältig durchrühren, damit trockene Zutaten vom Rand mit untergerührt werden.

5. Den Teig in die Mulden einer Muffinform (für 12 Muffins, gefettet, gemehlt) geben und glatt streichen. Die Form auf dem Rost in den vorgeheizten Backofen schieben. Die Muffins **25–30 Minuten backen.**

6. Die Form auf einen Kuchenrost stellen.

7. Für den Belag Schokolade in 12 Stücke brechen. Jeweils 1 Schokoladenstück auf 1 Muffin geben, anschmelzen lassen. Je 1–2 Chips daraufgeben und andrücken. Anschließend die Muffins etwa 5 Minuten in der Form abkühlen lassen, dann vorsichtig aus der Form lösen und auf dem Kuchenrost erkalten lassen.

Bananen-Muffins I

Genuss mit Nuss

10 Stück

Pro Stück: E: 5 g, F: 12 g, Kh: 50 g, kJ: 1359, kcal: 325, BE: 4,0

Zum Vorbereiten:

40 g Walnusskerne

Für den Teig:

300 g Weizenmehl
2 1/2 gestr. TL Dr. Oetker Backin
1/2 TL Natron
2 Bananen
250 ml Buttermilch
80 ml Speiseöl, z. B. Sonnenblumenöl
170 g brauner Zucker
1 Pck. Dr. Oetker Bourbon-Vanille-Zucker
1 Ei (Größe M)

50 g Puderzucker zum Bestreuen

Außerdem:

10 vorbereitete Backpapier-Quadrate (je etwa 19 x 19 cm)

Zubereitungszeit: 30 Minuten, ohne Abkühlzeit
Backzeit: etwa 35 Minuten

1. Zum Vorbereiten die Walnüsse grob hacken.

2. Den Backofen vorheizen.
Ober-/Unterhitze: etwa 180 °C
Heißluft: etwa 160 °C

3. Für den Teig Mehl mit Backpulver und Natron in einer Rührschüssel mischen. Die Bananen schälen und mit einer Gabel grob zerdrücken.

4. Buttermilch mit Speiseöl, braunem Zucker, Vanille-Zucker und Ei mit einem Mixer (Rührstäbe) auf niedrigster Stufe sorgfältig verrühren. Das Mehlgemisch, die Walnüsse und das Bananenmus unterrühren.

5. Die vorbereiteten 10 Backpapier-Quadrate in 10 Mulden einer Muffinform (für 12 Muffins) drücken. Den Rand dabei so zusammenfalten, dass die Papierspitzen hochstehen.

6. Den Teig in die Mulden geben und glatt streichen. Die Form auf dem Rost in den vorgeheizten Backofen schieben. Die Bananen-Muffins **etwa 35 Minuten backen.**

7. Die Form auf einen Kuchenrost stellen. Die Bananen-Muffins etwa 5 Minuten in der Form abkühlen lassen. Anschließend aus der Form lösen und auf dem Kuchenrost erkalten lassen. Die Bananen-Muffins mit Puderzucker bestäuben und servieren.

Bienenstich-Muffins mit Haferflocken | Cremig gefüllt

12 Stück

Pro Stück: E: 6 g, F: 24 g, Kh: 40 g, kJ: 1686, kcal: 403, BE: 3,5

Für den Belag:

50 g Butter
100 g Zucker
75 g Schlagsahne
100 g kernige Haferflocken

Für den Schüttelteig:

125 g Butter oder Margarine
175 g Weizenmehl
2 gestr. TL Dr. Backin
75 g Zucker
1 Pck. Dr. Oetker Vanillin-Zucker
½ Röhrchen Butter-Vanille-Aroma
3 Eier (Größe M)

Für die Füllung:

375 ml Milch (1,5 % Fett)
1 Pck. Dr. Oetker Pudding-Pulver Sahne-Geschmack
50 g Zucker
100 g Butter (zimmerwarm)

Zubereitungszeit: 55 Minuten, ohne Kühlzeit
Backzeit: 25–30 Minuten

1. Für den Belag Butter, Zucker und Sahne in einem Topf zum Kochen bringen. Haferflocken hinzufügen und unter Rühren nochmals kurz aufkochen lassen. Die Haferflockenmasse etwas abkühlen lassen.

2. In der Zwischenzeit den Backofen vorheizen.
Ober-/Unterhitze: etwa 180 °C
Heißluft: etwa 160 °C

3. Für den Teig Butter oder Margarine zerlassen und abkühlen lassen.

4. Mehl mit Backpulver mischen, in eine verschließbare Schüssel (etwa 3 l) geben und mit Zucker und Vanillin-Zucker mischen.

5. Aroma, Eier und die flüssige Butter oder Margarine hinzufügen und die Schüssel mit dem Deckel fest verschließen. Schüssel mehrmals kräftig schütteln (insgesamt 15–30 Sekunden), sodass alle Zutaten gut vermischt sind.

6. Alles mit einem Schneebesen oder Rührlöffel sorgfältig durchrühren, damit trockene Zutaten vom Rand mit untergerührt werden.

7. Den Teig in die Mulden einer Muffinform (für 12 Muffins, gefettet, gemehlt) geben und glatt streichen. Die Haferflockenmasse vorsichtig mit einem Löffel auf dem Teig verteilen.

8. Die Form auf dem Rost in den vorgeheizten Backofen schieben. Die Muffins **25–30 Minuten backen.**

9. Die Form auf einen Kuchenrost stellen. Die Bienenstich-Muffins etwa 10 Minuten in der Form abkühlen lassen.

10. Muffins vorsichtig aus der Form lösen, auf dem mit Backpapier belegten Kuchenrost erkalten lassen.

11. Für die Füllung in der Zwischenzeit aus Milch, Pudding-Pulver und Zucker einen Pudding nach Packungsanleitung – aber mit den hier angegebenen Mengen – zubereiten. Den Topf von der Kochstelle nehmen und die Butter unterrühren.

12. Anschließend Frischhaltefolie direkt auf die Puddingoberfläche legen, damit sich keine Haut bildet. Puddingcreme erkalten lassen.

13. Die Bienenstich-Muffins einmal waagerecht so durchschneiden, dass die Unterteile etwas dicker als die Oberteile sind.

14. Die Puddingcreme auf die unteren Muffinhälften streichen oder die Puddingcreme in einen Spritzbeutel mit Lochtülle geben und die unteren Muffinhälften damit bespritzen.

15. Die oberen Muffinhälften darauflegen und leicht andrücken. Die Bienenstich-Muffins zugedeckt etwa 60 Minuten in den Kühlschrank stellen.

Birnen-Schoko-Muffins I

Raffiniert

12 Stück

Pro Stück: E: 4 g, F: 20 g, Kh: 30 g, kJ: 1337, kcal: 319, BE: 2,5

Für die Füllung:

3 kleine, reife Birnen
1–2 EL Zitronensaft

Für den Teig:

100 g Mars Miniatures®
125 g Butter oder Margarine (zimmerwarm)
1 EL Instant-Espresso- oder Kaffeepulver
2 Eiweiß (Größe M)
40 g Zucker
2 Eigelb (Größe M)
25 g Zucker
1 Pck. Dr. Oetker Finesse Bourbon-Vanille-Aroma
100 g Weizenmehl
1 gestr. TL Backpulver
100 g Walnusskernhälften

Zum Bestreichen:

50 g Quittengelee

Zum Besprenkeln und Garnieren:

50 g weiße Kuvertüre
50 g Mars Miniatures®

Zubereitungszeit: 35 Minuten, ohne Abkühlzeit
Backzeit: etwa 25 Minuten

1. Für die Füllung Birnen schälen, vierteln und die Kerngehäuse entfernen. Die Birnenviertel auf der runden Seite eng nebeneinander einschneiden, mit Zitronensaft bestreichen und mit der Rundung nach unten in die Mulden einer Muffinform (für 12 Muffins, gefettet, gemehlt) legen.

2. Den Backofen vorheizen.
Ober-/Unterhitze: etwa 180 °C
Heißluft: etwa 160 °C

3. Für den Teig Mars Miniatures® hacken, mit Butter oder Margarine und Espresso- oder Kaffeepulver in einem Topf im Wasserbad unter Rühren auflösen.

4. Eiweiß mit einem Mixer (Rührstäbe) steif schlagen. Zucker nach und nach unterschlagen.

5. Eigelb mit Zucker und Aroma mit dem Mixer (Rührstäbe) sehr cremig rühren. Anschließend die Mars-Mischung kurz unterrühren.

6. Das Mehl mit Backpulver mischen und mit den Walnusskernen unterheben. Zuletzt den Eischnee vorsichtig unterheben.

7. Den Teig gleichmäßig auf den Birnen in der Muffinform verteilen und glatt streichen.

8. Die Form auf dem Rost in den vorgeheizten Backofen schieben. Muffins **etwa 25 Minuten backen.**

9. Die Form auf einen Kuchenrost stellen. Die Muffins etwa 10 Minuten in der Form stehen lassen. Danach aus der Form lösen und auf dem Kuchenrost erkalten lassen.

10. Das Quittengelee in einem kleinen Topf erwärmen. Die noch warmen Muffins damit bestreichen. Gelee erkalten lassen.

11. Zum Besprenkeln und Garnieren die Kuvertüre in kleine Stücke hacken, in einem kleinen Topf im Wasserbad bei schwacher Hitze schmelzen.

12. Kuvertüre in einen kleinen Gefrierbeutel füllen und eine kleine Ecke abschneiden.

13. Die Muffins damit besprenkeln und mit in Scheiben geschnittenen Mars Miniatures® garnieren.

Tipps: Die Mars Miniatures® lassen sich sehr gut hacken und in Scheiben schneiden, wenn sie vorher kurz in den Kühlschrank oder das Gefrierfach gelegt werden. Die Muffins vor dem Servieren in bunte Papierbackförmchen stellen.

Bitter-Sweet-Orange-Muffins

Buffetgeeignet
12 Stück

Pro Stück: E: 5 g, F: 11 g, Kh: 31 g,
kJ: 1024, kcal: 245, BE: 2,5

Zum Vorbereiten:
200 ml Orangensaft

Für den All-in-Teig:
120 g Weizenmehl
100 g gem. Mandeln
1 ½ gestr. TL Dr. Oetker Backin
2 Eier (Größe M)
50 ml Sonnenblumenöl
100 g Zucker
1 Pck. Dr. Oetker Vanillin-Zucker
1 Prise Salz
1 Pck. Dr. Oetker Finesse Orangenschalen-Aroma
1 EL Joghurt

Für das Topping:
16 Kumquats (Zwergorangen)
80 g Zucker
200 ml Orangensaft

30 g Mandeln, geröstet, gesalzen

Außerdem:
12 Muffin-Papierbackförmchen

Zubereitungszeit: 30 Minuten, ohne Kühlzeit
Backzeit: etwa 20 Minuten

1. Zum Vorbereiten Orangensaft in einen Topf geben und bei starker Hitze auf etwa die Hälfte einkochen lassen. Anschließend den Saft etwas abkühlen lassen, dann etwa 20 Minuten in den Kühlschrank stellen.

2. Den Backofen vorheizen.
Ober-/Unterhitze: etwa 180 °C
Heißluft: etwa 160 °C

3. Für den Teig Mehl mit Mandeln und Backpulver in einer Rührschüssel mischen. Restliche Zutaten mit dem eingekochten Orangensaft hinzufügen und mit einem Mixer (Rührstäbe) zunächst kurz auf niedrigster, dann auf höchster Stufe in etwa 2 Minuten zu einem glatten Teig verarbeiten.

4. Den All-in-Teig in die Mulden einer Muffinform (für 12 Muffins, mit Papierbackförmchen ausgelegt) geben und glatt streichen. Die Form auf dem Rost in den vorgeheizten Backofen schieben. Die Muffins **etwa 20 Minuten backen.**

5. Für das Topping in der Zwischenzeit Kumquats mit heißem Wasser abwaschen, abtrocknen und in Scheiben schneiden. Die Kerne entfernen. Zucker mit Orangensaft in einem Topf zum Kochen bringen. Die Kumquats hinzugeben und etwa 5 Minuten bei schwacher Hitze köcheln lassen. Anschließend mit einer Schaumkelle herausnehmen, auf einen Teller geben und beiseitestellen.

6. Den entstandenen Sirup bei starker Hitze unter Rühren so lange einkochen lassen, bis er honigfarben ist. Die Kumquats wieder dazugeben. Die Karamellmasse beiseitestellen.

7. Die Form auf einen Kuchenrost stellen. Die Muffins etwa 5 Minuten in der Form abkühlen lassen. Anschließend aus der Form lösen und auf dem Kuchenrost erkalten lassen.

8. Die karamellisierten Kumquats auf den erkalteten Muffins verteilen. Die Mandeln grob hacken. Die Muffins damit bestreuen.

Black-Forest-Cakes

Mit Alkohol

12 Stück

Pro Stück: E: 5 g, F: 30 g, Kh: 39 g, kJ: 1916, kcal: 458, BE: 3,5

Für den Teig:

3 Eiweiß (Größe M)
1 Prise Salz
180 g Zucker
1 Pck. Dr. Oetker Vanillin-Zucker
3 Eigelb (Größe M)
150 g Butter oder Margarine (zimmerwarm)
3 EL Speiseöl, z. B. Keimöl
180 g Weizenmehl
1 gestr. TL Dr. Oetker Backin
1 Msp. Natron
100 ml Milch (3,5 % Fett)
20 g gesiebter Kakao zum Backen
2 EL Zartbitter-Raspelschokolade

175 g abgetropfte Sauerkirschen (aus dem Glas)

Für das Topping:

Sauerkirschsaft (aus dem Glas)
30 g Zucker
100 g Mascarpone (ital. Frischkäse)
400 g Schlagsahne (mind. 30 % Fett)
30 g gesiebter Puderzucker
2–3 EL Kirschwasser

Außerdem:

12 Muffin-Papierbackförmchen

Zubereitungszeit: 40 Minuten, ohne Kühlzeit
Backzeit: etwa 30 Minuten

1. Den Backofen vorheizen.
Ober-/Unterhitze: etwa 180 °C
Heißluft: etwa 160 °C

2. Für den Teig Eiweiß und Salz in einer Rührschüssel mit einem Mixer (Rührstäbe) auf höchster Stufe steif schlagen. Eischnee 3 Minuten weiterschlagen, dabei nach und nach den Zucker und den Vanillin-Zucker dazugeben.

3. In einer anderen Schüssel Eigelb mit Butter oder Margarine und Speiseöl schaumig rühren. Mehl mit Backpulver und Natron mischen und abwechselnd mit der Milch mit einem Mixer (Rührstäbe) auf niedrigster Stufe kurz unterrühren. Eischnee ebenfalls in 2 Portionen kurz unterrühren.

4. Ein Drittel des Teiges abnehmen und beiseitestellen. Kakaopulver auf den restlichen Teig geben und kurz unterrühren. Den dunklen Teig in die Mulden einer Muffinform (für 12 Muffins, mit Papierbackförmchen ausgelegt) geben und mit Raspelschokolade bestreuen.

5. Von den Sauerkirschen 12 Stück zum Garnieren beiseitelegen. Die restlichen Kirschen auf der Raspelschokolade verteilen. Den beiseitegestellten hellen Teig auf den Kirschen verteilen, evtl. glatt streichen.

6. Die Form auf dem Rost in den vorgeheizten Backofen schieben. Die Cakes **etwa 30 Minuten backen.**

7. Die Form auf einen Kuchenrost stellen. Die Cupcakes etwa 5 Minuten in der Form abkühlen lassen. Anschließend aus der Form lösen und auf dem Kuchenrost erkalten lassen.

8. Für das Topping inzwischen den aufgefangenen Kirschsaft mit Zucker in einen kleinen Topf geben, sprudelnd aufkochen und in 12–15 Minuten zu 50–75 ml dickflüssigem Sirup einkochen lassen. Den Sirup abkühlen lassen.

9. Den Mascarpone mit Sahne und Puderzucker steif schlagen und mit Kirschwasser abschmecken. Die Hälfte des erkalteten Sirups so mit einem Teigschaber unterheben, dass ein Marmormuster entsteht. Die Sahnemasse in einen Spritzbeutel mit Sterntülle (Ø etwa 1 ½ cm) geben.

10. Auf jeden Cupcake einen dicken Tupfen Sahnemasse spritzen. Die Cupcakes zugedeckt, sodass das Topping nicht zerdrückt wird, in den Kühlschrank stel-

len. Kurz vor dem Servieren die Cupcakes mit jeweils 1 Kirsche und dem restlichem Sirup garnieren.

Tipp: Wenn Sie keinen Mascarpone verwenden möchten, nehmen Sie 500 g Schlagsahne (mind. 30 % Fett) und zusätzlich 2 Päckchen Sahnesteif. Sahne zunächst kurz anschlagen, dann Sahnesteif und gesiebten Puderzucker einstreuen, dabei die Sahne steif schlagen. Den Sirup wie beschrieben unterheben.

Blumenranken I

Begeistert Partygäste

24 Stück

Pro Stück: E: 3 g, F: 6 g, Kh: 10 g, kJ: 463, kcal: 110, BE: 1,0

Für den Teig:

- *3 Eier (Größe M)*
- *1 Eigelb (Größe M)*
- *60 g Zucker*
- *2 EL Lemoncurd (Zitronencreme, aus dem Glas)*
- *1 Pck. Dr. Oetker Finesse Orangenschalen-Aroma*
- *100 g Weizenmehl*
- *1 gestr. TL Dr. Oetker Backin*

Für das Topping:

- *400 g Doppelrahm-Frischkäse*
- *3 TL Puderzucker*
- *2 TL Himbeerkonfitüre*
- *2 TL Aprikosenkonfitüre*
- *2 TL Waldfruchtkonfitüre*
- *1 Topf Pfefferminze oder Zitronenmelisse*

Außerdem:

- *24 Mini-Muffin-Papierbackförmchen*

Zubereitungszeit: 40 Minuten, ohne Abkühlzeit
Backzeit: etwa 15 Minuten

1. Den Backofen vorheizen.
Ober-/Unterhitze: etwa 200 °C
Heißluft: etwa 180 °C

2. Für den Teig die Eier und Eigelb mit einem Mixer (Rührstäbe) auf höchster Stufe etwa 3 Minuten schaumig schlagen. Nach und nach den Zucker einrieseln lassen, dann noch etwa 3 Minuten weiterschlagen. Anschließend Lemoncurd und Orangenschale unterrühren.

3. Mehl mit Backpulver mischen. Die Mehlmischung auf die Eiercreme geben und vorsichtig unterrühren.

4. Den Teig in die Mulden einer Muffinform (für 24 Mini-Muffins, mit Papierbackförmchen ausgelegt) geben.

5. Dann die Form auf dem Rost in den vorgeheizten Backofen schieben. Die Cupcakes **etwa 15 Minuten backen.**

6. Die Form auf einen Kuchenrost stellen. Die Cupcakes etwa 5 Minuten in der Form abkühlen lassen. Anschließend aus der Form lösen und auf dem Kuchenrost erkalten lassen.

7. Für das Topping den Frischkäse mit dem Puderzucker glatt rühren. Die Frischkäse-Masse in 3 gleich große Portionen teilen. Eine Portion mit Himbeerkonfitüre, eine mit Aprikosenkonfitüre und eine mit Waldfruchtkonfitüre glatt rühren.

8. Die Frischkäse-Creme in 3 Spritzbeutel mit Sterntülle (Ø etwa 7 mm) füllen. Jeweils 8 Cupcakes mit einer Sorte Frischkäse-Frucht-Topping verzieren.

9. Die Kräuterstängel abschneiden, abspülen, abtropfen lassen und mit Küchenpapier trocken tupfen. Die Kräuterstängel auf einem großen Tablett oder einer Platte arrangieren. Die Cupcakes so an die Stängel platzieren, dass das Bild einer Blumenranke entsteht.

Tipp: Für intensivere Farben der Toppings können Sie diese zusätzlich mit einigen Tropfen Speisefarbe einfärben.

Brandteig-Cakes à la Schwarzwälder Kirsch | Mit Alkohol

12 Stück

Pro Stück: E: 5 g, F: 9 g, Kh: 30 g, kJ: 978, kcal: 234, BE: 2,5

Zum Vorbereiten:

1 EL Speisestärke
2 EL Zucker
4 EL Kirschwasser
350 g abgetropfte Sauerkirschen (aus dem Glas)
6 EL Sauerkirschsaft (aus dem Glas)

Für den Brandteig:

250 ml Wasser
50 g Butter
1 TL Zucker
120 g Weizenmehl
2 Prisen Salz
4 Eier (Größe M)

Für das Topping:

500 ml Milch (1,5 % Fett)
2 Pck. Schwarzwälder-Kirsch-Creme (Dessertpulver)
2–3 EL Schokoladenlocken oder Raspelschokolade
1 EL Puderzucker

12 Muffin-Papierbackförmchen

Zubereitungszeit: 40 Minuten, ohne Kühlzeit
Backzeit: 25–30 Minuten

1. Zum Vorbereiten die Speisestärke mit Zucker und Kirschwasser anrühren. Die Kirschen und 6 Esslöffel Kirschsaft in einen Topf geben und bei mittlerer Hitze zum Kochen bringen. Die angerührte Speisestärke zu den Kirschen geben, unter Rühren kurz aufkochen und erkalten lassen.

2. Den Backofen vorheizen.
Ober-/Unterhitze: etwa 200 °C
Heißluft: etwa 180 °C

3. Für den Teig Wasser mit Butter und Zucker am besten in einem Stieltopf zum Kochen bringen. Mehl mit dem Salz auf einmal in die von der Kochstelle genommene Flüssigkeit schütten, zu einem glatten Kloß rühren und unter Rühren etwa 1 Minute erhitzen.

4. Den heißen Brandteig-Kloß sofort in eine Schüssel geben und etwa 10 Minuten abkühlen lassen.

5. Eier nach und nach mit einem Mixer (Knethaken) auf höchster Stufe unterarbeiten.

6. Den Brandteig in einen Spritzbeutel ohne Tülle geben. Den Teig gleichmäßig in die Mulden einer Muffinform (für 12 Muffins, dick gefettet, gemehlt) spritzen. Die Form auf dem Rost in den vorgeheizten Backofen schieben. Die Cupcakes **25–30 Minuten backen,** dabei den Backofen nicht öffnen!

7. Die Form auf einen Kuchenrost stellen. Sofort nach dem Backen die Brandteig-Cakes aus der Form lösen und von jedem Brandteig-Cake einen Deckel abschneiden. Das Gebäck auf dem mit Backpapier belegten Kuchenrost erkalten lassen.

8. Für das Topping aus Milch und Dessertpulver nach Packungsanleitung eine Creme herstellen.

9. Die Unterteile der Brandteig-Cakes in die Papierförmchen setzen, die Kirschen gleichmäßig darauf verteilen.

10. Die Schwarzwälder-Kirsch-Creme in einen Spritzbeutel mit Sterntülle (Ø etwa 1 ½ cm) füllen. Die Creme in dicken Tupfen auf die Kirschen spritzen.

11. Die Creme mit Schokoladenlocken oder Raspelschokolade bestreuen. Brandteig-Cakes zugedeckt, sodass die Creme nicht zerdrückt wird, mindestens 60 Minuten in den Kühlschrank stellen.

12. Zum Servieren die Brandteig-Deckel auf die Cupcakes setzen und mit Puderzucker bestäuben.

Tipp: Möchten Sie die Kirschfüllung ohne Alkohol zubereiten, können Sie das Kirschwasser durch die gleiche Menge Kirschsaft ersetzen.

Brandy-Cakes

Mit Alkohol

12 Stück

Pro Stück: E: 4 g, F: 15 g, Kh: 25 g, kJ: 1130, kcal: 270, BE: 2,0

Für den Biskuitteig:

3 Eier (Größe M)
3 EL heißes Wasser
125 g Zucker
1 Pck. Dr. Oetker Vanillin-Zucker
100 g Weizenmehl
25 g Speisestärke
1 gestr. TL Dr. Oetker Backin
50 g abgezogene, gem. Mandeln

Zum Tränken:

3–4 EL Brandy (Weinbrand) oder Cognac

Für Füllung und Topping:

400 g Schlagsahne (mind. 30 % Fett)
30 g Puderzucker
1 Pck. Sahnesteif
3–4 EL Brandy (Weinbrand) oder Cognac

einige Schokoladenlocken oder etwas Raspelschokolade zum Bestreuen

Zubereitungszeit: 35 Minuten, ohne Abkühlzeit
Backzeit: etwa 20 Minuten

1. Den Backofen vorheizen.
Ober-/Unterhitze: etwa 180 °C
Heißluft: etwa 160 °C

2. Für den Teig Eier und heißes Wasser mit einem Mixer (Rührstäbe) auf höchster Stufe in 1 Minute schaumig schlagen. Zucker mit Vanillin-Zucker mischen, in 1 Minute einstreuen, dann noch etwa 2 Minuten schlagen.

3. Mehl mit Speisestärke, Backpulver und Mandeln mischen, die Hälfte davon auf die Eiercreme geben und kurz auf niedrigster Stufe unterrühren. Restliches Mehl-Mandel-Gemisch auf die gleiche Weise unterarbeiten.

4. Den Teig in die Mulden einer Muffinform (für 12 Muffins, gefettet, gemehlt) geben und glatt streichen. Die Form auf dem Rost in den vorgeheizten Backofen schieben. Die Cakes **etwa 20 Minuten backen.**

5. Die Form auf einen Kuchenrost stellen. Die Cakes etwa 2 Minuten in der Form abkühlen lassen. Anschließend vorsichtig aus der Form lösen und auf dem mit Backpapier belegten Kuchenrost erkalten lassen.

6. Zum Tränken die Cakes einmal waagerecht durchschneiden. Die Unterseiten mithilfe eines Backpinsels mit etwas Brandy oder Cognac tränken.

7. Für Füllung und Topping die Sahne etwa ½ Minute aufschlagen. Puderzucker mit Sahnesteif mischen, einstreuen und die Sahne vollständig steif schlagen. Brandy oder Cognac kurz unterrühren.

8. Die Schlagsahne in einen Spritzbeutel mit großer Lochtülle füllen und etwa die Hälfte davon in Tupfen auf die gesamte Fläche der Unterteile spritzen. Die Oberteile daraufsetzen und leicht andrücken. Die Oberfläche ebenso mit der restlichen Sahne verzieren. Das Topping mit Schokoladenlocken oder Raspelschokolade bestreuen. Die Cupcakes bis zum Servieren zugedeckt, sodass das Topping nicht zerdrückt wird, in den Kühlschrank stellen.

Tipp: Die Muffinform muss gründlich gefettet und gemehlt werden, da die Cupcakes sonst darin hängen bleiben können.

Brownie-Muffins

Genuss mit Nuss

12 Stück

Pro Stück: E: 6 g, F: 26 g, Kh: 32 g, kJ: 1630, kcal: 390, BE: 2,5

Zum Vorbereiten:

75 g Zartbitter-Schokolade (etwa 50 % Kakaoanteil)
80 g Macadamia-Nusskerne, geröstet und gesalzen
80 g Studentenfutter

Für den Rührteig:

150 g Butter oder Margarine (zimmerwarm)
30 g Zucker
75 g brauner Zucker
1 Pck. Dr. Oetker Bourbon-Vanille-Zucker
3 Eier (Größe M)
150 g Weizenmehl
2 TL Dr. Oetker Backin
50 g Kakao-Getränkepulver
150 g Sahne-Pudding Schokoladen-Geschmack (aus dem Kühlregal)

Für den Guss:

75 g Zartbitter-Schokolade (etwa 50 % Kakaoanteil)
1 TL Speiseöl, z. B. Sonnenblumenöl

Zum Bestreuen:

einige Macadamia-Nusskerne, geröstet und gesalzen
etwas Studentenfutter

Zubereitungszeit: 40 Minuten, ohne Abkühlzeit
Backzeit: etwa 25 Minuten

1. Zum Vorbereiten Schokolade in kleine Stücke brechen. Zwei Drittel davon in einem Topf im Wasserbad bei schwacher Hitze unter Rühren schmelzen. Den Topf aus dem Wasserbad nehmen und die restliche Schokolade darin unter Rühren schmelzen. Schokolade etwas abkühlen lassen. Inzwischen Macadamia-Nusskerne und Studentenfutter grob hacken.

2. Den Backofen vorheizen.
Ober-/Unterhitze: etwa 180 °C
Heißluft: etwa 160 °C

3. Für den Teig Butter oder Margarine mit einem Mixer (Rührstäbe) auf höchster Stufe geschmeidig rühren.

4. Nach und nach Zucker, braunen Zucker und Vanille-Zucker unterrühren. So lange rühren, bis eine gebundene Masse entstanden ist.

5. Die Eier nach und nach unterrühren (jedes Ei etwa ½ Minute). Mehl mit Backpulver mischen und auf mittlerer Stufe kurz unterrühren.

6. Anschließend Kakao-Getränkepulver, Pudding und aufgelöste Schokolade unterrühren. Zuletzt Macadamia-Nusskerne und Studentenfutter unter den Teig heben.

7. Den Teig in die Mulden einer Muffinform (für 12 Muffins, gefettet, gemehlt) geben und vorsichtig glatt streichen.

8. Die Form auf dem Rost in den vorgeheizten Backofen schieben und die Brownie-Muffins **etwa 25 Minuten backen.**

9. Die Form auf einen Kuchenrost stellen. Brownie-Muffins etwa 10 Minuten in der Form stehen lassen. Anschließend vorsichtig aus der Form lösen und auf dem Kuchenrost erkalten lassen.

10. Für den Guss die Schokolade in kleine Stücke brechen. Zwei Drittel davon mit dem Öl in einem Topf im Wasserbad bei schwacher Hitze unter Rühren schmelzen. Den Topf aus dem Wasserbad nehmen und die restliche Schokolade darin unter Rühren schmelzen.

11. Die Muffins damit überziehen und mit Macadamia-Nusskernen und Studentenfutter bestreuen. Den Guss trocknen lassen.

Buchweizen-Beeren-Muffins

Glutenfrei

12 Stück

Pro Stück: E: 2 g, F: 12 g, Kh: 35 g, kJ: 1062, kcal: 254, BE: 3,0

Für den Teig:

300 g	*gemischte TK-Beeren*
150 g	*Buchweizenmehl*
100 g	*Maisstärke*
3 gestr. TL	*Dr. Oetker Backin*
1 Prise	*Salz*
130 g	*brauner Zucker*
½ Pck.	*Dr. Oetker Bourbon-Vanille-Zucker*
200 g	*saure Sahne*
1	*Ei (Größe M)*
100 ml	*neutrales Speiseöl, z. B. Sonnenblumenöl*

Zum Bestreuen:

30 g	*Buchweizenkörner*
30 g	*brauner Zucker*

Zubereitungszeit: 25 Minuten, ohne Ruhe- und Abkühlzeit
Backzeit: etwa 30 Minuten

1. Von den gefrorenen Beeren sehr große Beeren aussortieren und diese anschließend etwas antauen lassen.

2. In der Zwischenzeit den Backofen vorheizen.
Ober-/Unterhitze: etwa 180 °C
Heißluft: etwa 160 °C

3. Mehl, Maisstärke, Backpulver, Salz, Zucker und Vanille-Zucker in eine Rührschüssel geben, mit einem Schneebesen verrühren.

4. Saure Sahne, Ei und Speiseöl in einem Rührbecher mit dem Schneebesen verrühren.

5. Die flüssigen Zutaten zu der Mehlmischung in die Rührschüssel geben und zu einem glatten Teig verrühren. Den Teig etwa 5 Minuten stehen lassen.

6. In der Zwischenzeit die angetauten Beeren grob hacken. Zum Bestreuen Buchweizenkörner und Zucker mischen.

7. Die Hälfte des Teiges in die Mulden einer Muffinform (für 12 Muffins, gefettet, gemehlt) geben und mit der Hälfte der Beeren (möglichst mit den gehackten Beeren) belegen.

8. Den restlichen Teig daraufgeben. Restliche gefrorene Beeren darauf verteilen, diese mit der Körner-Zucker-Mischung bestreuen.

9. Die Form auf dem Rost in den vorgeheizten Backofen schieben. Muffins **etwa 30 Minuten backen.**

10. Die Form auf einen Kuchenrost stellen. Die Muffins etwa 5 Minuten in der Form abkühlen lassen. Anschließend aus der Form lösen und auf dem Kuchenrost erkalten lassen.

Tipps: Sollen die Muffins wirklich glutenfrei sein, auch zum Ausstreuen der Form unbedingt Buchweizenmehl oder Papierbackförmchen verwenden. Falls Sie nur Buchweizenmehl verwenden möchten, erhöhen Sie die Menge auf 250 g und lassen die Maisstärke weg. Verwenden Sie dann nur 150 g saure Sahne und geben Sie zusätzlich 5 Esslöffel Buttermilch hinzu.

Buttermilch-Streusel-Muffins

Für jeden Tag – schnell
12 Stück

Pro Stück: E: 5 g, F: 12 g, Kh: 31 g,
kJ: 1066, kcal: 255, BE: 2,5

Für die Streusel:

100 g Löffelbiskuits
1 gestr. EL gesiebter Kakao zum Backen
2 gestr. EL brauner Zucker
50 g Butterschmalz (zimmerwarm)

Für den All-in-Teig:

100 g Weizenmehl
2 gestr. TL Dr. Oetker Backin
120 g Zucker
1 Pck. Dr. Oetker Vanillin-Zucker
100 g Hartweizengrieß
2 Eier (Größe M)
70 g Butterschmalz (zimmerwarm)
200 ml Buttermilch

Zubereitungszeit: 15 Minuten, ohne Abkühlzeit
Backzeit: 25–30 Minuten

1. Für die Streusel Löffelbiskuits in einen Gefrierbeutel geben. Den Beutel fest verschließen. Löffelbiskuits mit einer Teigrolle fein zerbröseln, in eine Rührschüssel geben. Kakao, Zucker und Butterschmalz hinzufügen. Die Zutaten mit einem Mixer (Rührstäbe) zu feinen Streuseln verarbeiten.

2. Die Hälfte der Streusel in die Mulden einer Muffinform (für 12 Muffins, gefettet) geben und vorsichtig festdrücken. Die restlichen Streusel bis zur Weiterverarbeitung in den Kühlschrank stellen.

3. Den Backofen vorheizen.
Ober-/Unterhitze: etwa 180 °C
Heißluft: etwa 160 °C

4. Für den Teig Mehl mit Backpulver in einer Rührschüssel mischen. Zucker, Vanillin-Zucker, Grieß, Eier und Butterschmalz hinzufügen. Die Zutaten mit einem Mixer (Rührstäbe) zunächst kurz auf niedrigster, dann auf höchster Stufe gut durchrühren. Buttermilch nach und nach hinzugeben und alles in etwa 2 Minuten zu einem glatten Teig verarbeiten.

5. Den Teig auf den Streuseln in der Muffinform verteilen. Die restlichen Streusel darauf verteilen.

6. Die Form auf dem Rost in den vorgeheizten Backofen schieben. Die Muffins **25–30 Minuten backen.**

7. Die Form auf einen Kuchenrost stellen. Die Muffins etwa 10 Minuten in der Form abkühlen lassen. Anschließend vorsichtig aus der Form lösen und auf dem mit Backpapier belegten Kuchenrost erkalten lassen.

Butter-Muffins | Einfach

12 Stück

Pro Stück: E: 4 g, F: 17 g, Kh: 23 g, kJ: 1107, kcal: 265, BE: 2,0

Für den Rührteig:

3 Eiweiß (Größe M)
125 g Butter (zimmerwarm)
100 g brauner Zucker
1 Pck. Dr. Oetker Vanillin-Zucker
3 Eigelb (Größe M)
200 g Weizenmehl
1 gestr. TL Dr. Oetker Backin
125 g Schlagsahne

Für den Belag:

25 g gehobelte Mandeln
etwa 25 g Butter

Zum Bestäuben:

etwas Puderzucker

Außerdem:

12 Muffin-Papierbackförmchen

Zubereitungszeit: 25 Minuten, ohne Abkühlzeit
Backzeit: etwa 25 Minuten

1. Den Backofen vorheizen.
Ober-/Unterhitze: etwa 180 °C
Heißluft: etwa 160 °C

2. Für den Teig das Eiweiß steif schlagen. Butter in einer Rührschüssel mit einem Mixer (Rührstäbe) auf höchster Stufe geschmeidig rühren. Nach und nach Zucker und Vanillin-Zucker unterrühren. So lange rühren, bis eine gebundene Masse entstanden ist.

3. Eigelb nach und nach unterrühren. Mehl mit Backpulver mischen und abwechselnd mit der Sahne in 2 Portionen auf mittlerer Stufe kurz unterrühren. Zuletzt den Eischnee unterheben.

4. Den Rührteig in die Mulden einer Muffinform (für 12 Muffins, mit Papierbackförmchen ausgelegt) geben und glatt streichen.

5. Für den Belag Mandeln auf den Teig streuen und Butter in Flöckchen daraufsetzen. Die Form auf dem Rost in den vorgeheizten Backofen schieben. Die Butter-Muffins **etwa 25 Minuten backen.**

6. Die Form auf einen Kuchenrost stellen. Die Butter-Muffins etwa 10 Minuten in der Form abkühlen lassen. Anschließend aus der Form lösen und auf dem Kuchenrost erkalten lassen.

7. Die Muffins vor dem Servieren mit Puderzucker bestäuben.

Rezeptvariante: Verfeinern Sie die Muffins, indem Sie 100 g gehackte Zartbitter-Schokolade oder 60 g gehackte Cranberrys unter den Teig heben.

Caffè-Latte-Muffins I

Koffein-Kick auf die Hand

12 Stück

Pro Stück: E: 4 g, F: 16 g, Kh: 31 g, kJ: 1204, kcal: 288, BE: 2,5

Für den All-in-Teig:

200 g Weizenmehl
3 TL Dr. Oetker Backin
125 g Zucker
1 Pck. Dr. Oetker Vanillin-Zucker
2 Eier (Größe M)
150 g Butter oder Margarine (zimmerwarm)
125 ml Milch (1,5 % Fett)

Für den dunklen Teig:

3 TL Instant-Kaffeepulver
3 EL heißes Wasser
15 g gesiebter Kakao zum Backen
1 TL Zucker

Für den hellen Teig:

50 g weiße Schokolade

Für den Guss:

50 g weiße Schokolade
2 TL Speiseöl, z. B. Sonnenblumenöl

Zum Garnieren:

12 feine Mocca-Bohnen
etwas Kakao zum Backen

Zubereitungszeit: 25 Minuten, ohne Abkühlzeit
Backzeit: etwa 25 Minuten

1. Den Backofen vorheizen.
Ober-/Unterhitze: etwa 180 °C
Heißluft: etwa 160 °C

2. Für den Teig Mehl mit Backpulver in einer Rührschüssel mischen. Restliche Zutaten hinzufügen und mit einem Mixer (Rührstäbe) zunächst kurz auf niedrigster, dann auf höchster Stufe in etwa 2 Minuten zu einem glatten Teig verarbeiten. Ein Drittel des Teiges abnehmen und beiseitestellen.

3. Für den dunklen Teig das Kaffeepulver mit Wasser auflösen und etwas abkühlen lassen. Die Kaffeelösung mit Kakao und Zucker unter den restlichen Teig rühren. Danach den Teig in die Mulden einer Muffinform (für 12 Muffins, gefettet, gemehlt) geben und glatt streichen.

4. Für den hellen Teig die Schokolade in kleine Stücke brechen und in einem Topf im Wasserbad bei schwacher Hitze unter Rühren schmelzen. Die Schokolade unter den beiseitegestellten Teig rühren, dann auf dem dunklen Teig verteilen. Die Form auf dem Rost in den vorgeheizten Backofen schieben. Die Muffins **etwa 25 Minuten backen.**

5. Die Form auf einen Kuchenrost stellen. Die Muffins etwa 10 Minuten in der Form abkühlen lassen. Anschließend vorsichtig aus der Form lösen und auf dem mit Backpapier belegten Kuchenrost erkalten lassen.

6. Für den Guss Schokolade in Stücke brechen und mit Speiseöl in einem kleinen Topf im Wasserbad bei schwacher Hitze unter Rühren schmelzen. Die Muffins mit dem Guss bestreichen und mit je 1 Mocca-Bohne garnieren. Den Guss trocknen lassen. Die Caffè-Latte-Muffins vor dem Servieren mit Kakao bestäuben.

Cassis-Muffins mit weißen Schoko-Mandeln

Etwas Besonderes

12 Stück

Pro Stück: E: 7 g, F: 20 g, Kh: 29 g, kJ: 1356, kcal: 324, BE: 2,5

Zum Vorbereiten:

100 g dragierte, mit weißer Schokolade überzogene Mandeln

Für den Schüttelteig:

150 g Weizenmehl
2 TL Dr. Oetker Backin
1 Prise Salz
100 g Puderzucker
1 Pck. Dr. Oetker Finesse Geriebene Zitronenschale
100 g abgezogene, gem. Mandeln
3 Eier (Größe M)
100 ml Speiseöl, z. B. Sonnenblumenöl
125 g Joghurt (3,5 % Fett)

Zum Beträufeln und für den Guss:

etwa 75 ml Cassis-Sirup (schwarzer Johannisbeer-Sirup)
50 g weiße Kuvertüre
½ TL Speiseöl, z. B. Sonnenblumenöl

Außerdem:

evtl. 12 Muffin-Papierbackförmchen

Zubereitungszeit: 25 Minuten, ohne Abkühlzeit
Backzeit: etwa 25 Minuten

1. Zum Vorbereiten dragierte Mandeln grob hacken.

2. Den Backofen vorheizen.
Ober-/Unterhitze: etwa 180 °C
Heißluft: etwa 160 °C

3. Für den Teig Mehl mit Backpulver, Salz und Puderzucker in einer verschließbaren Schüssel (etwa 3 l) mischen. Zitronenschale und gemahlene Mandeln untermischen. Eier, Speiseöl und Joghurt hinzufügen und die Schüssel mit dem Deckel fest verschließen. Schüssel mehrmals (insgesamt 15–30 Sekunden) kräftig schütteln, sodass alle Zutaten gut vermischt sind.

4. Alles mit einem Schneebesen oder Rührlöffel nochmals sorgfältig durchrühren, damit trockene Zutaten vom Rand mit untergerührt werden. Zuletzt die gehackten Schoko-Mandeln unterheben.

5. Den Teig in die Mulden einer Muffinform (für 12 Muffins, gefettet, gemehlt oder mit Papierbackförmchen ausgelegt) geben und glatt streichen. Die Form auf dem Rost in den vorgeheizten Backofen schieben. Die Muffins **etwa 25 Minuten backen.**

6. Die Form auf einen Kuchenrost stellen. Die Muffins sofort nach dem Backen mit einem Holzstäbchen mehrmals einstechen und jeweils mit 1–2 Teelöffeln Sirup beträufeln. Die Muffins etwa 10 Minuten in der Form abkühlen lassen. Anschließend vorsichtig aus der Form lösen und auf einem mit Backpapier belegten Kuchenrost erkalten lassen.

7. Für den Guss Kuvertüre in kleine Stücke hacken. Zwei Drittel davon mit dem Speiseöl in einem Topf im Wasserbad bei schwacher Hitze unter Rühren schmelzen. Den Topf aus dem Wasserbad nehmen und die restliche Kuvertüre darin unter Rühren schmelzen. Die Muffins mithilfe eines Teelöffels mit der Kuvertüre besprenkeln. Den Guss trocknen lassen.

Chai-Tea-Muffins | Exotisch

12 Stück

Pro Stück: E: 4 g, F: 8 g, Kh: 45 g, kJ: 1128, kcal: 270, BE: 4,0

Zum Vorbereiten:

200 ml Milch (3,5 % Fett)
50 g Chai-Latte-Instant-Teepulver
200 g gemischte, getrocknete exotische Früchte, z. B. Papaya, Ingwer, Ananas, Kokos und Banane

Für den Teig:

200 g Weizenmehl
je 1 ½ TL Dr. Oetker Finesse Geriebene Zitronenschale und Orangenschalen-Aroma
3 gestr. TL Dr. Oetker Backin
80 g Zucker
1 gestr. TL gem. Kardamom
2 Eier (Größe M)
50 ml Speiseöl, z.B. Sonnenblumen- oder Distelöl

Zum Garnieren:

150 g Puderzucker
2 EL möglichst große Kokoschips

Außerdem:

12 Muffin-Papierbackförmchen

Zubereitungszeit: 35 Minuten, ohne Abkühlzeit
Backzeit: 20–25 Minuten

1. Zum Vorbereiten die Milch erhitzen und das Teepulver darin auflösen. Chai Latte erkalten lassen. Inzwischen die getrockneten Früchte sehr klein hacken.

2. Den Backofen vorheizen.
Ober-/Unterhitze: etwa 180 °C
Heißluft: etwa 160 °C

3. Für den Teig Mehl mit Zitronenschale, Orangenschale, Backpulver, Zucker und Kardamom in einer Rührschüssel mit einem Schneebesen verrühren.

4. Eier mit 150 ml Chai Latte und Speiseöl in einem Rührbecher mit dem Schneebesen gründlich verrühren. Die flüssigen Zutaten zu der Mehl-Kardamom-Mischung in die Rührschüssel geben und zu einem glatten Teig verrühren. Die gehackten Früchte unter den Teig heben.

5. Den Teig in die Mulden einer Muffinform (für 12 Muffins, mit Papierbackförmchen ausgelegt) geben und glatt streichen.

6. Die Form auf dem Rost in den vorgeheizten Backofen schieben und die Chai-Tea-Muffins **20–25 Minuten backen.**

7. Die Form auf einen Kuchenrost stellen. Die Muffins etwa 5 Minuten in der Form abkühlen lassen. Anschließend aus der Form lösen und auf dem Kuchenrost erkalten lassen.

8. Zum Garnieren Puderzucker nach und nach mit etwas von dem restlichen Chai Latte verrühren. So viel Chai Latte unterrühren, dass der Guss zähflüssig ist.

9. Den Guss auf die Muffins geben und mit Kokoschips belegen. Guss trocknen lassen.

Tipp: Den Chai-Latte-Guss zusätzlich mit 2–3 Tropfen Rum-Aroma aromatisieren.

Cheesecake-Muffins „Cassis Love" | Etwas Besonderes

12 Stück

Pro Stück: E: 5 g, F: 14 g, Kh: 21 g, kJ: 972, kcal: 232, BE: 2,0

Zum Vorbereiten:

1 Bio-Limette (unbehandelt, ungewachst)

Für den Bröselteig:

120 g Vollkorn-Butterkekse
80 g Butter
½ gestr. TL gem. Zimt

Für den Cheesecake-Belag:

3 Eier (Größe M)
100 g Zucker
100 g Doppelrahm-Frischkäse
150 g Schmand (Sauerrahm)
100 g Speisequark (20 % Fett)
1 EL Speisestärke

Für die Cassis-Sauce:

25 g schwarze Johannisbeeren (vorbereitet gewogen)
1 EL schwarze Johannisbeerkonfitüre

Außerdem:

12 Muffin-Papierbackförmchen
1 Holzstäbchen (Schaschlikspieß)

Zubereitungszeit: 25 Minuten, ohne Kühlzeit
Backzeit: 30–35 Minuten

1. Zum Vorbereiten die Limette heiß abwaschen, abtrocknen und die Schale fein abreiben. Limette halbieren und den Saft auspressen.

2. Für den Teig Kekse in einen großen Gefrierbeutel geben, den Beutel fest verschließen. Die Kekse mit einer Teigrolle fein zerbröseln und in eine Rührschüssel geben.

3. Die Butter zerlassen, mit dem Zimt zu den Bröseln geben und gut vermischen.

4. Den Backofen vorheizen.
Ober-/Unterhitze: etwa 160 °C
Heißluft: etwa 140 °C

5. Den Bröselteig in die Mulden einer Muffinform (für 12 Muffins, mit Papierbackförmchen ausgelegt) geben und mit einem Teelöffel fest zu einem Boden andrücken.

6. Für den Belag Eier und Zucker mit einem Mixer (Rührstäbe) verrühren.

7. Limettenschale, -saft, Frischkäse, Schmand, Quark und Speisestärke hinzugeben. Die Zutaten zu einer glatten Creme verrühren.

8. Die Creme auf die Bröselböden geben und glatt streichen.

9. Für die Herzen Johannisbeeren abspülen, vorsichtig trocken tupfen, dann mit der Konfitüre verrühren. Die Johannisbeermasse durch ein Sieb in eine Schüssel streichen.

10. Etwas von der Cassis-Sauce von einem Teelöffel langsam heruntertropfen lassen. Jeweils 2–3 kleine, runde Tupfen auf die Muffins setzen. Dann die Spitze des Holzstäbchens jeweils so durch die Tupfen ziehen, dass Herzen entstehen.

11. Die Form auf dem Rost in den vorgeheizten Backofen schieben und die Cheesecake-Muffins **30–35 Minuten backen.**

12. Die Form auf einen Kuchenrost stellen. Die Muffins in der Form erkalten lassen.

13. Anschließend die Muffins vorsichtig aus der Form lösen und zugedeckt in den Kühlschrank stellen (die Muffins sollten vor dem Servieren 30–45 Minuten im Kühlschrank gut durchkühlen). Die Herz-Tupfen mit der restlichen Cassis-Sauce nacharbeiten.

Tipp: Statt der Johannisbeersauce können Sie auch jeweils 1 großen Tupfen Himbeermark (aus dem Glas) auf die Muffins setzen und mit dem Holzstäbchen zu einem Herz formen.

Chili-Schoko-Muffins

Schokoladig-scharf

12 Stück

Pro Stück: E: 3 g, F: 14 g, Kh: 17 g, kJ: 876, kcal: 209, BE: 1,5

Zum Vorbereiten:

2 rote Chilischoten

Für den Rührteig:

125 g Butter oder Margarine (zimmerwarm)
125 g Zucker
3 Eier (Größe M)
150 g Weizenmehl
1 1/2 TL Dr. Oetker Backin
15 g gesiebter Kakao zum Backen
2 Tropfen Tabasco
100 g Zartbitter-Raspelschokolade

Für den Guss:

50 g Zartbitter-Schokolade (etwa 50 % Kakaoanteil)
1/2 TL Speiseöl, z. B. Sonnenblumenöl

Außerdem:

12 Muffin-Papierbackförmchen

Zubereitungszeit: 30 Minuten, ohne Abkühlzeit
Backzeit: etwa 25 Minuten

1. Zum Vorbereiten die Chilischoten halbieren, entstielen, entkernen und die weißen Scheidewände entfernen. Chili abspülen, trocken tupfen und sehr fein würfeln. 1 Teelöffel Chiliwürfel zum Garnieren beiseitelegen.

2. Den Backofen vorheizen.
Ober-/Unterhitze: etwa 180 °C
Heißluft: etwa 160 °C

3. Für den Teig Butter oder Margarine mit einem Mixer (Rührstäbe) auf höchster Stufe geschmeidig rühren. Nach und nach Zucker unterrühren. So lange rühren, bis eine gebundene Masse entstanden ist.

4. Eier nach und nach unterrühren (jedes Ei etwa 1/2 Minute). Mehl mit Backpulver und Kakao mischen und auf mittlerer Stufe kurz unterrühren. Tabasco und die Chiliwürfel hinzufügen und mit der Raspelschokolade unterheben.

5. Den Rührteig in die Mulden einer Muffinform (für 12 Muffins, mit Papierbackförmchen ausgelegt) geben und glatt streichen. Die Form auf dem Rost in den vorgeheizten Backofen schieben. Chili-Schoko-Muffins **etwa 25 Minuten backen.**

6. Die Form auf einen Kuchenrost stellen. Die Muffins etwa 10 Minuten in der Form abkühlen lassen. Anschließend aus der Form lösen und auf dem Kuchenrost erkalten lassen.

7. Für den Guss Schokolade in kleine Stücke brechen. Zwei Drittel davon mit dem Öl in einem Topf im Wasserbad bei schwacher Hitze unter Rühren schmelzen. Den Topf aus dem Wasserbad nehmen und die restliche Schokolade darin unter Rühren schmelzen. Die Muffins mithilfe eines Teelöffels mit der Schokolade besprenkeln, dann mit den beiseitegelegten Chiliwürfeln bestreuen. Schokolade fest werden lassen.

Coco Choco | Einfach

12 Stück

Pro Stück: E: 6 g, F: 21 g, Kh: 36 g, kJ: 1489, kcal: 356, BE: 3,0

Für den Teig:

150 g Weizenmehl
2 gestr. TL Dr. Oetker Backin
100 g Kokosraspel
3 Eier (Größe M)
1 Prise Salz
160 g Puderzucker
125 ml Speiseöl, z. B. Sonnenblumenöl
125 ml Buttermilch

Für das Topping:

1 Pck. CHOCLAIT CHIPS® Classic (Knusperchips, 135 g)
250 ml kalte Milch (1,5 % Fett)
1 Pck. Paradiescreme Schokoladen-Geschmack (Dessertpulver)

Außerdem:

12 vorbereitete Backpapier-Quadrate (je etwa 19 x 19 cm)

Zubereitungszeit: 30 Minuten, ohne Kühlzeit
Backzeit: etwa 30 Minuten

1. Den Backofen vorheizen.
Ober-/Unterhitze: etwa 180 °C
Heißluft: etwa 160 °C

2. Für den Teig Mehl mit Backpulver und Kokosraspeln in einer Rührschüssel mischen. Restliche Zutaten hinzufügen und mit einem Mixer (Rührstäbe) zunächst kurz auf niedrigster, dann auf höchster Stufe mindestens 1 Minute schaumig schlagen. Zwischendurch die Teigmasse vom Schüsselrand lösen.

3. Die vorbereiteten Backpapier-Quadrate in die Mulden einer Muffinform (für 12 Muffins) drücken. Den Rand dabei so zusammenfalten, dass die Papierspitzen hochstehen. Den dickflüssigen Teig gleichmäßig darin verteilen. Die Muffinform auf dem Rost in den vorgeheizten Backofen schieben. Die Cakes **etwa 30 Minuten backen.**

4. Die Form auf einen Kuchenrost stellen. Die Cakes etwa 5 Minuten in der Form abkühlen lassen. Anschließend aus der Form lösen und auf dem Kuchenrost erkalten lassen.

5. Für das Topping 12 Knusperchips zum Garnieren beiseitelegen. Die restlichen Knusperchips fein hacken. Die Milch in einen hohen Rührbecher geben, Dessertpulver hinzufügen und auf niedrigster Stufe verrühren. Dann die Creme auf höchster Stufe etwa 3 Minuten aufschlagen.

6. Die gehackten Knusperchips kurz unter die Creme heben. Die Creme auf den Cupcakes verteilen und verstreichen. Die Cupcakes etwa 10 Minuten in den Kühlschrank stellen, dann mit den restlichen Knusperchips garnieren und servieren.

® Reg. Trademark of Societé des Produits Nestlé S.A.

Cookie-Cupcakes

Eisgenuss

12 Stück

Pro Stück: E: 4 g, F: 14 g, Kh: 24 g, kJ: 986, kcal: 236, BE: 2,0

Für die Eismasse:

80 g Puderzucker
150 g Cookies, z. B. mit Karamell- und Nuss-Stückchen
300 g Schlagsahne (mind. 30 % Fett)
40 g Marzipan-Rohmasse
2 Eigelb (Größe M)
1 Ei (Größe M)
1 EL Zucker

Für das Topping:

2 Eiweiß (Größe M)
80 g Zucker
evtl. 2–3 EL Haselnuss-Krokant

Außerdem:

12 Muffin-Papierbackförmchen
evtl. 1 Gasbrenner zum Abflämmen des Baisers

Zubereitungszeit: 30 Minuten, ohne Abkühlzeit
Gefrierzeit: mindestens 6 Stunden

1. Für die Eismasse den Puderzucker in einem kleinen Edelstahltopf bei mittlerer Hitze nach und nach unter Rühren goldbraun karamellisieren lassen. Den Karamell sofort auf ein Backblech (gefettet, mit Backpapier belegt) gießen, sodass eine flache Platte entsteht. Den Karamell erkalten lassen. Karamell erst in Stücke brechen, dann mit einer Teigrolle fein zerbröseln.

2. Die Cookies in einen Gefrierbeutel geben. Den Beutel fest verschließen. Die Cookies mit einer Teigrolle grob zerbröseln.

3. Die Sahne steif schlagen. Marzipan in hauchdünne Scheiben schneiden. Die Marzipanscheiben mit dem Eigelb in eine Rührschüssel geben. Die Zutaten mit einem Mixer (Rührstäbe) zunächst kurz auf niedrigster, dann auf höchster Stufe schaumig schlagen. So lange schlagen, bis kein Marzipan mehr zu sehen ist. Zum Schluss die Karamellbrösel unterschlagen.

4. Das Ei mit dem Mixer (Rührstäbe) auf höchster Stufe dick-schaumig schlagen, dabei den Zucker einrieseln lassen. Die Eigelb-Marzipan-Masse mit der steif geschlagenen Sahne und den Cookiebröseln vorsichtig unter die Ei-Zucker-Masse heben. Die Eismasse gleichmäßig in den Mulden einer Muffinform (für 12 Muffins, mit Papierbackförmchen ausgelegt) verteilen und glatt streichen. Die Muffinform zugedeckt mindestens 6 Stunden in das Gefrierfach stellen.

5. Für das Topping Eiweiß mit dem Mixer (Rührstäbe) auf höchster Stufe steif schlagen. Der Schnee muss so fest sein, dass ein Messerschnitt sichtbar bleibt. Nach und nach den Zucker unterschlagen und so lange schlagen, bis der Eischnee stark glänzt.

6. Die Baisermasse in einen Spritzbeutel mit Lochtülle (Ø etwa 1 ½ cm) füllen. Die Cookie-Cupcakes aus der Form lösen. Auf jeden Cupcake einen dicken Tupfen Baiser spritzen und vorsichtig mit dem Gasbrenner abflämmen. Oder nach Belieben die gefrorenen Cupcakes mit dem Baiser nochmals mehrere Stunden einfrieren und vor dem Servieren mit dem Haselnuss-Krokant bestreuen.

Hinweis: Nur ganz frische Eier verwenden, die nicht älter als 5 Tage sind (Legedatum beachten!). Die Cupcakes innerhalb von 24 Stunden verzehren.

Cranberry-Cakes | Mit Alkohol
12 Stück

Pro Stück: E: 5 g, F: 29 g, Kh: 52 g, kJ: 2116, kcal: 505, BE: 4,5

Zum Vorbereiten:
1 Pck. Dr. Oetker Pudding-Pulver Vanille-Geschmack
2 EL Zucker
400 ml Milch (3,5 % Fett)

Für den Teig:
100 g getrocknete Cranberrys
100 g getrocknete, gesüßte Ananasstücke
100 ml Wasser
1 Eiweiß (Größe M)
1 Prise Salz
100 g Zucker
1 Eigelb (Größe M)
2 Eier (Größe M)
50 g abgezogene, gem. Mandeln
je 1 Pck. Dr. Oetker Finesse Geriebene Zitronenschale und Orangenschalen-Aroma
150 g Butter oder Margarine (zimmerwarm)
150 g Weizenmehl
1 1/2 gestr. TL Dr. Oetker Backin

Zum Garnieren:
50 g getrocknete Cranberrys
50 ml brauner Rum

Für das Topping:
200 g Butter (zimmerwarm)
150 g Puderzucker

Außerdem:
12 Muffin-Papierbackförmchen

Zubereitungszeit: 40 Minuten, ohne Abkühlzeit
Backzeit: etwa 30 Minuten

1. Zum Vorbereiten für das Topping aus Pudding-Pulver, Zucker und Milch einen Pudding nach Packungsanleitung – aber mit den hier angegebenen Mengen – zubereiten. Sofort Frischhaltefolie direkt auf die Puddingoberfläche legen, damit sich keine Haut bildet. Den Pudding auf Zimmertemperatur abkühlen lassen.

2. Für den Teig in der Zwischenzeit die Cranberrys und Ananasstücke fein hacken und in eine Schüssel geben. Das Wasser aufkochen lassen und über die Früchte gießen. Die Früchte mehrfach umrühren, damit sie das Wasser gleichmäßig aufsaugen können. Die Mischung abkühlen lassen.

3. Den Backofen vorheizen.
Ober-/Unterhitze: etwa 180 °C
Heißluft: etwa 160 °C

4. Eiweiß und Salz mit einem Mixer (Rührstäbe) auf höchster Stufe steif schlagen. Eischnee 3 Minuten weiterschlagen, dabei nach und nach die Hälfte des Zuckers unterrühren.

5. In einer anderen Schüssel Eigelb mit Eiern, Mandeln, Zitronenschale, Orangenschalen-Aroma, restlichem Zucker und Butter oder Margarine schaumig rühren. Die abgekühlte Früchtemischung unterrühren. Mehl mit Backpulver mischen und auf niedrigster Stufe kurz unter die Fettmasse rühren. Zuletzt Eischnee auf niedrigster Stufe kurz unterrühren.

6. Teig in die Mulden einer Muffinform (für 12 Muffins, mit Papierbackförmchen ausgelegt) geben und glatt streichen. Die Form auf dem Rost in den vorgeheizten Backofen schieben und die Cakes **etwa 30 Minuten backen.**

7. Die Form auf einen Kuchenrost stellen. Cakes etwa 5 Minuten in der Form abkühlen lassen. Anschließend aus der Form lösen und auf dem Kuchenrost erkalten lassen.

8. Zum Garnieren Cranberrys mit Rum in einem Topf mischen und zugedeckt etwa 10 Minuten bei schwacher Hitze erwärmen, bis die Cranberrys den Rum aufgesogen haben. Cranberrys abkühlen lassen.

9. Für das Topping Butter mit Puderzucker cremig aufschlagen. Esslöffelweise den abgekühlten Pudding

unterrühren. Dabei darauf achten, dass Butter und Pudding Zimmertemperatur haben, da die Creme sonst gerinnt. Die Buttercreme portionsweise in einen Spritzbeutel mit großer Sterntülle (Ø 12–15 mm) füllen. Auf jeden Cupcake erst spiralförmig eine Schicht Creme spritzen. Auf den Rand der Creme einen Ring spritzen. Die Cranberrys in den Cremeringen verteilen.

Tipp: Wer auf den Rum verzichten möchte, kann die Cranberrys zum Garnieren auch mit Apfel- oder Orangensaft erhitzen.

Cupcakes „Fürst Pückler"

Genuss in Schichten

12 Stück

Pro Stück: E: 6 g, F: 16 g, Kh: 29 g,
kJ: 1215, kcal: 290, BE: 2,5

Für den Teig:

150 g Butter oder Margarine (zimmerwarm)
120 g Zucker
2 Pck. Dr. Oetker Vanillin-Zucker
1 Prise Salz
3 Eier (Größe M)
100 ml Buttermilch
180 g Weizenmehl
2 gestr. TL Dr. Oetker Backin
2 EL gesiebter Kakao zum Backen

Für das Topping:

3 Blatt weiße Gelatine
je 100 g Himbeeren und Erdbeeren
150 g Magerquark
1 TL Dr. Oetker Finesse Geriebene Zitronenschale
50 g Zucker
150 g Schlagsahne (mind. 30 % Fett)

Außerdem:

12 Muffin-Papierbackförmchen

Zubereitungszeit: 45 Minuten, ohne Kühlzeit
Backzeit: etwa 25 Minuten

1. Den Backofen vorheizen.
Ober-/Unterhitze: etwa 180 °C
Heißluft: etwa 160 °C

2. Für den Teig Butter oder Margarine mit Zucker, Vanillin-Zucker und Salz in eine Rührschüssel geben. Die Zutaten mit einem Mixer (Rührstäbe) zunächst kurz auf niedrigster, dann auf höchster Stufe etwa 5 Minuten schaumig schlagen.

3. Danach zuerst die Eier nach und nach unterrühren (jedes Ei etwa ½ Minute), dann die Buttermilch.

4. Mehl mit Backpulver mischen und ebenfalls kurz unterrühren. Den Teig in 2 gleich große Portionen teilen. Unter eine Teigportion den Kakao rühren.

5. Zuerst den hellen Teig in die Mulden einer Muffinform (für 12 Muffins, mit Papierbackförmchen ausgelegt) geben und glatt streichen. Dann den dunklen Teig vorsichtig daraufgeben und ebenso vorsichtig glatt streichen.

6. Die Form auf dem Rost in den vorgeheizten Backofen schieben. Cupcakes **etwa 25 Minuten backen.**

7. Die Form auf einen Kuchenrost stellen. Die Cupcakes etwa 10 Minuten in der Form abkühlen lassen. Anschließend aus der Form lösen und auf dem Kuchenrost erkalten lassen.

8. Für das Topping Gelatine nach Packungsanleitung einweichen. Himbeeren und Erdbeeren verlesen, kurz abspülen und gut abtropfen lassen. Große Erdbeeren etwas kleiner schneiden.

9. Alle Beeren mit Magerquark, Zitronenschale und Zucker in einen Rührbecher geben und mit einem Pürierstab pürieren.

10. Gelatine leicht ausdrücken und mit 2 Esslöffeln von dem Beeren-Quark in einem kleinen Topf bei schwacher Hitze unter Rühren auflösen.

11. Die Quark-Gelatine-Masse unter den restlichen Beeren-Quark rühren. Beeren-Quark 20–30 Minuten in den Kühlschrank stellen, bis er beginnt fest zu werden. Sahne steif schlagen und unterheben.

12. Die Beerencreme in einen Spritzbeutel mit Sterntülle geben und in großen Tupfen auf die Cupcakes spritzen. Die Cupcakes etwa 20 Minuten in den Kühlschrank stellen.

Tipps: Etwas schneller geht es, wenn Sie für das Topping statt der Beeren 200 g rote Grütze (aus dem Kühlregal) verwenden. Verzichten Sie dann auf den Zucker, da die Grütze bereits gesüßt ist. Verwenden Sie am besten weiße Muffin-Papierbackförmchen, sodass die farbigen Schichten gut zu erkennen sind.

Cupcakes for Girls

Für Gäste

12 Stück

Pro Stück: E: 5 g, F: 19 g, Kh: 34 g, kJ: 1368, kcal: 328, BE: 3,0

Zum Vorbereiten:

250 g frische Rote-Bete-Knollen

Für den Teig:

3 Eiweiß (Größe M)
1 Prise Salz
140 g Zucker
150 g Butter oder Margarine (zimmerwarm)
3 Eigelb (Größe M)
160 g Weizenmehl
1 gestr. TL Dr. Oetker Backin

Für das Topping:

300 g Doppelrahm-Frischkäse
60 g Puderzucker
50 g rosa Zuckerkristalle
1 EL Zuckerherzen

Außerdem:

12 Muffin-Papierbackförmchen

Zubereitungszeit: 40 Minuten, ohne Kühlzeit
Backzeit: 25–30 Minuten

1. Zum Vorbereiten die Rote Bete mit Handschuhen schälen und fein reiben. Aus den Rote-Bete-Raspeln 1–2 Teelöffel Saft auspressen und beiseitestellen. Von den Rote-Bete-Raspeln 160 g abwiegen und für den Teig beiseitestellen.

2. Den Backofen vorheizen.
Ober-/Unterhitze: etwa 180 °C
Heißluft: etwa 160 °C

3. Für den Teig Eiweiß mit Salz mit einem Mixer (Rührstäbe) auf höchster Stufe steif schlagen. Den Eischnee 3 Minuten weiterschlagen, dabei nach und nach 100 g von dem Zucker unterschlagen.

4. In einer anderen Schüssel Butter oder Margarine mit Eigelb und restlichem Zucker mit dem Mixer (Rührstäbe) zunächst kurz auf niedrigster, dann auf höchster Stufe etwa 4 Minuten schaumig schlagen. Anschließend die beiseitegestellten Rote-Bete-Raspel unterheben.

5. Mehl mit Backpulver gut vermischen. Die Mehlmischung in 2 Portionen abwechselnd mit dem Eischnee unter die Eigelb-Fett-Masse heben.

6. Den Teig in die Mulden einer Muffinform (für 12 Muffins mit Papierbackförmchen ausgelegt) geben und glatt streichen. Die Form auf dem Rost in den vorgeheizten Backofen schieben. Die Cupcakes **25–30 Minuten backen.**

7. Die Form auf einen Kuchenrost stellen. Die Cupcakes etwa 5 Minuten in der Form abkühlen lassen. Anschließend aus der Form lösen und auf dem Kuchenrost erkalten lassen.

8. Für das Topping Frischkäse mit Puderzucker und den beiseitegestellten 1–2 Teelöffeln Rote-Bete-Saft glatt rühren. Die Frischkäsecreme mit einem Messer leicht kuppelförmig auf die Cupcakes streichen. Die Cupcakes zugedeckt, sodass das Topping nicht zerdrückt wird, etwa 60 Minuten in den Kühlschrank stellen.

9. Vor dem Servieren die Cupcakes mit Zuckerkristallen und -herzen bestreuen.

Cupcakes mit Marmor-Topping

Schokoglück

12 Stück

Pro Stück: E: 6 g, F: 38 g, Kh: 50 g, kJ: 2372, kcal: 567, BE: 4,0

Zum Vorbereiten:

50 g Zartbitter-Schokolade (etwa 50 % Kakaoanteil)
50 g weiße Schokolade
30 g Speisestärke
1 Pck. Dr. Oetker Vanillin-Zucker
300 ml Milch (3,5 % Fett)

Für den Teig:

50 g Zartbitter-Schokolade (etwa 50 % Kakaoanteil)
50 g weiße Schokolade
2 Eiweiß (Größe M)
1 Prise Salz
140 g Zucker
2 Eigelb (Größe M)
1 Ei (Größe M)
einige Tropfen Butter-Vanille-Aroma
180 g Butter oder Margarine (zimmerwarm)
180 g Weizenmehl
1 ½ gestr. TL Dr. Oetker Backin
70 ml Milch (3,5 % Fett)

Für das Topping:

200 g Butter (zimmerwarm)
120 g Puderzucker

Zum Garnieren:

12 Meeresfrüchte-Nuss-Nougat-Pralinen (etwa 130 g)

Zubereitungszeit: 60 Minuten, ohne Kühlzeit
Backzeit: etwa 35 Minuten

1. Zum Vorbereiten für das Topping die Schokoladensorten getrennt voneinander in Stücke brechen. Speisestärke und Vanillin-Zucker mischen und mit 4 Esslöffeln von der Milch verrühren. Restliche Milch in einem Topf aufkochen lassen. Topf von der Kochstelle nehmen, angerührte Speisestärke in die Milch rühren. Pudding unter Rühren etwa 1 Minute kochen lassen, anschließend in 2 gleich große Portionen teilen.

2. Unter eine Hälfte von dem heißen Pudding die Zartbitter-, unter die andere Hälfte die weiße Schokolade rühren und schmelzen lassen. Frischhaltefolie direkt auf die Oberfläche jedes Puddings legen, damit sich keine Haut bildet. Hellen und dunklen Pudding auf Zimmertemperatur abkühlen lassen.

3. Für den Teig beide Sorten Schokolade zusammen hacken.

4. Den Backofen vorheizen.
Ober-/Unterhitze: etwa 180 °C
Heißluft: etwa 160 °C

5. Eiweiß und Salz mit einem Mixer (Rührstäbe) auf höchster Stufe steif schlagen. Den Eischnee 3 Minuten weiterschlagen, dabei nach und nach die Hälfte des Zuckers unterschlagen.

6. In einer anderen Schüssel das Eigelb mit Ei, restlichem Zucker, Aroma und Butter oder Margarine mit dem Mixer (Rührstäbe) schaumig rühren. Mehl mit Backpulver mischen und abwechselnd mit der Milch auf niedrigster Stufe kurz unterrühren. Die gehackte Schokolade kurz unterrühren. Eischnee ebenfalls in 2 Portionen kurz unterrühren.

7. Teig in die Mulden einer Muffinform (für 12 Muffins, mit Papierbackförmchen ausgelegt) geben und glatt streichen. Die Form auf dem Rost in den vorgeheizten Backofen schieben. Die Cupcakes **etwa 35 Minuten backen.**

8. Die Form auf einen Kuchenrost stellen. Die Cupcakes etwa 5 Minuten in der Form abkühlen lassen. Anschließend aus der Form lösen und auf dem Kuchenrost erkalten lassen.

9. Für das Topping die Butter kurz aufschlagen. Puderzucker in 2 Portionen dazugeben und schaumig schlagen. Die Buttermasse in 2 gleich große Portionen teilen. Unter eine Hälfte nach und nach den hellen

Pudding, unter die andere Hälfte nach und nach den dunklen Pudding rühren, dabei darauf achten, dass Butter und Pudding Zimmertemperatur haben, da die Cremes sonst gerinnen.

10. Damit die Creme beim Aufspritzen ein Marmormuster erhält, die helle und die dunkle Creme esslöffelweise abwechselnd in einen Spritzbeutel mit Lochtülle (Ø etwa 12 mm) füllen. Die Creme schneckenförmig auf die Cupcakes spritzen. Die Cupcakes etwa 15 Minuten in den Kühlschrank stellen.

11. Die Cupcakes vor dem Servieren mit Meeresfrüchte-Pralinen garnieren.

Dinkel-Kirsch-Muffins

Vegan

12 Stück

Pro Stück: E: 5 g, F: 11 g, Kh: 30 g,
kJ: 987, kcal: 235, BE: 2,5

Für den Teig:

225 g Weizenmehl (Type 1050)
75 g Dinkelmehl (Type 1050)
75 g gehackte Mandeln oder Haselnusskerne
1 TL Natron
abgeriebene Schale von 1 Bio-Zitrone (unbehandelt, ungewachst)
1 Prise Salz
150 ml Sojamilch
150 g Agavendicksaft
75 ml Speiseöl, z. B. Sonnenblumen- oder Rapsöl
1 EL Zitronensaft

175 g abgetropfte Sauerkirschen (aus dem Glas)

Außerdem:

12 Muffin-Papierbackförmchen

Zubereitungszeit: 20 Minuten, ohne Abkühlzeit
Backzeit: etwa 30 Minuten

1. Den Backofen vorheizen.
Ober-/Unterhitze: etwa 180 °C
Heißluft: etwa 160 °C

2. Für den Teig beide Mehlsorten mit Mandeln oder Nusskernen, Natron, Zitronenschale und Salz in einer Rührschüssel mit einem Schneebesen verrühren.

3. Sojamilch, Agavendicksaft, Öl und Zitronensaft in einem Rührbecher mit dem Schneebesen gut verrühren. Die flüssigen Zutaten zu der Mehlmischung in die Rührschüssel geben und zu einem glatten Teig verrühren (der Teig sollte leicht schwer reißend von einem Löffel fallen).

4. Die Hälfte des Teiges in die Mulden einer Muffinform (für 12 Muffins, mit Papierbackförmchen ausgelegt) geben. Die Kirschen gleichmäßig darauf verteilen. Den restlichen Teig daraufgeben und glatt streichen. Die Form auf dem Rost in den vorgeheizten Backofen schieben. Dinkel-Kirsch-Muffins **etwa 30 Minuten backen.**

5. Die Form auf einen Kuchenrost stellen. Die Muffins etwa 5 Minuten in der Form abkühlen lassen. Anschließend aus der Form lösen und auf dem Kuchenrost erkalten lassen.

Rezeptvariante: Für **vegane Heidelbeer-Muffins** 250 g frische Heidelbeeren verlesen, vorsichtig abspülen, sehr gut abtropfen lassen und zusätzlich mit Küchenpapier trocken tupfen. Den Teig wie beschrieben zubereiten. Heidelbeeren vorsichtig und kurz mit dem Teigschaber oder einem Esslöffel unter den Teig heben (dabei nicht zu stark rühren, da die Früchte den Teig sonst lila einfärben). Den Teig in den Muffinmulden verteilen und wie im Rezept beschrieben backen. Sie können auch TK-Heidelbeeren verwenden. Diese gefroren vorsichtig unter den Teig heben.

Dinkel-Nuss-Muffins

Für den Nachmittags-Kaffee

12 Stück

Pro Stück: E: 5 g, F: 18 g, Kh: 33 g, kJ: 1325, kcal: 317, BE: 3,0

Für den Teig:

170 g Dinkelmehl (Type 630)
100 g gem. Haselnusskerne
3 gestr. TL Dr. Oetker Backin
1 Prise Salz
130 g Zucker
1 Pck. Dr. Oetker Vanillin-Zucker
200 ml Buttermilch
70 ml Speiseöl, z. B. Sonnenblumenöl
2 Eier (Größe M)

Zum Garnieren:

200 g Nuss-Nougat-Creme

Außerdem:

12 Backpapier-Quadrate (je etwa 19 x 19 cm)

Zubereitungszeit: 20 Minuten, ohne Abkühlzeit
Backzeit: etwa 25 Minuten

1. Den Backofen vorheizen.
Ober-/Unterhitze: etwa 180 °C
Heißluft: etwa 160 °C

2. Für den Teig Mehl, Haselnusskerne, Backpulver, Salz, Zucker und Vanillin-Zucker in einer Rührschüssel mit einem Schneebesen verrühren.

3. Buttermilch, Speiseöl und Eier in einem Rührbecher mit dem Schneebesen verrühren. Die flüssigen Zutaten zu der Nuss-Mehl-Mischung in die Rührschüssel geben und zu einem glatten Teig verrühren.

4. Die vorbereiteten Backpapier-Quadrate in die Mulden einer Muffinform (für 12 Muffins) drücken. Den Rand dabei so zusammenfalten, dass die Papierspitzen hochstehen.

5. Den Teig in die Mulden geben und glatt streichen. Die Form auf dem Rost in den vorgeheizten Backofen schieben. Dinkel-Nuss-Muffins **etwa 25 Minuten backen.**

6. Die Form auf einen Kuchenrost stellen. Muffins etwa 5 Minuten in der Form abkühlen lassen. Anschließend vorsichtig aus der Form lösen und auf dem Kuchenrost erkalten lassen.

7. Zum Garnieren mit einem Teelöffel je einen dicken Klecks Nuss-Nougat-Creme auf die Muffins geben.

Earl-Grey-Muffins | Zum Afternoon Tea

12 Stück

Pro Stück: E: 4 g, F: 13 g, Kh: 29 g, kJ: 1042, kcal: 249, BE: 2,5

Zum Vorbereiten:

etwa 85 ml Wasser
2 gestr. EL Earl-Grey-Tee

Für den Rührteig:

125 g Butter oder Margarine (zimmerwarm)
100 g Zucker
1 Pck. Dr. Oetker Bourbon-Vanille-Zucker
2 Eier (Größe M)
170 g Weizenmehl
1 gestr. TL Dr. Oetker Backin

Für den Belag:

2 Eiweiß (Größe M)
55 g Zucker
50 g abgezogene, gem. Mandeln
175 g abgetropfte Mandarinenspalten (aus der Dose)

Zum Bestäuben:

etwa 20 g Puderzucker

Zubereitungszeit: 30 Minuten, ohne Abkühlzeit
Backzeit: etwa 30 Minuten

1. Zum Vorbereiten Wasser zum Kochen bringen und über den Tee gießen. Den Tee etwa 5 Minuten ziehen lassen, durch ein Sieb gießen und ausdrücken. Tee erkalten lassen.

2. Den Backofen vorheizen.
Ober-/Unterhitze: etwa 180 °C
Heißluft: etwa 160 °C

3. Für den Teig Butter oder Margarine mit einem Mixer (Rührstäbe) auf höchster Stufe geschmeidig rühren. Nach und nach Zucker und Vanille-Zucker unterrühren. So lange rühren, bis eine gebundene Masse entstanden ist.

4. Eier nach und nach unterrühren (jedes Ei etwa ½ Minute). Mehl mit Backpulver mischen und mit dem Tee auf mittlerer Stufe kurz unterrühren.

5. Den Teig in die Mulden einer Muffinform (für 12 Muffins, gefettet, gemehlt) geben und glatt streichen.

6. Für den Belag das Eiweiß mit dem Mixer (Rührstäbe) auf höchster Stufe steif schlagen. Der Schnee muss so fest sein, dass ein Messerschnitt sichtbar bleibt. Nach und nach Zucker unterschlagen und so lange schlagen, bis der Eischnee stark glänzt. Die Mandeln unterheben.

7. Die Mandarinen auf dem Teig verteilen. Die Eischnee-Mandel-Masse darauf verstreichen. Die Form auf dem Rost in den vorgeheizten Backofen schieben. Die Earl-Grey-Muffins **etwa 30 Minuten backen.**

8. Die Form auf einen Kuchenrost stellen. Die Muffins etwa 10 Minuten in der Form abkühlen lassen. Anschließend aus der Form lösen und auf dem Kuchenrost erkalten lassen. Die Muffins mit Puderzucker bestäuben.

Eierlikör-Beeren-Muffins

Fruchtig – mit Alkohol

12 Stück

Pro Stück: E: 4 g, F: 20 g, Kh: 28 g, kJ: 1342, kcal: 321, BE: 2,5

Für den Teig:

3 Eier (Größe M)
100 g Puderzucker
1 Prise Salz
100 ml Eierlikör
150 ml Sonnenblumenöl
125 g Weizenmehl
100 g Speisestärke
2 gestr. TL Dr. Oetker Backin
150 g gemischte TK-Beeren

Zum Verzieren:

200 g Schlagsahne (mind. 30 % Fett)
1 Pck. Dr. Oetker Vanillin-Zucker
3 EL Eierlikör

Außerdem:

12 Muffin-Papierbackförmchen

Zubereitungszeit: 20 Minuten, ohne Abkühlzeit
Backzeit: 25–30 Minuten

1. Den Backofen vorheizen.
Ober-/Unterhitze: etwa 180 °C
Heißluft: etwa 160 °C

2. Für den Teig die Eier mit einem Mixer (Rührstäbe) auf höchster Stufe in 1 Minute schaumig schlagen. Puderzucker mit Salz mischen, in 1 Minute einstreuen, dann noch etwa 2 Minuten schlagen. Eierlikör und Sonnenblumenöl unterrühren.

3. Mehl, Speisestärke und Backpulver mischen, auf die Eiercreme geben und kurz auf niedrigster Stufe unterrühren. Die gefrorenen Beeren unterheben.

4. Den Teig in die Mulden einer Muffinform (für 12 Muffins, mit Papierbackförmchen ausgelegt) geben und glatt streichen. Die Form auf dem Rost in den vorgeheizten Backofen schieben. Die Eierlikör-Beeren-Muffins **25–30 Minuten backen.**

5. Die Form auf einen Kuchenrost stellen. Die Muffins etwa 10 Minuten in der Form abkühlen lassen. Anschließend aus der Form lösen und auf dem Kuchenrost erkalten lassen.

6. Zum Verzieren kurz vor dem Servieren die Sahne mit Vanillin-Zucker steif schlagen. Dann jeweils einen Klecks Sahne auf die Muffins geben und mit Eierlikör beträufeln

Eiskristall-Muffins | Weihnachtlich

12 Stück

Pro Stück: E: 7 g, F: 17 g, Kh: 57 g, kJ: 1698, kcal: 432, BE: 5,0

Für den Rührteig:

125 g Butter oder Margarine (zimmerwarm)
125 g Zucker
3 Eier (Größe L)
150 g Weizenmehl
25 g gesiebter Kakao zum Backen
1 ½ gestr. TL Dr. Oetker Backin
50 g Zartbitter-Raspelschokolade

Für den Guss und zum Garnieren:

1 Eiweiß (Größe L)
200 g Puderzucker
200 g Marzipan-Rohmasse
100 g Puderzucker
½ Eiweiß
einige Zuckerkristalle, z. B. violett oder rosa

Außerdem:

12 Muffin-Papierbackförmchen

Zubereitungszeit: 50 Minuten, ohne Abkühlzeit
Backzeit: etwa 25 Minuten

1. Den Backofen vorheizen.
Ober-/Unterhitze: etwa 180 °C
Heißluft: etwa 160 °C

2. Für den Teig die Butter oder Margarine mit einem Mixer (Rührstäbe) auf höchster Stufe geschmeidig rühren. Nach und nach Zucker unterrühren. So lange rühren, bis eine gebundene Masse entstanden ist.

3. Die Eier nach und nach unterrühren (jedes Ei etwa ½ Minute). Mehl mit Kakao und Backpulver mischen und auf mittlerer Stufe kurz unterrühren. Zuletzt die Raspelschokolade unterheben.

4. Den Teig in die Mulden einer Muffinform (für 12 Muffins, mit Papierbackförmchen ausgelegt) geben und glatt streichen. Die Form auf dem Rost in den vorgeheizten Backofen schieben. Die Muffins **etwa 25 Minuten backen.**

5. Die Form auf einen Kuchenrost stellen. Die Muffins etwa 5 Minuten in der Form abkühlen lassen. Anschließend aus der Form lösen und auf dem Kuchenrost erkalten lassen.

6. Für den Guss und zum Garnieren das Eiweiß mit 200 g Puderzucker zu einem dickflüssigen Guss verrühren. Die Oberfläche der Muffins mit dem Guss bestreichen.

7. Marzipan mit 100 g Puderzucker sorgfältig verkneten. Marzipan mit etwas Puderzucker bestäuben und auf einer mit Puderzucker bestäubten Arbeitsfläche etwa ½ cm dick ausrollen. Aus der Marzipanplatte mit einem vorher in Puderzucker gedrückten Eiskristall-Ausstecher Eiskristalle ausstechen. Die Eiskristalle mit einem feinen Pinsel aus dem Ausstecher drücken, mit etwas verschlagenem Eiweiß bestreichen und mit Zuckerkristallen bestreuen. Die Eiskristalle auf die Muffins legen.

Energie-Muffins

Genuss mit Nuss – schnell

12 Stück

Pro Stück: E: 6 g, F: 17 g, Kh: 30 g,
kJ: 1257, kcal: 301, BE: 2,5

Zum Vorbereiten:

75 g Erdnusskerne im Honigmantel

Für den Schüttelteig:

120 g Butter oder Margarine
150 g Weizenmehl
2 gestr. TL Dr. Oetker Backin
100 g Zucker
3 Eier (Größe M)
70 g Ovomaltine (malzhaltiges Getränkepulver)
6 EL Milch (1,5 % Fett)

Für den Belag:

12 Stücke Vollmilch-Schokolade (etwa 100 g)

12 Erdnusskerne im Honigmantel

Außerdem:

12 Muffin-Papierbackförmchen

Zubereitungszeit: 15 Minuten, ohne Abkühlzeit
Backzeit: 25–30 Minuten

1. Zum Vorbereiten die Erdnusskerne in grobe Stückchen hacken.

2. Den Backofen vorheizen.
Ober-/Unterhitze: etwa 200 °C
Heißluft: etwa 180 °C

3. Für den Teig die Butter oder Margarine zerlassen und abkühlen lassen. Mehl mit Backpulver mischen, in eine verschließbare Schüssel (etwa 3 l) geben, mit Zucker mischen. Die Eier, flüssige Butter oder Margarine, Ovomaltine und Milch hinzufügen und die Schüssel mit dem Deckel fest verschließen. Schüssel mehrmals kräftig schütteln (insgesamt 15–30 Sekunden), sodass alle Zutaten gut vermischt sind.

4. Erdnussstückchen hinzugeben. Alles mit einem Schneebesen oder Rührlöffel nochmals sorgfältig durchrühren, damit trockene Zutaten vom Rand mit untergerührt werden.

5. Den Teig in die Mulden einer Muffinform (für 12 Muffins, mit Papierbackförmchen ausgelegt) geben und glatt streichen. Die Form auf dem Rost in den vorgeheizten Backofen schieben. Die Muffins **25–30 Minuten backen.**

6. Die Form auf einen Kuchenrost stellen. Die heißen Muffins mit jeweils 1 Stück Schokolade belegen und leicht eindrücken. Erdnusskerne in die weiche Schokolade drücken. Die Muffins aus der Form lösen und auf dem Kuchenrost erkalten lassen.

Erdbeer-Cupcakes | Für Gäste

12 Stück

Pro Stück: E: 5 g, F: 29 g, Kh: 36 g, kJ: 1812, kcal: 433, BE: 3,0

Für den Teig:

2 Eiweiß (Größe M)
1 Prise Salz
1 Pck. Dr. Oetker Vanillin-Zucker
180 g Zucker
2 Eigelb (Größe M)
1 Ei (Größe M)
220 g Butter oder Margarine (zimmerwarm)
200 g Weizenmehl
1 1/2 gestr. TL Dr. Oetker Backin
1 Msp. Natron
100 g Joghurt (3,5 % Fett)

Für das Topping:

500 g Erdbeeren
50 g Baiser (Fertigprodukt)
2 Pck. Sahnesteif
250 g Mascarpone (ital. Frischkäse)
100 g Schlagsahne (mind. 30 % Fett)
50 g Joghurt (3,5 % Fett)
einige Minze- oder Melisseblätter

Außerdem:

12 Muffin-Papierbackförmchen

Zubereitungszeit: 35 Minuten, ohne Abkühlzeit
Backzeit: etwa 30 Minuten

1. Den Backofen vorheizen.
Ober-/Unterhitze: etwa 180 °C
Heißluft: etwa 160 °C

2. Für den Teig das Eiweiß mit dem Salz steif schlagen. Den Eischnee 3 Minuten weiterschlagen, dabei nach und nach den Vanillin-Zucker und die Hälfte von dem Zucker unterschlagen.

3. In einer anderen Schüssel Eigelb mit Ei, Butter oder Margarine und restlichem Zucker schaumig rühren. Mehl mit Backpulver und Natron mischen, dann mit

dem Joghurt abwechselnd unterrühren. Den Eischnee in 2 Portionen auf niedrigster Stufe kurz unterrühren. Den Teig gleichmäßig in der Form verteilen. Die Form auf dem Rost in den vorgeheizten Backofen schieben. Die Cupcakes **etwa 30 Minuten backen.**

4. Die Form auf einen Kuchenrost stellen. Die Cupcakes etwa 5 Minuten in der Form abkühlen lassen. Anschließend aus der Form lösen und auf dem Kuchenrost erkalten lassen.

5. Für das Topping die Erdbeeren entstielen, abspülen und trocken tupfen. 6 schöne Erdbeeren zum Garnieren beiseitelegen. Die restlichen Erdbeeren klein würfeln. Das Baiser grob hacken, dann zerbröseln. Baiserbrösel mit Erdbeerwürfeln und Sahnesteif mischen. Mascarpone mit Sahne steif schlagen. Die Hälfte davon mit der Erdbeermasse mischen und mit einem Messer auf die Cupcakes streichen.

6. Den Joghurt kurz unter die restliche Mascarpone-Sahne rühren. Die Creme in einen Spritzbeutel mit Sterntülle (Ø etwa 1 cm) füllen. Auf jeden Cupcake einen Tupfen Creme spritzen. Die Cupcakes jeweils mit 1/2 Erdbeere und evtl. einem abgespülten, trocken getupften Minze- oder Melisseblatt garnieren und sofort servieren.

Erdbeer-Muffins I

Für Kinder

12 Stück

Pro Stück: E: 4 g, F: 9 g, Kh: 26 g, kJ: 850, kcal: 203, BE: 2,0

Zum Vorbereiten:

200 g frische Erdbeeren

Für den Rührteig:

80 ml Sonnenblumenöl
120 g Zucker
1 Pck. Dr. Oetker Bourbon-Vanille-Zucker
1 TL Dr. Oetker Finesse Geriebene Zitronenschale
2 Eier (Größe M)
150 g Weizenmehl
1 1/2 gestr. TL Dr. Oetker Backin
1 Prise Salz
70 g zarte Haferflocken
100 ml Buttermilch

Zum Garnieren:

2 Riegel gut gekühlte Erdbeer-Joghurt-Schokolade

Zubereitungszeit: 50 Minuten, ohne Abkühlzeit
Backzeit: etwa 25 Minuten

1. Zum Vorbereiten Erdbeeren putzen, abspülen, gut abtropfen lassen, entstielen und in Stücke schneiden.

2. Den Backofen vorheizen.
Ober-/Unterhitze: etwa 180 °C
Heißluft: etwa 160 °C

3. Für den Teig Sonnenblumenöl mit Zucker, Vanille-Zucker und Zitronenschale mit einem Mixer (Rührstäbe) auf höchster Stufe geschmeidig rühren.

4. Die Eier nach und nach unterrühren (jedes Ei etwa 1/2 Minute). Mehl mit Backpulver und Salz mischen, abwechselnd portionsweise mit Haferflocken und Buttermilch auf mittlerer Stufe kurz unterrühren. Zuletzt die Erdbeerstücke vorsichtig unterheben.

5. Den Rührteig in die Mulden einer Muffinform (für 12 Muffins, gefettet, gemehlt) geben und glatt streichen. Die Form auf dem Rost in den vorgeheizten Backofen schieben. Erdbeer-Muffins **etwa 25 Minuten backen**.

6. Die Form auf einen Kuchenrost stellen und die Erdbeer-Muffins etwa 10 Minuten in der Form abkühlen lassen. Anschließend vorsichtig aus der Form lösen und auf dem mit Backpapier belegten Kuchenrost etwas abkühlen lassen.

7. Zum Garnieren die Schokolade grob raspeln und die noch warmen Muffins damit bestreuen. Erdbeer-Muffins erkalten lassen.

Tipp: Die Muffins schmecken auch sehr gut mit Heidelbeeren (200 g) oder Bananenstücken (etwa 150 g, vorbereitet gewogen). Wenn Sie Bananen verwenden, reduzieren Sie die Zuckermenge auf 100 g Zucker.

Erdbeer-Panna-Cotta-Muffins

Einfach – ohne zu backen

12 Stück

Pro Stück: E: 4 g, F: 18 g, Kh: 26 g, kJ: 1183, kcal: 283, BE: 2,0

Für den Rand und den Boden:

375 g Butterkekse mit Zartbitter-Schokolade
25 g Butter

Für die Panna-Cotta-Füllung:

6 Blatt weiße Gelatine
500 g Erdbeeren
300 g Schlagsahne
40 g Puderzucker
1 EL Zitronensaft

Außerdem:

12 Muffin-Papierbackförmchen

Zubereitungszeit: 35 Minuten, ohne Kühlzeit

1. Für den Rand 24 Butterkekse jeweils mit einem Sägemesser von der kurzen Seite her 2-mal durchschneiden, sodass aus jedem Keks 3 gleich große Stangen entstehen.

2. Jeweils 6 Keksstangen gleichmäßig verteilt als Rand in die Mulden einer Muffinform (für 12 Muffins, mit Papierbackförmchen ausgelegt) stellen. Die Schokoladenseite soll dabei nach innen zeigen.

3. Die restlichen 3 Butterkekse in Stücke brechen, in einen Blitzhacker geben und fein zerbröseln.

4. Die Butter in einem kleinen Topf zerlassen und die Keksbrösel unterrühren. Die Bröselmasse mit einem Teelöffel gleichmäßig in den Papierbackförmchen verteilen und vorsichtig zu einem Boden andrücken.

5. Die Muffinform für etwa 30 Minuten in den Kühlschrank stellen.

6. Für die Füllung in der Zwischenzeit Gelatine nach Packungsanleitung einweichen. Die Erdbeeren abspülen, entstielen und auf Küchenpapier gut abtropfen lassen. 6 Erdbeeren zum Garnieren beiseitelegen. 250 g Erdbeeren pürieren. Restliche Erdbeeren fein würfeln.

7. Sahne mit Puderzucker und Erdbeerpüree in einem Topf unter Rühren zum Kochen bringen. Den Topf von der Kochstelle nehmen, die Gelatine leicht ausdrücken und in der heißen Erdbeersahne unter Rühren auflösen. Zitronensaft unterrühren.

8. Die Erdbeersahne in den Kühlschrank stellen und unter gelegentlichem Rühren erkalten lassen, bis sie beginnt dicklich zu werden. Dann die Erdbeerwürfel unterrühren.

9. Die Füllung gleichmäßig in den mit Butterkeksstangen ausgelegten Papierbackförmchen verteilen. Die beiseitegelegten Erdbeeren halbieren und jeden Muffin mit einer Erdbeerhälfte belegen. Die Form mindestens 60 Minuten in den Kühlschrank stellen.

10. Die Erdbeer-Panna-Cotta-Muffins mit den Papierbackförmchen aus der Muffinform heben und servieren.

Erdnuss-Bananen-Muffins I

Einfach

12 Stück

Pro Stück: E: 6 g, F: 20 g, Kh: 25 g, kJ: 1266, kcal: 303, BE: 2,0

Für den Teig:

1	*große Banane (etwa 200 g)*
2 EL	*Zitronensaft*
160 g	*Erdnusscreme, creamy oder crunchy*
50 g	*brauner Zucker*
2	*Eier (Größe M)*
250 g	*Weizenmehl*
2 gestr. TL	*Dr. Oetker Backin*
1/2 gestr. TL	*Natron*
125 ml	*Speiseöl, z. B. Sonnenblumenöl*
125 ml	*Buttermilch*

Zubereitungszeit: 20 Minuten, ohne Abkühlzeit
Backzeit: 25–30 Minuten

1. Für den Teig die Banane schälen, in kleine Würfel schneiden oder mit einer Gabel zerdrücken, anschließend mit Zitronensaft beträufeln.

2. Den Backofen vorheizen.
Ober-/Unterhitze: etwa 180 °C
Heißluft: etwa 160 °C

3. Erdnusscreme, Zucker und Eier mit einem Mixer (Rührstäbe) zu einer geschmeidigen Masse verrühren.

4. Das Mehl mit Backpulver und Natron mischen. Die Mehlmischung mit Speiseöl und Buttermilch hinzugeben. Die Zutaten schnell zu einem glatten Teig verrühren. Zuletzt Bananenwürfel oder -mus unterrühren.

5. Den Teig in die Mulden einer Muffinform (für 12 Muffins, gefettet, gemehlt) geben und glatt streichen. Die Form auf dem Rost in den vorgeheizten Backofen schieben. Die Erdnuss-Bananen-Muffins **25–30 Minuten backen.**

6. Die Form auf einen Kuchenrost stellen. Die Muffins etwa 10 Minuten in der Form abkühlen lassen. Anschließend aus der Form lösen und auf dem Kuchenrost erkalten lassen.

Tipp: Die erkalteten Muffins mit heller oder dunkler Kuchenglasur bestreichen und mit gehackten Erdnusskernen bestreuen.

Erdnuss-Grieß-Muffins

Genuss mit Nuss

18 Stück

Pro Stück: E: 6 g, F: 18 g, Kh: 23 g, kJ: 1176, kcal: 282, BE: 2,0

Zum Vorbereiten:

180 g Butter oder Margarine
150 g Erdnusscreme, crunchy
100 g flüssiger Honig
3 Erdnussriegel (je 40 g, z. B. Mr. Tom)

Für den Schüttelteig:

100 g Hartweizengrieß
100 g Weizenmehl
4 gestr. TL Dr. Oetker Backin
80 g brauner Zucker
4 Eier (Größe M)
200 ml Milch (1,5 % Fett)

Zum Bestreichen:

1 EL flüssiger Honig

Zum Bestreuen:

1 Erdnussriegel (40 g, z. B. Mr. Tom)

Zum Bestäuben:

etwas Puderzucker

Zubereitungszeit: 45 Minuten, ohne Abkühlzeit
Backzeit: etwa 25 Minuten je Form

1. Zum Vorbereiten Butter oder Margarine, Erdnusscreme und Honig in einem Topf unter Rühren schmelzen. Die Masse abkühlen lassen. Den Erdnuss-Karamell-Riegel fein hacken.

2. Den Backofen vorheizen.
Ober-/Unterhitze: etwa 180 °C
Heißluft: etwa 160 °C

3. Für den Teig den Grieß mit Mehl und Backpulver mischen, in eine verschließbare Schüssel (etwa 3 l) geben und mit Zucker mischen. Die Eier, Fett-Honig-Erdnuss-Masse und Milch hinzufügen und die Schüssel mit dem Deckel fest verschließen. Schüssel mehrmals kräftig schütteln (insgesamt 15–30 Sekunden), sodass alle Zutaten gut vermischt sind.

4. Alles mit einem Schneebesen oder Rührlöffel nochmals sorgfältig durchrühren, damit trockene Zutaten vom Rand mit untergerührt werden. Dabei die gehackten Erdnussriegelstücke mit unterrühren.

5. Den Schüttelteig in die Mulden von 2 Muffinformen (1 Form für 12 Muffins, 1 Form für 6 Muffins, gefettet, gemehlt) geben und glatt streichen.

6. Die Muffinformen nacheinander (bei Heißluft zusammen) auf dem Rost in den vorgeheizten Backofen schieben. Die Muffins **etwa 25 Minuten je Form backen.** Achtung: Die Muffins werden von unten sehr schnell dunkel!

7. Die Formen auf Kuchenroste stellen. Die Muffins etwa 10 Minuten in den Formen abkühlen lassen. Anschließend aus den Formen lösen und auf den Kuchenrosten erkalten lassen.

8. Die Oberfläche der Muffins mit Honig bestreichen, dabei einen etwa 2 cm breiten Rand frei lassen. Die Erdnussriegel hacken und auf die Muffins streuen. Den frei gelassenen Rand mit Puderzucker bestäuben.

Erdnuss-Krokant-Cakes

Genuss mit Nuss

12 Stück

Pro Stück: E: 11 g, F: 39 g, Kh: 42 g, kJ: 2323, kcal: 556, BE: 3,5

Für den Teig:

50 g Erdnusskerne, geröstet und gesalzen
3 Eier (Größe M)
1 Prise Salz
150 g brauner Zucker
2 Pck. Dr. Oetker Vanillin-Zucker
30 g Erdnusscreme, creamy
150 g Butter oder Margarine (zimmerwarm)
90 g Weizenmehl
40 g Speisestärke
1 Msp. Dr. Oetker Backin
1 Msp. Natron
2 EL Buttermilch

Für den Krokant:

70 g Erdnusskerne, geröstet und gesalzen
100 g Zucker
etwas Speiseöl

Für das Topping:

180 g Erdnusscreme, creamy
50 g Butter (zimmerwarm)
300 g Doppelrahm-Frischkäse (zimmerwarm)
80 g Puderzucker
1 Pck. Dr. Oetker Vanillin-Zucker
1 Prise Salz

Außerdem:

12 Muffin-Papierbackförmchen

Zubereitungszeit: 40 Minuten, ohne Abkühlzeit
Backzeit: etwa 30 Minuten

1. Den Backofen vorheizen.
Ober-/Unterhitze: etwa 180 °C
Heißluft: etwa 160 °C

2. Für den Teig die Erdnusskerne fein hacken. Die Eier mit dem Salz mit einem Mixer (Rührstäbe) auf höchster Stufe kurz aufschlagen. Eiermasse etwa 3 Minuten weiterschlagen, dabei nach und nach den Zucker und Vanillin-Zucker einrieseln lassen.

3. In einer anderen Schüssel Erdnusscreme mit Butter oder Margarine schaumig rühren. Die gehackten Erdnusskerne unterrühren. Mehl mit Speisestärke, Backpulver und Natron mischen. Das Mehlgemisch und die Buttermilch abwechselnd kurz unter die Buttermasse rühren. Die Eiercreme in 2 Portionen auf niedrigster Stufe kurz unterrühren. Den Teig in die Mulden einer Muffinform (für 12 Muffins, mit Papierbackförmchen ausgelegt) geben und glatt streichen.

4. Die Form auf dem Rost in den vorgeheizten Backofen schieben. Die Cakes **etwa 30 Minuten backen.**

5. Die Form auf einen Kuchenrost stellen. Cakes etwa 5 Minuten in der Form abkühlen lassen. Anschließend aus der Form lösen und auf dem Kuchenrost erkalten lassen.

6. Für den Krokant inzwischen die Erdnusskerne hacken. Einen Bogen Backpapier auf ein großes Holzbrett oder ein Backblech legen. Zucker in einem breiten Edelstahltopf bei mittlerer Hitze goldbraun karamellisieren lassen. Die Erdnusskerne dazugeben, untermengen und kurz erhitzen. Den Topf von der Kochstelle nehmen.

7. Die heiße Karamellmasse sofort auf das Backpapier geben. Einen zweiten Bogen Backpapier darauflegen. Die Masse mit einer Teigrolle möglichst flach ausrollen (Achtung: Die Masse ist sehr heiß!). Sobald sich das obere Backpapier lösen lässt, das Papier abziehen. Die Klinge eines großen, stabilen Messers leicht mit Öl bestreichen und den heißen Krokant in etwa 1 cm breite Streifen schneiden. Krokant erkalten lassen.

8. Für das Topping die Zutaten in eine Rührschüssel geben und mit dem Mixer (Rührstäbe) kurz zu einer glatten Creme aufschlagen. Die Creme mit einem Löffel auf den Cakes verteilen. Die Krokantstreifen in 5–6 cm lange Streifen brechen und die Cupcakes damit garnieren.

Espresso-Karamell-Muffins

Mit Alkohol

12 Stück

Pro Stück: E: 4 g, F: 15 g, Kh: 33 g, kJ: 1198, kcal: 286, BE: 3,0

Für den Rührteig:

150 g Butter oder Margarine (zimmerwarm)
150 g Zucker
1 Prise Salz
3 Eier (Größe M)
200 g Weizenmehl
1 TL Dr. Oetker Backin
1 ½ TL Instant-Espresso-Pulver
1 EL brauner Rum
100 g Daim Minis®

Für den Guss:

2–3 TL Instant-Espresso-Pulver
2 EL heißes Wasser
4–5 EL Puderzucker

Außerdem:

12 Muffin-Papierbackförmchen

Zubereitungszeit: 40 Minuten, ohne Abkühlzeit
Backzeit: etwa 25 Minuten

1. Den Backofen vorheizen.
Ober-/Unterhitze: etwa 180 °C
Heißluft: etwa 160 °C

2. Für den Teig die Butter oder Margarine mit einem Mixer (Rührstäbe) auf höchster Stufe geschmeidig rühren. Nach und nach Zucker und Salz unterrühren. So lange rühren, bis eine gebundene Masse entstanden ist.

3. Eier nach und nach unterrühren (jedes Ei etwa ½ Minute). Mehl mit Backpulver mischen und in 2 Portionen auf mittlerer Stufe kurz unterrühren.

4. Den Teig in 2 gleich große Portionen teilen. Das Espresso-Pulver mit Rum verrühren und unter eine Teighälfte rühren. Daim Minis hacken.

5. Jeweils nebeneinander 1 gehäuften Teelöffel des dunklen und hellen Teiges in die Mulden einer Muffinform (für 12 Muffins, mit Papierbackförmchen ausgelegt) geben. Gut die Hälfte der gehackten Daim Minis daraufgeben. Den restlichen hellen und dunklen Teig versetzt darauf verteilen. Die restlichen gehackten Daim Minis auf die Teigmitte streuen. Die Form auf dem Rost in den vorgeheizten Backofen schieben. Die Muffins **etwa 25 Minuten backen.**

6. Die Form auf einen Kuchenrost stellen. Die Muffins etwa 10 Minuten in der Form abkühlen lassen. Anschließend aus der Form lösen und auf dem Kuchenrost erkalten lassen.

7. Für den Guss das Espresso-Pulver mit Wasser verrühren. Puderzucker nach und nach unterrühren. Die Muffins mit dem Guss bestreichen. Guss fest werden lassen.

Espresso-Marzipan-Cakes

Etwas Besonderes

12 Stück

Pro Stück: E: 6 g, F: 28 g, Kh: 33 g, kJ: 1724, kcal: 412, BE: 2,5

Für den Teig:

100 g Marzipan-Rohmasse
2 Eiweiß (Größe M)
1 Prise Salz
120 g Zucker
2 Eigelb (Größe M)
120 g Butter oder Margarine (zimmerwarm)
1 Ei (Größe M)
2 TL Instant-Espresso-Pulver
75 g saure Sahne
130 g Weizenmehl
1 gestr. TL Dr. Oetker Backin
1 Msp. Natron

Für das Topping:

3–4 TL Instant-Espresso-Pulver
2 EL lauwarmes Wasser
400 g Mascarpone (ital. Frischkäse)
100 ml kalte Milch (3,5 % Fett)
100 g Puderzucker
1 Pck. Sahnesteif
12 schokolierte Kaffeebohnen oder feine Mocca-Bohnen aus Schokolade

12 Muffin-Papierbackförmchen

Zubereitungszeit: 35 Minuten, ohne Abkühlzeit
Backzeit: etwa 30 Minuten

1. Den Backofen vorheizen.
Ober-/Unterhitze: etwa 180 °C
Heißluft: etwa 160 °C

2. Für den Teig Marzipan in hauchdünne Scheiben schneiden. Das Eiweiß mit dem Salz mit einem Mixer (Rührstäbe) auf höchster Stufe steif schlagen. Eischnee 3 Minuten weiterschlagen, dabei nach und nach die Hälfte von dem Zucker einrieseln lassen.

3. In einer anderen Schüssel die Marzipanscheiben, restlichen Zucker, Eigelb und Butter oder Margarine schaumig rühren. Nacheinander Ei, Espresso-Pulver und saure Sahne unterrühren. Mehl mit Backpulver und Natron mischen. Das Mehlgemisch auf niedrigster Stufe kurz unterrühren. Eischnee ebenfalls kurz unterrühren.

4. Den Teig in die Mulden einer Muffinform (für 12 Muffins, mit Papierbackförmchen ausgelegt) geben und glatt streichen. Die Form auf dem Rost in den vorgeheizten Backofen schieben. Die Cakes **etwa 30 Minuten backen.**

5. Die Muffinform auf einen Kuchenrost stellen. Cupcakes etwa 5 Minuten in der Form abkühlen lassen. Anschließend aus der Form lösen und auf dem Kuchenrost erkalten lassen.

6. Für das Topping Espresso-Pulver im Wasser auflösen und kalt stellen. Den Mascarpone mit Milch in eine Schüssel geben, mit dem Mixer (Rührstäbe) zu einer Creme aufschlagen. Puderzucker mit Sahnesteif mischen und unter die Mascarpone-Masse rühren. Zuletzt den erkalteten Espresso unterrühren.

7. Die Creme in einen Spritzbeutel mit Lochtülle (Ø 12–15 mm) füllen. Auf jeden Cupcake einen dicken Tupfen Creme spritzen und mit einer schokolierten Kaffee- oder einer Mocca-Bohne garnieren. Die Cupcakes etwa 15 Minuten in den Kühlschrank stellen.

Espresso-Muffins

Mit Alkohol

12 Stück

Pro Stück: E: 3 g, F: 6 g, Kh: 40 g, kJ: 1023, kcal: 244, BE: 3,5

Für den All-in-Teig:

250 g Weizenmehl
2 gestr. TL Dr. Oetker Backin
125 g brauner Zucker
1 Pck. Dr. Oetker Bourbon-Vanille-Zucker
2 Eier (Größe M)
75 ml Espresso
75 ml Kaffeelikör
50 ml Speiseöl, z. B. Sonnenblumenöl

Für den Guss:

125 g Puderzucker
etwa 2 EL Kaffeelikör

Zum Garnieren:

einige feine Mocca-Bohnen aus Schokolade

Außerdem:

evtl. 12 Muffin-Papierbackförmchen

Zubereitungszeit: 25 Minuten, ohne Abkühlzeit
Backzeit: etwa 30 Minuten

1. Den Backofen vorheizen.
Ober-/Unterhitze: etwa 180 °C
Heißluft: etwa 160 °C

2. Für den Teig Mehl mit Backpulver in einer Rührschüssel mischen. Restliche Zutaten hinzufügen und mit einem Mixer (Rührstäbe) zunächst kurz auf niedrigster, dann auf höchster Stufe in etwa 2 Minuten zu einem glatten Teig verarbeiten.

3. Den Teig in die Mulden einer Muffinform (für 12 Muffins, gefettet, gemehlt oder mit Papierbackförmchen ausgelegt) geben und glatt streichen. Die Form auf dem Rost in den vorgeheizten Backofen schieben. Die Muffins **etwa 30 Minuten backen.**

4. Die Form auf einen Kuchenrost stellen. Die Muffins etwa 10 Minuten in der Form abkühlen lassen. Anschließend aus der Form lösen und auf dem Kuchenrost erkalten lassen.

5. Für den Guss Puderzucker mit Likör zu einer dickflüssigen Masse verrühren. Die Muffins damit dick bestreichen und mit Mocca-Bohnen garnieren. Den Guss trocknen lassen.

Exotic-Muffins

Fruchtig – Genuss mit Nuss

12 Stück

Pro Stück: E: 4 g, F: 9 g, Kh: 43 g, kJ: 1127, kcal: 269, BE: 3,5

Für den Schüttelteig:

150 g Weizenmehl
1 gestr. TL Dr. Oetker Backin
100 g brauner Zucker
1 Pck. Dr. Oetker Bourbon-Vanille-Zucker
2 Eier (Größe M)
200 g Schlagsahne
125 ml Ahornsirup
200 g Caribic Royal (Fruchtmischung mit Nüssen von Seeberger)
50 g Semmelbrösel

Für den Belag:

1 Apfel
2 EL brauner Zucker

Außerdem:

evtl. 12 Muffin-Papierbackförmchen

Zubereitungszeit: 40 Minuten, ohne Abkühlzeit
Backzeit: etwa 30 Minuten

1. Den Backofen vorheizen.
Ober-/Unterhitze: etwa 200 °C
Heißluft: etwa 180 °C

2. Für den Teig das Mehl mit Backpulver mischen, in eine verschließbare Schüssel (etwa 3 l) geben und mit Zucker und Vanille-Zucker mischen. Eier, Sahne und Sirup hinzufügen und die Schüssel mit dem Deckel fest verschließen. Schüssel mehrmals kräftig schütteln (insgesamt 15–30 Sekunden), sodass alle Zutaten gut vermischt sind.

3. Die Fruchtmischung in grobe Stückchen hacken. Zwei Drittel davon mit den Semmelbröseln hinzufügen. Alles mit einem Schneebesen oder Rührlöffel nochmals sorgfältig durchrühren, damit trockene Zutaten vom Rand mit untergerührt werden.

4. Den Teig in die Mulden einer Muffinform (für 12 Muffins, gefettet, gemehlt oder mit Papierbackförmchen ausgelegt) geben.

5. Für den Belag den Apfel schälen und mit einem Apfelausstecher das Kerngehäuse entfernen. Apfel in 12 Scheiben schneiden. Die restliche Fruchtmischung auf dem Teig verteilen, mit je 1 Apfelscheibe belegen und mit Zucker bestreuen. Die Form auf dem Rost in den vorgeheizten Backofen schieben. Die Muffins **etwa 30 Minuten backen.**

6. Die Form auf einen Kuchenrost stellen. Die Muffins etwa 10 Minuten in der Form abkühlen lassen. Anschließend vorsichtig aus der Form lösen und auf dem mit Backpapier belegten Kuchenrost erkalten lassen.

Florentiner-Cakes

Knusprig & cremig

12 Stück

Pro Stück: E: 6 g, F: 33 g, Kh: 45 g, kJ: 2114, kcal: 505, BE: 3,5

Für den Teig:

2 Eiweiß (Größe M)
1 Prise Salz
140 g Zucker
2 Eigelb (Größe M)
1 Ei (Größe M)
150 g Butter oder Margarine (zimmerwarm)
2 EL neutrales Speiseöl
1 Pck. Dr. Oetker Finesse Orangenschalen-Aroma
180 g Weizenmehl
1 1/2 gestr. TL Dr. Oetker Backin
75 g saure Sahne
50 g Zartbitter-Raspelschokolade
30 g gehobelte Mandeln

Für das Topping:

1 Bio-Zitrone (unbehandelt, ungewachst)
3 Eiweiß (Größe M)
180 g Zucker
200 g Butter (zimmerwarm)
100 g kleine Florentiner (Mandelkrokantgebäck)

Außerdem:

12 Muffin-Papierbackförmchen

Zubereitungszeit: 50 Minuten, ohne Abkühlzeit
Backzeit: etwa 35 Minuten

1. Den Backofen vorheizen.
Ober-/Unterhitze: etwa 180 °C
Heißluft: etwa 160 °C

2. Für den Teig Eiweiß mit Salz in einer Rührschüssel mit einem Mixer (Rührstäbe) auf höchster Stufe steif schlagen. Eischnee 3 Minuten weiterschlagen, dabei nach und nach die Hälfte des Zuckers unterrühren.

3. In einer anderen Schüssel das Eigelb mit Ei, restlichem Zucker, Butter oder Margarine, Öl und Aroma schaumig rühren. Mehl mit Backpulver mischen und abwechselnd mit der sauren Sahne auf niedrigster Stufe kurz unterrühren. Erst Raspelschokolade, dann Eischnee ebenfalls kurz unterrühren.

4. Teig in die Mulden einer Muffinform (für 12 Muffins, mit Papierbackförmchen ausgelegt) geben, glatt streichen und mit Mandeln bestreuen. Die Form auf dem Rost in den vorgeheizten Backofen schieben. Die Cakes **etwa 35 Minuten backen.**

5. Die Muffinform auf einen Kuchenrost stellen. Cupcakes nach 5 Minuten aus der Form lösen und auf dem Kuchenrost erkalten lassen.

6. Für das Topping die Zitrone heiß abwaschen und abtrocknen. Die Hälfte der Zitronenschale fein abreiben, Schale beiseitelegen. Die Zitrone halbieren und den Saft auspressen.

7. Eiweiß mit 2 Teelöffeln von dem Zitronensaft sowie dem Zucker in einer großen Metallschüssel verrühren. Die Schüssel in einen passenden Topf mit heißem Wasser setzen.

8. Das Eiweiß bei mittlerer Hitze mit einem großen Schneebesen etwa 5 Minuten schlagen, bis der Zucker aufgelöst ist und die Masse glänzend, cremig und warm ist. Das Eiweiß sollte nicht am Schüsselrand fest werden – dann ist das Wasserbad zu heiß.

9. Die Schüssel aus dem Wasserbad nehmen, den Eischnee mit dem großem Schneebesen oder dem Mixer (Rührstäbe) weiterschlagen, bis die Masse an Volumen zunimmt und fest und wieder abgekühlt ist.

10. In einer anderen Schüssel die Butter cremig rühren. Die Butter nach und nach unter den Eischnee rühren. Zitronenschale unterrühren.

11. Von den Florentinern 12 Stück zum Garnieren beiseitelegen. Restliche Florentiner in einen Gefrierbeutel geben. Den Beutel fest verschließen und die Florentiner mit einer Teigrolle fein zerbröseln. Brösel unter die Eiweißcreme heben.

12. Die Creme in einen Spritzbeutel mit Lochtülle (Ø etwa 12 mm) füllen. Flache Wellenlinien auf die Cupcakes spritzen. Cupcakes etwa 15 Minuten in den Kühlschrank stellen. Die Cupcakes vor dem Servieren mit den beiseitegelegten Florentinern garnieren.

Hinweis: Für die Florentiner-Cakes nur ganz frische Eier verwenden, die nicht älter als 5 Tage sind (Legedatum beachten!). Die Cupcakes unbedingt im Kühlschrank aufbewahren und innerhalb von 24 Stunden verzehren.

Florentiner-Möhren-Muffins

Gut kombiniert

12 Stück

Pro Stück: E: 5 g, F: 14 g, Kh: 31 g, kJ: 1147, kcal: 274, BE: 2,5

Zum Vorbereiten:

150 g Möhren
50 g kleine Florentiner (Mandelkrokantgebäck)

Für den All-in-Teig:

150 g Weizenmehl
2 gestr. TL Dr. Oetker Backin
50 g gem. Mandeln
120 g Zucker
1 Pck. Dr. Oetker Vanillin-Zucker
3 Eier (Größe M)
120 g Butter (zimmerwarm)

Für den Belag und den Guss:

1 Möhre (etwa 70 g)
1 EL Zitronensaft
70 g Puderzucker
50 g kleine Florentiner (Mandelkrokantgebäck)

Zubereitungszeit: 25 Minuten, ohne Abkühlzeit
Backzeit: 25–30 Minuten

1. Zum Vorbereiten die Möhren putzen, schälen, abspülen und trocken tupfen. Die Möhren fein reiben. Florentiner evtl. in einem Blitzhacker oder Zerkleinerer in kleine Stückchen hacken.

2. Den Backofen vorheizen.
Ober-/Unterhitze: etwa 180 °C
Heißluft: etwa 160 °C

3. Für den Teig Mehl mit Backpulver und Mandeln in einer Rührschüssel mischen. Restliche Zutaten hinzufügen und mit einem Mixer (Rührstäbe) zunächst kurz auf niedrigster, dann auf höchster Stufe in etwa 2 Minuten zu einem glatten Teig verarbeiten. Vorbereitete Möhrenraspel und Florentinerstückchen kurz unterrühren.

4. Den Teig in die Mulden einer Muffinform (für 12 Muffins, gefettet, gemehlt) geben und glatt streichen. Die Form auf dem Rost in den vorgeheizten Backofen schieben. Die Muffins **25–30 Minuten backen.**

5. Die Form auf einen Kuchenrost stellen. Die Muffins etwa 10 Minuten in der Form abkühlen lassen. Anschließend vorsichtig aus der Form lösen und auf dem mit Backpapier belegten Kuchenrost erkalten lassen.

6. Für den Belag und den Guss Möhre putzen, schälen, abspülen, trocken tupfen und mit einem Sparschäler in sehr feine Streifen schneiden. Zitronensaft mit Puderzucker zu einer dickflüssigen Masse verrühren. Den Guss auf die Muffins streichen, mit Möhrenstreifen und in Stücke gebrochenen Florentinern garnieren. Den Guss trocknen lassen.

Frische Schüttel-Muffins

Fruchtig – fettarm

18 Stück

Pro Stück: E: 5 g, F: 7 g, Kh: 14 g, kJ: 616, kcal: 147, BE: 1,0

Zum Vorbereiten:

340 g abgetropfter Fruchtcocktail (aus der Dose)
2 EL Fruchtcocktailsaft (aus der Dose)

Für den Schüttelteig:

125 g Butter oder Margarine
80 g Weichweizengrieß
1 gestr. TL Dr. Oetker Backin
125 g Zucker
1 Pck. Dr. Oetker Vanillin-Zucker
500 g Magerquark
3 Eier (Größe M)
2 EL Zitronensaft

Außerdem:

evtl. etwas Puderzucker zum Bestäuben
evtl. 18 Muffin-Papierbackförmchen

Zubereitungszeit: 35 Minuten, ohne Abkühlzeit
Backzeit: etwa 35 Minuten je Form

1. Zum Vorbereiten von den Früchten den Saft auffangen und 2 Esslöffel davon abmessen. Früchte und Saft für den Teig beiseitestellen.

2. Den Backofen vorheizen.
Ober-/Unterhitze: etwa 180 °C
Heißluft: etwa 160 °C

3. Für den Teig Butter oder Margarine zerlassen und abkühlen lassen. Den Grieß mit Backpulver mischen, in eine verschließbare Schüssel (etwa 3 l) geben und mit Zucker und Vanillin-Zucker mischen. Quark, Eier, Zitronen-, beiseitegestellten Fruchtcocktailsaft sowie flüssige Butter oder Margarine hinzufügen. Die Schüssel mit dem Deckel fest verschließen, dann mehrmals kräftig schütteln (insgesamt 15–30 Sekunden), sodass alle Zutaten gut vermischt sind.

4. Alles mit einem Schneebesen oder Rührlöffel nochmals sorgfältig durchrühren, damit trockene Zutaten vom Rand mit untergerührt werden. Zuletzt Fruchtcocktail vorsichtig unterheben.

5. Teig in die Mulden von 2 Muffinformen (1 Form für 12 Muffins, 1 Form für 6 Muffins, gefettet, gemehlt oder mit Papierbackförmchen ausgelegt) geben und glatt streichen. Die Formen nacheinander (bei Heißluft zusammen) auf dem Rost in den vorgeheizten Backofen schieben. Die Muffins **etwa 35 Minuten je Form backen.**

6. Die Formen auf Kuchenroste stellen. Die Muffins etwa 10 Minuten in den Formen abkühlen lassen. Anschließend vorsichtig aus den Formen lösen und auf den mit Backpapier belegten Kuchenrosten erkalten lassen.

7. Die Muffins nach Belieben mit Puderzucker bestäubt servieren.

Fruchttraum-Cupcakes

Feiner Genuss – mit Alkohol

12 Stück

Pro Stück: E: 5 g, F: 10 g, Kh: 21 g, kJ: 819, kcal: 196, BE: 2,0

Für den Teig:

4 Eier (Größe M)
1 Eigelb (Größe M)
80 g Zucker
120 g Weizenmehl
2 EL gesiebter Kakao zum Backen
2 gestr. TL Dr. Oetker Backin

Für das Topping:

150 g gemischte TK-Beeren
250 g Schlagsahne (mind. 30 % Fett)
1 Pck. Sahnesteif
50 g Baiser (Fertigprodukt)
4 EL Eierlikör

Außerdem:

12 Muffin-Papierbackförmchen

Zubereitungszeit: 30 Minuten, ohne Abkühlzeit
Backzeit: 20–25 Minuten

1. Den Backofen vorheizen.
Ober-/Unterhitze: etwa 180 °C
Heißluft: etwa 160 °C

2. Für den Teig die Eier und das Eigelb in einer Rührschüssel mit einem Mixer (Rührstäbe) auf höchster Stufe etwa 3 Minuten schaumig schlagen. Nach und nach den Zucker einrieseln lassen. Dann noch weitere 3 Minuten schlagen.

3. Mehl mit Kakaopulver und Backpulver mischen. Die Mehlmischung auf die Eiercreme geben und vorsichtig unterrühren.

4. Den Teig in die Mulden einer Muffinform (für 12 Muffins, mit Papierbackförmchen ausgelegt) geben und glatt streichen. Die Form auf dem Rost in den vorgeheizten Backofen schieben. Die Cakes **20–25 Minuten backen.**

5. Die Form auf einen Kuchenrost stellen. Cakes etwa 10 Minuten in der Form abkühlen lassen. Anschließend aus der Form lösen und auf dem Kuchenrost erkalten lassen.

6. Für das Topping inzwischen die Beeren nach Packungsanleitung auftauen lassen. Sahne und Sahnesteif mit dem Mixer (Rührstäbe) steif schlagen.

7. Baiser mit den Händen nicht zu fein zerbröseln. Baiserbrösel und Beeren vorsichtig unter die Schlagsahne heben.

8. Die fruchtige Baiser-Sahne mit einem Löffel auf den Cupcakes verteilen, mit Eierlikör beträufeln und sofort servieren.

Tipps: Im Sommer ist es besonders erfrischend, wenn Sie die Beeren noch leicht gefroren unter die Schlagsahne heben. Sie können statt der Beeren auch die gleiche Menge abgetropfte Sauerkirschen (aus dem Glas) unter die Baiser-Sahne heben und das Topping mit Zartbitter-Raspelschokolade oder mit Schokoröllchen bestreuen. Ersetzen Sie den Eierlikör durch Vanillesauce. Möchten Sie das Topping etwas fettärmer zubereiten, können Sie die Hälfte der Schlagsahne durch Speisequark (20 % Fett oder Magerstufe) ersetzen: Dafür die Sahne mit 1 Päckchen Sahnesteif steif schlagen. Den Quark zunächst glatt rühren, anschließend erst die Sahne, dann die Baiserbrösel und die Beeren unterheben.

Gesalzene Karamell-Erdnuss-Cakes

Etwas Besonderes – einfach

12 Stück

Pro Stück: E: 9 g, F: 28 g, Kh: 22 g, kJ: 1562, kcal: 374, BE: 2,0

Zum Vorbereiten:

200 g Edelbitter-Schokolade (mind. 70 % Kakaoanteil)
100 g Butter
100 g Erdnusscreme, crunchy
80 g Erdnusskerne, geröstet und gesalzen
12 Daim Minis® (etwa 50 g)

Für den Teig:

4 Eier (Größe M)
40 g Zucker
100 g Weizenmehl

Zum Garnieren:

50 g Zartbitter-Kuvertüre
30 g Erdnusskerne, geröstet und gesalzen

Außerdem:

12 Muffin-Papierbackförmchen

Zubereitungszeit: 30 Minuten, ohne Abkühlzeit
Backzeit: 20–25 Minuten

1. Zum Vorbereiten Schokolade in kleine Stücke hacken, mit Butter und Erdnusscreme in einen Topf geben. Die Zutaten bei schwacher Hitze schmelzen. Die Schoko-Erdnuss-Karamell-Masse abkühlen lassen.

2. Erdnüsse und Karamell-Bonbons in grobe Stückchen hacken.

3. Den Backofen vorheizen.
Ober-/Unterhitze: etwa 180 °C
Heißluft: etwa 160 °C

4. Für den Teig Eier mit Zucker in eine Rührschüssel geben. Die Zutaten mit einem Mixer (Rührstäbe) auf höchster Stufe in etwa 5 Minuten dick-schaumig schlagen. Schoko-Erdnuss-Karamell-Masse dazugeben und unterrühren. Zunächst das Mehl vorsichtig unterheben, dann die Erdnuss- und Bonbon-Stückchen unterheben.

5. Den Teig in die Mulden einer Muffinform (für 12 Muffins, mit Papierbackförmchen ausgelegt) geben.

6. Die Form auf dem Rost in den vorgeheizten Backofen schieben. Die Muffins **20–25 Minuten backen.**

7. Die Form auf einen Kuchenrost stellen. Die Muffins etwa 5 Minuten in der Form abkühlen lassen. Anschließend aus der Form lösen und auf dem Kuchenrost erkalten lassen.

8. Zum Garnieren Kuvertüre in kleine Stücke hacken. Zwei Drittel davon in einem Topf im Wasserbad bei schwacher Hitze unter Rühren schmelzen. Den Topf aus dem Wasserbad nehmen und die restliche Kuvertüre darin unter Rühren schmelzen.

9. Auf jeden Muffin einen Klecks Kuvertüre geben und mit 2–3 Erdnusskernen garnieren. Kuvertüre trocknen lassen.

® Daim Minis ist eine Marke der Mondelēz Unternehmensgruppe und wird in Lizenz genutzt.

Gestreuselte Fruchtmuffins

Extra knusprig

12 Stück

Pro Stück: E: 4 g, F: 12 g, Kh: 40 g,
kJ: 1188, kcal: 284, BE: 3,5

Für den Streuselteig:

75 g Weizenmehl
25 g Zucker
50 g Butter

Für den Teig:

250 g Weizenmehl
3 gestr. TL Dr. Oetker Backin
120 g Zucker
1 Pck. Dr. Oetker Vanillin-Zucker
1 gestr. TL gem. Zimt
1 Prise Salz
100 g Butter
1 feste Birne (etwa 200 g)
2 Eier (Größe M)
2 EL Joghurt (1,5 % Fett)
1 Apfel, z. B. Elstar

Zum Garnieren:

3 EL Aprikosenkonfitüre

Außerdem:

12 Muffin-Papierbackförmchen

Zubereitungszeit: 45 Minuten, ohne Abkühlzeit
Backzeit: 20–25 Minuten (Streusel),
etwa 25 Minuten (Muffins)

1. Den Backofen vorheizen.
Ober-/Unterhitze: etwa 200 °C
Heißluft: etwa 180 °C

2. Für den Streuselteig Mehl in eine Rührschüssel geben. Zucker und Butter hinzufügen. Die Zutaten mit einem Mixer (Rührstäbe) zunächst kurz auf niedrigster, dann auf höchster Stufe zu Streuseln von gewünschter Größe verarbeiten.

3. Die Streusel auf einem Backblech (mit Backpapier belegt) großzügig verteilen. Das Backblech in den vorgeheizten Backofen schieben und die Streusel in **20–25 Minuten goldbraun backen.**

4. Das Backblech auf einen Kuchenrost stellen. Die Streusel abkühlen lassen. Inzwischen **die Backofentemperatur auf Ober-/Unterhitze: etwa 180 °C bzw. Heißluft: etwa 160 °C herunterschalten.**

5. Für den Teig Mehl mit Backpulver, Zucker, Vanillin-Zucker, Zimt und Salz in einer Rührschüssel mit einem Schneebesen verrühren.

6. Die Butter zerlassen. Die Birne schälen, vierteln und das Kerngehäuse entfernen. Die Birnenviertel auf einer Haushaltsreibe fein reiben.

7. Flüssige Butter mit Eiern, Joghurt und fein geriebener Birne in einem Rührbecher mit dem Schneebesen verrühren. Die flüssigen Zutaten zu der Mehlmischung in die Rührschüssel geben und zu einem glatten Teig verrühren.

8. Dann den Teig in die Mulden einer Muffinform (für 12 Muffins, mit Papierbackförmchen ausgelegt) geben und glatt streichen. Den Apfel heiß abwaschen und abtrocknen. Apfel vierteln und das Kerngehäuse entfernen. Die Apfelviertel in dünne Spalten schneiden.

9. Jeweils 3–4 Apfelspalten so in die Mitte von jedem Muffin stecken, dass sie oben noch etwas herausragen. Die Form auf dem Rost (unterste Schiene) in den vorgeheizten Backofen schieben. Die Fruchtmuffins **etwa 25 Minuten backen.**

10. Die Form auf einen Kuchenrost stellen. Fruchtmuffins etwa 5 Minuten in der Form abkühlen lassen. Anschließend aus der Form lösen und auf dem Kuchenrost erkalten lassen.

11. Zum Garnieren die Konfitüre evtl. durch ein Sieb streichen oder glatt pürieren. Die Muffins mit der Konfitüre bestreichen und üppig mit den vorbereiteten Streuseln belegen. Konfitüre trocknen lassen.

Tipp: Die Streusel werden besonders knusprig, weil sie nicht mit den Muffins zusammen, sondern separat auf dem Backblech gebacken werden.

Gewürz-Muffins

Weihnachtlich – mit Alkohol

12 Stück

Pro Stück: E: 4 g, F: 10 g, Kh: 33 g, kJ: 1069, kcal: 255, BE: 3,0

Zum Vorbereiten:

200 g getrocknete Aprikosen
4 EL Rum

Für den Rührteig:

125 g Butter oder Margarine (zimmerwarm)
125 g Zucker
1 Pck. Dr. Oetker Vanillin-Zucker
1 Prise Salz
2 Eier (Größe M)
200 g Weizenmehl
½ Pck. Dr. Oetker Backin
½ TL gem. Zimt
¼ TL gem. Kardamom
1 Msp. Lebkuchengewürz
1 kleine Msp. gem. Nelken

Zum Garnieren und Bestäuben:

einige hauchdünne Schokoladentäfelchen
etwas Puderzucker

Außerdem:

12 Muffin-Papierbackförmchen

Zubereitungszeit: 30 Minuten, ohne Durchzieh- und Abkühlzeit
Backzeit: etwa 20 Minuten

1. Zum Vorbereiten Aprikosen in kleine Würfel schneiden und in eine flache Schale geben. Aprikosenwürfel mit Rum beträufeln, gut vermischen und 10–15 Minuten zugedeckt durchziehen lassen.

2. Den Backofen vorheizen.
Ober-/Unterhitze: etwa 200 °C
Heißluft: etwa 180 °C

3. Für den Teig Butter oder Margarine mit einem Mixer (Rührstäbe) geschmeidig rühren. Nach und nach Zucker, Vanillin-Zucker und Salz unterrühren. So lange rühren, bis eine gebundene Masse entstanden ist.

4. Die Eier nach und nach unterrühren (jedes Ei etwa ½ Minute). Mehl mit Backpulver, Zimt, Kardamom, Lebkuchengewürz und Nelken mischen, in 2 Portionen auf mittlerer Stufe kurz unterrühren. Aprikosenwürfel mit der Rumflüssigkeit unterheben.

5. Den Teig in die Mulden einer Muffinform (für 12 Muffins, mit Papierbackförmchen ausgelegt) geben und glatt streichen. Die Form auf dem Rost in den vorgeheizten Backofen schieben. Die Muffins **etwa 20 Minuten backen.**

6. Die Form auf einen Kuchenrost stellen. Die Muffins etwa 10 Minuten in der Form abkühlen lassen. Anschließend aus der Form lösen und auf dem Kuchenrost erkalten lassen.

7. Zum Garnieren Schokoladentäfelchen vorsichtig mit einem Sternausstecher ausstechen. Die Muffins damit garnieren und mit Puderzucker bestäuben.

Tipps: Den Sternausstecher mit einem Fön oder auf einer warmen Kochstelle anwärmen, dann bricht die Schokolade beim Ausstechen nicht so leicht. Sie können auch fertige Schokoladensterne kaufen und in die lauwarmen Muffins stecken.

Grüne-Wiese-Cakes I

Begeistert Partygäste

12 Stück

Pro Stück: E: 6 g, F: 26 g, Kh: 47 g, kJ: 1881, kcal: 449, BE: 4,0

Für den Teig:

2 Eiweiß (Größe M)
1 Prise Salz
160 g Zucker
1 Pck. Dr. Oetker Vanillin-Zucker
2 Eigelb (Größe M)
150 g Butter oder Margarine (zimmerwarm)
2 EL Speiseöl, z. B. Keimöl
200 g Weizenmehl
1 gestr. TL Dr. Oetker Backin
70 ml Orangensaft

Für das Topping:

70 g Zartbitter-Schokolade (etwa 50 % Kakaoanteil)
50 ml Milch (3,5 % Fett)
70 g Butter (zimmerwarm)
50 g Puderzucker

Zum Garnieren:

200 g Marzipan-Rohmasse
50 g Puderzucker
etwas grüne Speisefarbe
etwa 30 bunte Zuckerblümchen

Außerdem:

12 Muffin-Papierbackförmchen

Zubereitungszeit: 60 Minuten, ohne Abkühlzeit
Backzeit: etwa 30 Minuten

1. Den Backofen vorheizen.
Ober-/Unterhitze: etwa 180 °C
Heißluft: etwa 160 °C

2. Für den Teig das Eiweiß und Salz mit einem Mixer (Rührstäbe) auf höchster Stufe steif schlagen. Den Eischnee 3 Minuten weiterschlagen, dabei nach und nach die Hälfte von dem Zucker und den Vanillin-Zucker einrieseln lassen.

3. In einer anderen Schüssel Eigelb mit restlichem Zucker, Butter oder Margarine und Speiseöl schaumig rühren. Mehl mit Backpulver mischen und abwechselnd mit dem Orangensaft mit dem Mixer (Rührstäbe) auf niedrigster Stufe kurz unterrühren. Den Eischnee kurz unterrühren.

4. Teig in die Mulden einer Muffinform (für 12 Muffins, mit Papierbackförmchen ausgelegt) geben und glatt streichen. Die Form auf dem Rost in den vorgeheizten Backofen schieben. Die Cupcakes **etwa 30 Minuten backen.**

5. Die Form auf einen Kuchenrost stellen. Die Cupcakes etwa 5 Minuten in der Form abkühlen lassen. Anschließend aus der Form lösen und auf dem Kuchenrost erkalten lassen.

6. Für das Topping die Schokolade in kleine Stücke brechen. Milch in einem kleinen Topf erhitzen (nicht kochen lassen). Den Topf von der Kochstelle nehmen, die Schokolade in der Milch schmelzen lassen und glatt rühren. Die Schokomasse abkühlen lassen, bis sie anfängt dicklich zu werden.

7. Butter mit Puderzucker schaumig schlagen. Die abgekühlte Schokomasse nach und nach unter die Buttermasse schlagen. Sollte die Creme sehr weich sein, sie etwa 10 Minuten in den Kühlschrank stellen. Die Schokocreme mit einem Teelöffel auf den Cupcakes verstreichen. Cupcakes etwa 15 Minuten in den Kühlschrank stellen.

8. Zum Garnieren in der Zwischenzeit Marzipan mit Puderzucker und Speisefarbe zu einer grasgrünen Masse verkneten. Das Marzipan in 12 gleich große Portionen teilen. Für jeden Cupcake eine Portion Marzipan durch eine Knoblauchpresse drücken und als „Wiese“ auf die Schokocreme geben. Die Cupcakes mit Zuckerblümchen garnieren.

Tipp: Wer keine Knoblauchpresse hat, kann die Marzipanportionen auch mithilfe eines Löffels durch ein Metallsieb drücken und so „kurzes Gras“ bekommen.

Haferflocken-Honig-Muffins

Einfach – schnell

12 Stück

Pro Stück: E: 5 g, F: 13 g, Kh: 32 g, kJ: 1106, kcal: 264, BE: 2,5

Für den All-in-Teig:

250 g Weizenmehl
3 gestr. TL Dr. Oetker Backin
75 g Puderzucker
3 EL flüssiger Honig
2 Eier (Größe M)
100 ml Speiseöl, z. B. Sonnenblumenöl
75 g Schlagsahne
100 g zarte Haferflocken

25 g zarte Haferflocken zum Bestreuen

evtl. 12 Muffin-Papierbackförmchen

Zubereitungszeit: 15 Minuten, ohne Abkühlzeit
Backzeit: etwa 25 Minuten

1. Den Backofen vorheizen.
Ober-/Unterhitze: etwa 180 °C
Heißluft: etwa 160 °C

2. Für den Teig Mehl mit Backpulver und Puderzucker in einer Rührschüssel mischen. Honig, Eier, Speiseöl und Sahne hinzufügen.

3. Die Zutaten mit einem Mixer (Rührstäbe) zunächst kurz auf niedrigster, dann auf höchster Stufe in etwa 2 Minuten zu einem glatten Teig verarbeiten. Zuletzt die Haferflocken unterheben.

4. Den Teig in die Mulden einer Muffinform (für 12 Muffins, gefettet, gemehlt oder mit Papierbackförmchen ausgelegt) geben und glatt streichen. Den Teig mit Haferflocken bestreuen. Die Form auf dem Rost in den vorgeheizten Backofen schieben. Haferflocken-Honig-Muffins **etwa 25 Minuten backen.**

5. Die Form auf einen Kuchenrost stellen. Die Muffins etwa 10 Minuten in der Form abkühlen lassen. Anschließend aus der Form lösen und auf dem Kuchenrost erkalten lassen.

Tipps: Die Haferflocken können Sie zur Hälfte durch geschälte Sesamsamen ersetzen. Besonders saftig werden die Muffins, wenn Sie sie noch heiß mit Orangensaft tränken: Dafür die heißen Muffins mit einem Holzstäbchen mehrmals einstechen und mithilfe eines Teelöffels etwa 100 ml Orangensaft darauf verteilen.

Hagebutten-Haferflocken-Muffins

Für jeden Tag

12 Stück

Pro Stück: E: 5 g, F: 16 g, Kh: 26 g, kJ: 1119, kcal: 267, BE: 2,0

Zum Vorbereiten:

125 g Nuss-Nougat

Für den Schüttelteig:

125 g Weizenmehl
2 TL Dr. Oetker Backin
1 Prise Salz
70 g kernige Haferflocken
50 g gem. Haselnusskerne
175 g Hagebutten-Fruchtaufstrich
Saft von ½ Zitrone
200 ml Buttermilch
2 Eier (Größe M)
100 ml Speiseöl, z. B. Sonnenblumenöl

Zum Bestreuen und Bestäuben:

1–2 TL kernige Haferflocken
etwas Puderzucker

Zubereitungszeit: 20 Minuten, ohne Abkühlzeit
Backzeit: etwa 25 Minuten

1. Zum Vorbereiten Nuss-Nougat in kleine Würfel schneiden.

2. Den Backofen vorheizen.
Ober-/Unterhitze: etwa 180 °C
Heißluft: etwa 160 °C

3. Für den Teig Mehl mit Backpulver und Salz mischen, in eine verschließbare Schüssel (etwa 3 l) geben und mit Haferflocken und Nusskernen mischen. Fruchtaufstrich, Zitronensaft, Buttermilch, Eier und Speiseöl hinzufügen. Die Schüssel mit dem Deckel fest verschließen, mehrmals kräftig schütteln (insgesamt 15–30 Sekunden), sodass alle Zutaten gut vermischt sind.

4. Die Nougatwürfel dazugeben. Alles mit einem Schneebesen oder Rührlöffel nochmals sorgfältig durchrühren, damit trockene Zutaten vom Rand mit untergerührt werden.

5. Den Teig in die Mulden einer Muffinform (für 12 Muffins, gefettet, gemehlt) geben, glatt streichen und mit Haferflocken bestreuen.

6. Die Form auf dem Rost in den vorgeheizten Backofen schieben. Die Hagebutten-Haferflocken-Muffins **etwa 25 Minuten backen.**

7. Die Form auf einen Kuchenrost stellen. Die Muffins etwa 10 Minuten in der Form abkühlen lassen. Anschließend vorsichtig aus der Form lösen und auf dem mit Backpapier belegten Kuchenrost erkalten lassen. Die Muffins mit Puderzucker bestäuben.

Halloween-Cakes

Begeistert Partygäste

12 Stück

Pro Stück: E: 7 g, F: 22 g, Kh: 32 g, kJ: 1461, kcal: 349, BE: 2,5

Zum Vorbereiten:

250 g Hokkaido-Kürbis
1 Pck. Dr. Oetker Pudding-Pulver Vanille-Geschmack
2 EL Zucker
400 ml Milch (1,5 % Fett)

Für den Teig:

3 Eiweiß (Größe M)
1 Prise Salz
100 g Zucker
50 g Marzipan-Rohmasse
3 Eigelb (Größe M)
100 g gem. Haselnüsse
100 g Weizenmehl
1 ½ gestr. TL Dr. Oetker Backin
1 gestr. TL gem. Zimt
1 Msp. gem. Nelken
1 Msp. gem. Pfeffer
1 Prise ger. Muskatnuss

Für das Topping:

150 g Butter (zimmerwarm)
80 g Puderzucker

50 g geröstete, geschälte Kürbiskerne zum Bestreuen

Außerdem:

12 Muffin-Papierbackförmchen

Zubereitungszeit: 50 Minuten, ohne Gefrier- und Abkühlzeit
Backzeit: 20–25 Minuten

1. Zum Vorbereiten den Kürbis abwaschen, abtrocknen und mit der Schale grob raspeln. Die Kürbisraspel in einen Gefrierbeutel geben, den Beutel fest verschließen und die Kürbisraspel 1–2 Stunden in das Gefrierfach legen.

2. Aus Pudding-Pulver, Zucker und Milch einen Pudding nach Packungsanleitung – aber mit den hier angegebenen Mengen – zubereiten. Den Pudding in eine Schüssel geben. Frischhaltefolie direkt auf die Puddingoberfläche legen, damit sich keine Haut bildet. Den Pudding auf Zimmertemperatur abkühlen lassen.

3. Den Backofen vorheizen.
Ober-/Unterhitze: etwa 180 °C
Heißluft: etwa 160 °C

4. Für den Teig Eiweiß und Salz mit einem Mixer (Rührstäbe) auf höchster Stufe steif schlagen. Dabei nach und nach den Zucker einrieseln lassen. Marzipan in hauchdünne Scheiben schneiden, dann mit dem Eigelb in eine Rührschüssel geben. Die Zutaten mit dem Mixer (Rührstäbe) zunächst kurz auf niedrigster, dann auf höchster Stufe schaumig schlagen. So lange schlagen, bis keine Marzipanscheiben mehr zu sehen sind.

5. Nüsse mit Mehl, Backpulver, Zimt, Nelken, Pfeffer und Muskatnuss gut vermischen. Die gefrorenen Kürbisraspel lockern, über die Eischneemasse streuen und unterheben. Die Eigelb-Marzipan-Masse und die Mehl-Nuss-Mischung auf die Eischnee-Kürbis-Masse geben und unterheben. Den Teig in die Mulden einer Muffinform (für 12 Muffins, mit Papierbackförmchen ausgelegt) geben und glatt streichen. Die Form auf dem Rost in den vorgeheizten Backofen schieben. Die Cupcakes **20–25 Minuten backen.**

6. Die Form auf einen Kuchenrost stellen. Die Cupcakes etwa 5 Minuten in der Form abkühlen lassen. Anschließend aus der Form lösen und auf dem Kuchenrost erkalten lassen.

7. Für das Topping die Butter mit Puderzucker cremig aufschlagen. Den vorbereiteten Pudding esslöffelweise unterrühren. Dabei darauf achten, dass Butter und der Pudding Zimmertemperatur haben, da die Creme sonst gerinnt. Die Vanillecreme in einen Spritzbeutel mit Lochtülle (Ø etwa 1 cm) füllen. Auf jeden Cupcake einen dicken Tupfen Creme spritzen.

8. Jeden Halloween-Cake vor dem Servieren mit – evtl. grob gehackten – Kürbiskernen bestreuen.

Tipp: Für Marzipan-Kürbisse 160 g Marzipan-Rohmasse mit 10 g Puderzucker verkneten, mit einigen Tropfen roter und gelber Speisefarbe orange einfärben sowie 20 g Marzipan-Rohmasse mit grüner Speisefarbe grün einfärben. Das orangefarbene Marzipan zu 12 gleich großen Kugeln formen, mit einem Messerrücken seitlich ein-, dann etwas flach drücken. Aus dem grünen Marzipan Ranken formen. Die Kugeln mit den Ranken zu Kürbissen modellieren. Jeden Cake mit einem Kürbis garnieren.

Hefe-Muffins mit Aprikosenfüllung

Wunderbar luftig

12 Stück

Pro Stück: E: 4 g, F: 10 g, Kh: 24 g, kJ: 856, kcal: 204, BE: 2,0

Für den Teig:

250 g Weizenmehl
100 ml Milch (1,5 % Fett)
21 g frische Hefe
2 EL brauner Zucker
1 Pck. Dr. Oetker Vanillin-Zucker
1 Ei (Größe M)
40 g Butter
2 TL Dr. Oetker Finesse Geriebene Zitronenschale
1 Prise Salz

6 kleine Aprikosen (etwa 300 g)

Zum Garnieren:

80 g Butter
2 EL Semmelbrösel
2 EL Mohnsamen
2 TL brauner Zucker

Außerdem:

12 Muffin-Papierbackförmchen

Zubereitungszeit: 45 Minuten, ohne Teiggeh- und Abkühlzeit
Backzeit: 25–30 Minuten

1. Für den Teig Mehl in eine Rührschüssel geben und in die Mitte eine Vertiefung eindrücken.

2. Die Milch lauwarm erwärmen. Hefe hineinbröckeln und mit etwas von dem Zucker unter Rühren darin auflösen. Die Hefemilch in die Vertiefung gießen, mit etwas Mehl verrühren und zugedeckt etwa 15 Minuten gehen lassen.

3. Anschließend restlichen Zucker mit Vanillin-Zucker mischen, mit Ei, Butter, Zitronenschale und Salz hinzufügen. Die Zutaten mit einem Mixer (Knethaken) zunächst kurz auf niedrigster, dann auf höchster Stufe in etwa 5 Minuten zu einem glatten Teig verarbeiten.

4. Den Teig zugedeckt so lange an einem warmen Ort gehen lassen, bis er sich sichtbar vergrößert hat (etwa 45 Minuten).

5. Aprikosen heiß abwaschen, abtrocknen, halbieren und den Stein entfernen.

6. Den Teig in 12 gleich große Portionen teilen. Die Teigportionen zu Kugeln formen. In jede Teigkugel eine Mulde drücken, 1 Aprikosenhälfte hineinlegen und mit dem Teig so umhüllen, dass wieder eine Teigkugel entsteht.

7. Die gefüllten Teigkugeln mit der Naht nach unten in die Mulden einer Muffinform (für 12 Muffins, mit Papierbackförmchen ausgelegt) setzen.

8. Die Teigkugeln zugedeckt an einem warmen Ort so lange gehen lassen, bis sie sich sichtbar vergrößert haben (etwa 30 Minuten).

9. Den Backofen vorheizen.
Ober-/Unterhitze: etwa 180 °C
Heißluft: etwa 160 °C

10. Form auf dem Rost in den vorgeheizten Backofen schieben. Die Muffins **25–30 Minuten backen.**

11. Die Form auf einen Kuchenrost stellen.

12. Zum Garnieren Butter bei mittlerer Hitze in einer Pfanne oder einem Topf zerlassen. Semmelbrösel und Mohn hinzugeben, darin unter Wenden rösten. Zucker hinzugeben und unterrühren.

13. Die warmen Muffins aus der Form lösen und auf den Kuchenrost setzen. Die Mohnmasse auf den Muffins verteilen. Muffins erkalten lassen.

Tipps: Den Mohn können Sie durch die gleiche Menge Haselnusskerne (gemahlen) ersetzen. Außerhalb der Saison können Sie auch 12 abgetropfte Aprikosenhälften aus der Dose verwenden.

Heidelbeer-Mohn-Muffins

Fruchtig

12 Stück

Pro Stück: E: 4 g, F: 9 g, Kh: 34 g, kJ: 989, kcal: 236, BE: 3,0

Zum Vorbereiten:

1 Bio-Orange (unbehandelt, ungewachst)

Für den Teig:

260 g Weizenmehl
1 ½ TL Dr. Oetker Backin
½ TL Natron
150 g brauner Zucker
1 Ei (Größe M)
80 ml Speiseöl, z. B. Sonnenblumenöl
200 ml Buttermilch
125 g Mohn-Back (backfertige Mohnfüllung)

250 g Heidelbeeren

Außerdem:

12 Muffin-Papierbackförmchen

Zubereitungszeit: 25 Minuten, ohne Abkühlzeit
Backzeit: etwa 25 Minuten

1. Zum Vorbereiten die Orange heiß abwaschen, abtrocknen und die Schale fein abreiben.

2. Den Backofen vorheizen.
Ober-/Unterhitze: etwa 180 °C
Heißluft: etwa 160 °C

3. Für den Teig das Mehl mit Backpulver, Natron und Zucker in einer Rührschüssel mit einem Schneebesen verrühren. Die Orangenschale unterrühren.

4. In einer anderen Rührschüssel Ei mit Speiseöl und Buttermilch mit dem Schneebesen gut verrühren. Die flüssigen Zutaten zu der Mehlmischung in die Rührschüssel geben und zu einem glatten Teig verrühren. Zuletzt Mohn-Back unterrühren.

5. Die Heidelbeeren verlesen, vorsichtig abspülen, gut abtropfen lassen und zusätzlich vorsichtig mit Küchenpapier trocken tupfen. Die Heidelbeeren vorsichtig unter den Teig heben (nicht zu stark rühren, die Früchte färben sonst den Teig lila).

6. Den Teig in die Mulden einer Muffinform (für 12 Muffins, mit Papierbackförmchen ausgelegt) geben. Die Form auf dem Rost in den vorgeheizten Backofen schieben. Die Muffins **etwa 25 Minuten backen.**

7. Die Form auf einen Kuchenrost stellen. Die Muffins etwa 10 Minuten in der Form abkühlen lassen. Anschließend aus der Form lösen und auf dem Kuchenrost erkalten lassen.

Tipp: Die Muffins können auch mit frischen Preiselbeeren zubereitet werden.

Heidelbeer-Vanille-Muffins

Klassisch

12 Stück

Pro Stück: E: 4 g, F: 8 g, Kh: 36 g, kJ: 993, kcal: 237, BE: 3,0

Zum Vorbereiten:

250 g frische oder 200 g TK-Heidelbeeren

Für den All-in-Teig:

300 g Weizenmehl
3 TL Dr. Oetker Backin
150 g Zucker
1 Pck. Dr. Oetker Bourbon-Vanille-Zucker
1 Prise Salz
2 Eier (Größe M)
250 g Sahne-Pudding Vanille-Geschmack (aus dem Kühlregal)
50 ml Speiseöl, z. B. Rapsöl

Zubereitungszeit: 30 Minuten, ohne Abkühlzeit
Backzeit: etwa 30 Minuten

1. Zum Vorbereiten frische Heidelbeeren verlesen, vorsichtig abspülen, sehr gut abtropfen lassen und mit Küchenpapier trocken tupfen.

2. Den Backofen vorheizen.
Ober-/Unterhitze: etwa 180 °C
Heißluft: etwa 160 °C

3. Für den Teig Mehl mit Backpulver in einer Rührschüssel mischen. Restliche Zutaten hinzufügen und mit einem Mixer (Rührstäbe) zunächst kurz auf niedrigster, dann auf höchster Stufe in etwa 2 Minuten zu einem glatten Teig verarbeiten.

4. Die Heidelbeeren (TK-Heidelbeeren unaufgetaut) vorsichtig mit einem Teigschaber unterheben (nicht zu stark rühren, die Früchte färben sonst den Teig lila).

5. Den Teig in die Mulden einer Muffinform (für 12 Muffins, gefettet, gemehlt) geben und glatt streichen. Die Form auf dem Rost in den vorgeheizten Backofen schieben. Heidelbeer-Vanille-Muffins **etwa 30 Minuten backen.**

6. Die Form auf einen Kuchenrost stellen. Die Muffins etwa 10 Minuten in der Form stehen lassen. Anschließend vorsichtig aus der Form lösen und auf dem mit Backpapier belegten Kuchenrost erkalten lassen.

Herbe Nougat-Muffins

Schokoglück

12 Stück

Pro Stück: E: 6 g, F: 21 g, Kh: 35 g, kJ: 1492, kcal: 357, BE: 3,0

Zum Vorbereiten:

10 Haselnussschnitten (etwa 200 g)
125 g Butter

Für den Schüttelteig:

170 g Weizenmehl
2 gestr. TL Dr. Oetker Backin
120 g Zucker
1 Pck. Dr. Oetker Vanillin-Zucker
3 Eier (Größe M)
4 EL Schlagsahne

Für den Belag:

20 g gehobelte Haselnusskerne
50 g Zartbitter-Schokolade (etwa 50 % Kakaoanteil)
50 g Vollmilch-Schokolade (etwa 30 % Kakaoanteil)
30 g getrocknete Früchte, z. B. Preiselbeeren, Ananas oder Süßkirschen

Außerdem:

12 Muffin-Papierbackförmchen

Zubereitungszeit: 30 Minuten, ohne Abkühlzeit
Backzeit: etwa 25 Minuten

1. Zum Vorbereiten die Haselnussschnitten so teilen, dass Waffeln und Haselnussfüllung (Creme) getrennt sind. Die Hälfte der Waffeln in einen Gefrierbeutel geben. Den Beutel fest verschließen. Die Waffeln mit einer Teigrolle fein zerbröseln. Restliche Waffeln in kleine Stücke brechen. Waffelbrösel und Waffelstückchen beiseitestellen.

2. Die Haselnussfüllung (Creme) mit der Butter in einem kleinen Topf bei schwacher Hitze unter Rühren schmelzen. Topf von der Kochstelle nehmen. Die Butter-Creme-Masse lauwarm abkühlen lassen.

3. Den Backofen vorheizen.
Ober-/Unterhitze: etwa 180 °C
Heißluft: etwa 160 °C

4. Für den Teig Mehl mit Backpulver mischen, in eine verschließbare Schüssel (etwa 3 l) geben, mit Zucker und Vanillin-Zucker mischen. Eier, Sahne und die Butter-Creme-Masse hinzufügen und die Schüssel mit dem Deckel fest verschließen. Schüssel mehrmals kräftig schütteln (insgesamt 15–30 Sekunden), sodass alle Zutaten gut vermischt sind.

5. Alles mit einem Schneebesen oder Rührlöffel nochmals sorgfältig durchrühren, damit trockene Zutaten vom Rand mit untergerührt werden.

6. Die beiseitegestellten Waffelbrösel in den Mulden einer Muffinform (für 12 Muffins, mit Papierbackförmchen ausgelegt) verteilen. Den Teig daraufgeben und glatt streichen.

7. Form auf dem Rost in den vorgeheizten Backofen schieben. Die Muffins **etwa 25 Minuten backen.**

8. Die Form auf einen Kuchenrost stellen. Die Muffins etwa 10 Minuten in der Form abkühlen lassen. Anschließend aus der Form lösen und auf dem Kuchenrost erkalten lassen.

9. Für den Belag Haselnusskerne in einer Pfanne ohne Fett goldbraun rösten, auf einen Teller geben und abkühlen lassen.

10. Beide Schokoladensorten in kleine Stücke brechen. Zwei Drittel davon in einem Topf im Wasserbad bei schwacher Hitze unter Rühren schmelzen. Den Topf aus dem Wasserbad nehmen und die restliche Schokolade darin unter Rühren schmelzen.

11. Die Trockenfrüchte in kleine Stücke schneiden. Haselnusskerne, beiseitegestellte Waffelstückchen und Fruchtstückchen zur Schokoladenmasse geben und unterheben.

12. Die Schokoladen-Nuss-Masse mithilfe von 2 Teelöffeln in kleinen Häufchen auf den Muffins verteilen, fest werden lassen.

Hibiskusblüten-Cupcakes

Etwas Besonderes

12 Stück

Pro Stück: E: 8 g, F: 20 g, Kh: 26 g, kJ: 1333, kcal: 318, BE: 2,0

Für den Teig:

3 Eiweiß (Größe M)
1 Prise Salz
120 g Zucker
3 Eigelb (Größe M)
150 g Butter oder Margarine (zimmerwarm)
100 g Schmand (Sauerrahm)
100 g Weizenmehl
120 g abgezogene, gem. Mandeln
1 gestr. TL Dr. Oetker Backin

Für das Topping:

250 g Hibiskusblüten mit Saft (aus dem Glas)
150 g Milch (1,5 % Fett)
1 Pck. Quarkfein Vanille (Dessertpulver)
250 g Magerquark

Außerdem:

12 Muffin-Papierbackförmchen

Zubereitungszeit: 40 Minuten, ohne Kühlzeit
Backzeit: 25–30 Minuten

1. Den Backofen vorheizen.
Ober-/Unterhitze: etwa 180 °C
Heißluft: etwa 160 °C

2. Für den Teig Eiweiß mit Salz mit einem Mixer (Rührstäbe) auf höchster Stufe steif schlagen. Eischnee 3 Minuten weiterschlagen, dabei nach und nach 100 g von dem Zucker unterschlagen.

3. In einer anderen Rührschüssel Eigelb mit Butter oder Margarine und restlichem Zucker mit einem Mixer (Rührstäbe) zunächst kurz auf niedrigster, dann auf höchster Stufe etwa 4 Minuten schaumig schlagen. Zuletzt den Schmand kurz unterheben.

4. Mehl mit Mandeln und Backpulver gut vermischen. Die Mehlmischung in 2 Portionen abwechselnd mit dem Eischnee unter die Eigelb-Fett-Masse rühren.

5. Teig in die Mulden einer Muffinform (für 12 Muffins, mit Papierbackförmchen ausgelegt) geben und glatt streichen.

6. Die Muffinform auf dem Rost in den vorgeheizten Backofen schieben. Die Cupcakes **25–30 Minuten backen.** Die Muffinform auf einen Kuchenrost stellen.

7. Für das Topping die Hibiskusblüten in einem Sieb gut abtropfen lassen, den Hibiskusblütensaft auffangen und 60 ml davon abmessen.

8. Cupcakes aus der Form lösen und noch warm mit dem abgemessenen Hibiskusblütensaft bepinseln. Die Cupcakes auf dem Kuchenrost erkalten lassen.

9. Aus Milch, Dessertpulver und Quark nach Packungsanleitung eine Quarkcreme zubereiten.

10. Die Quarkcreme mit einem Esslöffel gleichmäßig auf den Cupcakes verteilen und mit einem Messer glatt streichen. Die Cupcakes zugedeckt, sodass die Creme nicht zerdrückt wird, etwa 60 Minuten in den Kühlschrank stellen. Die Hibiskusblüten-Cupcakes vor dem Servieren mit je 1 Hibiskusblüte garnieren.

Himbeer-Amarettini-Cakes

Gut kombiniert

12 Stück

Pro Stück: E: 4 g, F: 17 g, Kh: 31 g, kJ: 1251, kcal: 298, BE: 2,5

Zum Vorbereiten:

170 g TK-Himbeeren
75 g Amarettini (ital. Mandelmakronen)

Für den Teig:

150 g Weizenmehl
2 gestr. TL Dr. Oetker Backin
125 g Zucker
1 Pck. Dr. Oetker Vanillin-Zucker
2 Eier (Größe M)
100 g Butter (zimmerwarm)
100 ml Buttermilch

Für das Topping:

1 Pck. Sahnesteif
250 g Mascarpone (ital. Frischkäse)
3 EL Puderzucker

Zum Garnieren:

12 Himbeeren oder 12 Amarettini

Außerdem:

12 Muffin-Papierbackförmchen

Zubereitungszeit: 30 Minuten, ohne Auftau- und Abkühlzeit
Backzeit: 20–25 Minuten

1. Zum Vorbereiten die Himbeeren auftauen lassen. Amarettini in einen Gefrierbeutel geben und den Beutel fest verschließen. Amarettini mit einer Teigrolle fein zerbröseln.

2. Den Backofen vorheizen.
Ober-/Unterhitze: etwa 180 °C
Heißluft: etwa 160 °C

3. Für den Teig Mehl mit Backpulver und Amarettini-Bröseln in eine Rührschüssel geben, mit Zucker und Vanillin-Zucker mischen. Eier, Butter und Buttermilch hinzufügen. Die Zutaten mit einem Mixer (Rührstäbe) in etwa 2 Minuten zu einem glatten Teig verarbeiten.

4. Den Teig in die Mulden einer Muffinform (für 12 Muffins, mit Papierbackförmchen ausgelegt) geben und glatt streichen. Die Form auf dem Rost in den vorgeheizten Backofen schieben und die Cakes **20–25 Minuten backen.**

5. Die Form auf einen Kuchenrost stellen. Die Cakes etwa 5 Minuten in der Form abkühlen lassen. Anschließend aus der Form lösen und auf dem Kuchenrost erkalten lassen.

6. Für das Topping die aufgetauten Himbeeren mit Sahnesteif bestreuen und durch ein Sieb streichen.

7. Mascarpone mit Puderzucker glatt rühren, nach und nach das Himbeermus hinzufügen. Die Zutaten kurz zu einer Creme aufschlagen. Die Creme mit einem Messer oder Löffel auf den Cakes verteilen und mit je 1 Himbeere oder 1 Amarettini garnieren.

Himbeer-Cupcakes

Feiner Genuss

12 Stück

Pro Stück: E: 6 g, F: 29 g, Kh: 41 g, kJ: 1891, kcal: 452, BE: 3,5

Zum Vorbereiten:

100 g Butter (zimmerwarm)

Für den Teig:

200 g Weizenmehl
40 g abgezogene, gem. Mandeln
1 ½ gestr. TL Dr. Oetker Backin
¼ gestr. TL Salz
80 g Zucker
250 g Joghurt (3,5 % Fett)
2 Eier (Größe M)
150 g TK-Himbeeren
2 TL Speisestärke

Zum Garnieren:

200 g weiße Schokolade
einige silberne Zuckerperlen

Für das Topping:

500 g Schlagsahne (mind. 30 % Fett)
2 Pck. Sahnesteif
6 EL Himbeersirup

Außerdem:

12 Muffin-Papierbackförmchen

Zubereitungszeit: 60 Minuten, ohne Kühlzeit
Backzeit: etwa 25 Minuten

1. Zum Vorbereiten die Butter zerlassen und lauwarm abkühlen lassen.

2. Inzwischen den Backofen vorheizen.
Ober-/Unterhitze: etwa 180 °C
Heißluft: etwa 160 °C

3. Für den Teig Mehl mit Mandeln, Backpulver, Salz und Zucker mischen. Flüssige Butter in eine Rührschüssel geben, mit Joghurt und Eiern verrühren.

4. Die gefrorenen Himbeeren mit Speisestärke bestäuben und darin wälzen, bis sie gleichmäßig mit der Stärke überzogen sind. Das Mehlgemisch gut unter die Butter-Joghurt-Masse rühren. Die gefrorenen Himbeeren unterheben.

5. Den Teig in die Mulden einer Muffinform (für 12 Muffins, mit Papierbackförmchen ausgelegt) geben und glatt streichen. Die Form auf dem Rost in den vorgeheizten Backofen (unteres Drittel) schieben. Die Cupcakes **etwa 25 Minuten backen.**

6. Die Form auf einen Kuchenrost stellen. Die Cupcakes etwa 5 Minuten in der Form abkühlen lassen. Anschließend aus der Form lösen und auf dem Kuchenrost erkalten lassen.

7. Zum Garnieren in der Zwischenzeit die Schokolade in kleine Stücke brechen. Zwei Drittel davon in einem Topf im Wasserbad bei schwacher Hitze unter Rühren schmelzen.

8. Den Topf aus dem Wasserbad nehmen und die restliche Schokolade darin unter Rühren schmelzen. Die Schokolade in eine Papierspritztüte füllen und eine kleine Ecke abschneiden.

9. Mit der Schokolade kleine Blümchen auf Backpapier spritzen. Solange die Schokolade noch weich ist, die Mitte der einzelnen Blümchen mit Zuckerperlen belegen. Die Schokolade fest werden lassen.

10. Für das Topping die Sahne mit dem Sahnesteif steif schlagen, den Himbeersirup unterschlagen. Himbeersahne in einen Spritzbeutel mit Sterntülle füllen und dekorativ auf die Cupcakes spritzen.

11. Die Cupcakes zugedeckt, sodass das Topping nicht zerdrückt wird, etwa 30 Minuten in den Kühlschrank stellen.

12. Die Schokoladenblümchen vorsichtig, am besten mit einer kleinen Palette oder einem Messer, vom Backpapier lösen.

13. Die Himbeer-Cupcakes erst kurz vor dem Servieren mit den Schokoladenblümchen garnieren.

Himbeer-Frischkäse-Muffins

Gut vorzubereiten

12 Stück

Pro Stück: E: 6 g, F: 17 g, Kh: 36 g, kJ: 1338, kcal: 320, BE: 3,0

Zum Vorbereiten:

125 g frische oder TK-Himbeeren
35 g Kürbiskerne

Für den All-in-Teig:

250 g Weizenmehl
2 TL Dr. Oetker Backin
150 g Zucker
1 Msp. Salz
2 Eier (Größe M)
125 g Butter oder Margarine (zimmerwarm)
125 ml Milch (3,5 % Fett)
150 g Doppelrahm-Frischkäse

Zum Bestreuen:

einige Kürbiskerne

Zum Besprenkeln:

etwa 75 g Puderzucker
1–2 EL Wasser

Zubereitungszeit: 30 Minuten, ohne Abkühlzeit
Backzeit: etwa 25 Minuten

1. Zum Vorbereiten frische Himbeeren verlesen, nach Möglichkeit nicht abspülen (TK-Himbeeren nicht auftauen lassen!). Die Kürbiskerne in grobe Stückchen hacken.

2. Den Backofen vorheizen.
Ober-/Unterhitze: etwa 180 °C
Heißluft: etwa 160 °C

3. Für den Teig Mehl mit Backpulver in einer Rührschüssel mischen. Restliche Zutaten hinzufügen und mit einem Mixer (Rührstäbe) zunächst kurz auf niedrigster, dann auf höchster Stufe in etwa 2 Minuten zu einem glatten Teig verarbeiten.

4. Die Himbeeren (TK-Himbeeren nicht aufgetaut) und gehackte Kürbiskerne unter den Teig heben. Den Teig in die Mulden einer Muffinform (für 12 Muffins, gefettet, gemehlt) geben und glatt streichen. Die Muffins mit je 2–3 ganzen Kürbiskernen bestreuen. Die Form auf dem Rost in den vorgeheizten Backofen schieben. Die Muffins **etwa 25 Minuten backen.**

5. Die Form auf einen Kuchenrost stellen. Die Muffins etwa 20 Minuten in der Form abkühlen lassen. Anschließend vorsichtig aus der Form lösen und auf den mit Backpapier belegten Kuchenrost setzen.

6. Zum Besprenkeln Puderzucker mit Wasser zu einem dünnflüssigen Guss verrühren. Die warmen Muffins damit besprenkeln und erkalten lassen.

Tipps: Dazu passt ein exotischer Fruchtsalat. Die Muffins schmecken auch am nächsten Tag noch sehr gut.

Himbeer-Kokos-Muffins

Für Kinder
12 Stück

Pro Stück: E: 4 g, F: 17 g, Kh: 26 g, kJ: 1165, kcal: 278, BE: 2,0

Für den Teig:

170 g Weizenmehl
100 g Kokosraspel
3 gestr. TL Dr. Oetker Backin
1 Prise Salz
120 g Zucker
1 Pck. Dr. Oetker Vanillin-Zucker
200 ml Buttermilch
70 ml Speiseöl, z. B. Sonnenblumenöl
1 Ei (Größe M)
300 g TK-Himbeeren

Für den Belag:

150 g Mascarpone (ital. Frischkäse)
1 EL Buttermilch
50 g Himbeergelee

Außerdem:

12 Muffinförmchen aus Silikon oder Papier

Zubereitungszeit: 25 Minuten, ohne Abkühlzeit
Backzeit: etwa 25 Minuten

1. Den Backofen vorheizen.
Ober-/Unterhitze: etwa 180 °C
Heißluft: etwa 160 °C

2. Für den Teig Mehl, Kokosraspel, Backpulver, Salz, Zucker und Vanillin-Zucker in einer Rührschüssel mit einem Schneebesen verrühren.

3. Buttermilch, Speiseöl und Ei in einem Rührbecher mit dem Schneebesen glatt rühren. Die flüssigen Zutaten zu der Mehl-Kokosraspel-Mischung in die Rührschüssel geben und zu einem glatten Teig verrühren.

4. Die Hälfte der gefrorenen Himbeeren mit einem Löffel unterheben, sehr große Himbeeren vorher etwas zerkleinern.

5. Dann den Teig in die Mulden einer Muffinform (für 12 Muffins, mit Silikon- oder Papierbackförmchen ausgelegt) geben und glatt streichen. Die restlichen Himbeeren darauf verteilen. Die Form auf dem Rost in den vorgeheizten Backofen schieben. Himbeer-Kokos-Muffins **etwa 25 Minuten backen.**

6. Die Form auf einen Kuchenrost stellen. Die Muffins etwa 5 Minuten in der Form stehen lassen. Anschließend aus der Form lösen und auf dem Kuchenrost erkalten lassen.

7. Für den Belag Mascarpone und Buttermilch mit dem Schneebesen glatt rühren. Himbeergelee zerteilen und unterrühren, sodass kleine Stückchen erhalten bleiben. Himbeer-Mascarpone auf den Muffins verteilen.

Himbeer-Streusel-Muffins

Für Kinder

12 Stück

Pro Stück: E: 4 g, F: 14 g, Kh: 29 g, kJ: 1083, kcal: 259, BE: 2,5

Zum Vorbereiten:

125 g frische oder TK-Himbeeren

Für die Streusel:

40 g Weizenmehl
50 g brauner Zucker
1 Pck. Dr. Oetker Bourbon-Vanille-Zucker
50 g gehackte Mandeln
50 g Butter oder Margarine

Für den Rührteig:

100 g Butter oder Margarine (zimmerwarm)
100 g Zucker
1 TL Dr. Oetker Finesse Geriebene Zitronenschale
1 Ei (Größe M)
1 Prise Salz
150 g Joghurt (3,5 % Fett)
200 g Weizenmehl
2 gestr. TL Dr. Oetker Backin

Außerdem:

12 Muffin-Papierbackförmchen

Zubereitungszeit: 35 Minuten, ohne Auftau- und Abkühlzeit
Backzeit: etwa 30 Minuten

1. Zum Vorbereiten Himbeeren verlesen, evtl. kurz abspülen und gut abtropfen lassen. TK-Himbeeren nebeneinander auf Küchenpapier auftauen lassen.

2. Für die Streusel Mehl in eine Rührschüssel geben. Zucker, Vanille-Zucker und Mandeln mischen, mit Butter oder Margarine hinzufügen.

3. Die Zutaten mit den Händen zu Streuseln von gewünschter Größe verarbeiten.

4. Den Backofen vorheizen.
Ober-/Unterhitze: etwa 180 °C
Heißluft: etwa 160 °C

5. Für den Teig Butter oder Margarine mit einem Mixer (Rührstäbe) auf höchster Stufe geschmeidig rühren. Nach und nach Zucker und Zitronenschale unterrühren. So lange rühren, bis eine gebundene Masse entstanden ist.

6. Das Ei etwa ½ Minute unterrühren. Dann Salz und Joghurt unterrühren. Mehl mit Backpulver mischen und in 2 Portionen auf mittlerer Stufe kurz unterrühren. Zuletzt die Himbeeren vorsichtig unterheben.

7. Den Rührteig in die Mulden einer Muffinform (für 12 Muffins, mit Papierbackförmchen ausgelegt) geben und glatt streichen. Die Streusel darauf verteilen. Die Form auf dem Rost in den vorgeheizten Backofen schieben. Die Muffins **etwa 30 Minuten backen.**

8. Die Form auf einen Kuchenrost stellen. Die Muffins etwa 5 Minuten in der Form abkühlen lassen. Anschließend aus der Form lösen und auf dem Kuchenrost erkalten lassen.

Honig-Dinkel-Muffins I

Fruchtig

12 Stück

Pro Stück: E: 6 g, F: 16 g, Kh: 26 g, kJ: 1145, kcal: 273, BE: 2,0

Für den All-in-Teig:

175 g Dinkelmehl (Type 630)
2 TL Dr. Oetker Backin
1 Prise Salz
75 g abgezogene, gem. Mandeln
1 Pck. Dr. Oetker Finesse Geriebene Zitronenschale
150–175 g milder, flüssiger Honig
2 Eier (Größe M)
100 g Butter oder Margarine (zimmerwarm)
150 g Joghurt (3,5 % Fett)

175 g abgetropfte Sauerkirschen (aus dem Glas)
75 g gestiftelte Mandeln

etwas Puderzucker

Außerdem:

12 Muffin-Papierbackförmchen

Zubereitungszeit: 20 Minuten, ohne Abkühlzeit
Backzeit: 25–28 Minuten

1. Den Backofen vorheizen.
Ober-/Unterhitze: etwa 180 °C
Heißluft: etwa 160 °C

2. Für den Teig Mehl mit Backpulver, Salz, gemahlenen Mandeln und der Zitronenschale in einer Rührschüssel mischen. Honig, Eier, Butter oder Margarine und Joghurt hinzugeben. Die Zutaten mit einem Mixer (Rührstäbe) zunächst kurz auf niedrigster, dann auf höchster Stufe in etwa 2 Minuten zu einem glatten Teig verarbeiten. Die Kirschen und die Hälfte der gestiftelten Mandeln unterheben.

3. Den All-in-Teig in die Mulden einer Muffinform (für 12 Muffins, mit Papierbackförmchen ausgelegt) geben und glatt streichen. Die restlichen gestiftelten Mandeln darauf verteilen. Die Form auf dem Rost in den vorgeheizten Backofen schieben. Honig-Dinkel-Muffins **25–28 Minuten backen.**

4. Die Form auf einen Kuchenrost stellen. Die Muffins etwa 10 Minuten in der Form stehen lassen. Anschließend aus der Form lösen und auf dem Kuchenrost erkalten lassen. Die Muffins mit Puderzucker bestäubt servieren.

Hot-Chili-Cakes

Schokoglück

12 Stück

Pro Stück: E: 7 g, F: 27 g, Kh: 37 g, kJ: 1776, kcal: 425, BE: 3,0

Zum Vorbereiten:

120 g Zartbitter-Schokolade (etwa 50 % Kakaoanteil)
300 g Schlagsahne (mind. 30 % Fett)

Für den Teig:

80 g Erdnuss-Cashew-Mix Chili-Style (von Seeberger)
100 g Zartbitter-Schokolade (etwa 50 % Kakaoanteil)
150 ml Milch (1,5 % Fett)
160 g Zucker
100 g Butter oder Margarine (zimmerwarm)
2 Eier (Größe M)
160 g Mehl
1 gestr. TL Dr. Oetker Backin
1 EL gesiebter Kakao zum Backen

Für das Topping:

80 g Zartbitter-Schokolade (etwa 50 % Kakaoanteil)
evtl. einige Chiliflocken

Außerdem:

12 Muffin-Papierbackförmchen

Zubereitungszeit: 50 Minuten, ohne Kühlzeit
Backzeit: 20–25 Minuten

1. Zum Vorbereiten die Schokolade in kleine Stücke brechen. Die Sahne in einem Topf zum Kochen bringen. Den Topf von der Kochstelle nehmen. Die Schokoladenstücke zu der Sahne geben und darin unter Rühren schmelzen lassen. Die Schokoladensahne etwas abkühlen lassen und anschließend zugedeckt 3–4 Stunden in den Kühlschrank stellen.

2. Den Backofen vorheizen.
Ober-/Unterhitze: etwa 180 °C
Heißluft: etwa 160 °C

3. Für den Teig den Erdnuss-Cashew-Mix fein hacken. Von der Mischung etwa 2 Esslöffel zum Garnieren beiseitestellen.

4. Die Schokolade in kleine Stücke brechen. Die Milch mit den Schokoladenstückchen und der Hälfte von dem Zucker in einen Topf geben. Die Zutaten unter Rühren zum Kochen bringen. Den Topf von der Kochstelle nehmen.

5. Butter oder Margarine mit restlichem Zucker in eine Rührschüssel geben. Die Zutaten mit einem Mixer (Rührstäbe) zunächst kurz auf niedrigster, dann auf höchster Stufe etwa 4 Minuten schaumig schlagen. Die Eier nach und unterrühren (jedes Ei etwa 1/2 Minute).

6. Das Mehl mit Backpulver und Kakao mischen. Die Mehl-Kakao-Mischung auf die Eier-Fett-Masse geben. Den fein gehackten Erdnuss-Cashew-Mix (60 g) ebenfalls unterheben. Zuletzt die heiße Schokoladenmilch dazugießen und sorgfältig unterrühren.

7. Den Teig in die Mulden einer Muffinform (für 12 Muffins, mit Papierbackförmchen ausgelegt) geben und glatt streichen. Die Form auf dem Rost in den vorgeheizten Backofen schieben. Die Cupcakes **20–25 Minuten backen.**

8. Die Form auf einen Kuchenrost stellen. Die Cupcakes etwa 5 Minuten in der Form abkühlen lassen. Anschließend aus der Form lösen und auf dem Kuchenrost erkalten lassen.

9. Für das Topping die Schokolade in Stücke brechen. Zwei Drittel davon in einem Topf im Wasserbad bei schwacher Hitze unter Rühren schmelzen. Den Topf aus dem Wasserbad nehmen und die restliche Schokolade darin unter Rühren schmelzen. Den beiseitegestellten Nuss-Mix unterrühren. Mit einem Teelöffel 12 runde Schokoladenkleckse auf ein mit Backpapier ausgelegtes Blech geben und kurz in den Kühlschrank stellen.

10. Die Schokoladensahne mit dem Mixer (Rührstäbe) aufschlagen, dann in einen Spritzbeutel mit Sterntülle (Ø etwa 1 ½ cm) füllen und in großen Tupfen dekorativ auf die Cupcakes spritzen. Die Hot-Chili-Cakes mit den Schokoladentalern garnieren und nach Belieben mit Chiliflocken bestreuen.

Hütchen-Muffins

Cremig gefüllt

12 Stück

Pro Stück: E: 4 g, F: 21 g, Kh: 32 g, kJ: 1402, kcal: 335, BE: 2,5

Für den Schüttelteig:

125 g Butter oder Margarine
200 g Weizenmehl
2 gestr. TL Dr. Oetker Backin
125 g Puderzucker
1 Pck. Dr. Oetker Bourbon-Vanille-Zucker
2 Eier (Größe M)
125 ml Milch (1,5 % Fett)

Zum Tränken:

125 ml Orangensaft
30 g Zucker

Für die Füllung:

400 g Schlagsahne (mind. 30 % Fett)
20 g Zucker
2 Pck. Sahnesteif
20 g gesiebter Kakao zum Backen

etwas Puderzucker oder Kakao zum Bestäuben

Außerdem:

12 Muffin-Papierbackförmchen

Zubereitungszeit: 35 Minuten, ohne Abkühlzeit
Backzeit: etwa 25 Minuten

1. Den Backofen vorheizen.
Ober-/Unterhitze: etwa 180 °C
Heißluft: etwa 160 °C

2. Für den Teig Butter oder Margarine zerlassen und abkühlen lassen. Das Mehl mit Backpulver mischen, in eine verschließbare Schüssel (etwa 3 l) geben und mit Puderzucker und Vanille-Zucker mischen. Die Eier und flüssige Butter oder Margarine und Milch hinzufügen. Die Schüssel mit dem Deckel fest verschließen. Schüssel mehrmals (insgesamt 15–30 Sekunden) kräftig schütteln, sodass alle Zutaten gut vermischt sind.

3. Alles mit einem Schneebesen oder Rührlöffel nochmals sorgfältig durchrühren, damit trockene Zutaten vom Rand mit untergerührt werden.

4. Den Teig in die Mulden einer Muffinform (für 12 Muffins, mit Papierbackförmchen ausgelegt) geben. Die Form auf dem Rost in den vorgeheizten Backofen schieben. Die Muffins **etwa 25 Minuten backen.**

5. Die Form auf einen Kuchenrost stellen. Die Muffins etwa 5 Minuten in der Form abkühlen lassen. Anschließend aus der Form lösen und auf dem Kuchenrost erkalten lassen.

6. Zum Tränken Orangensaft und Zucker in einem Topf unter Rühren zum Kochen bringen, bis der Zucker gelöst ist. Von den Muffins jeweils das Hütchen abschneiden. Die Muffins etwas aushöhlen und mit dem Orangensaft tränken. Die ausgehöhlten Kuchenbrösel fein zerbröseln.

7. Für die Füllung Sahne mit Zucker und Sahnesteif steif schlagen. Den Kakao und die Kuchenbrösel unterheben. Die Brösel-Sahne-Creme in einen Spritzbeutel mit großer Lochtülle geben und auf die Muffin-Unterteile spritzen. Die Hütchen nach Belieben mit dem restlichen Orangensaft tränken und leicht schräg auf die Brösel-Sahne-Creme legen. Die Muffins mit Puderzucker oder Kakao bestäuben.

Ingwer-Schoko-Cupcakes I

Raffiniert

12 Stück

Pro Stück: E: 6 g, F: 34 g, Kh: 42 g, kJ: 2099, kcal: 501, BE: 3,5

Zum Vorbereiten für das Topping:

400 g Schlagsahne (mind. 30 % Fett)
250 g Zartbitter-Schokolade (etwa 50 % Kakaoanteil)

Für den Teig:

50 g kandierte Ingwerstücke
2 Eiweiß (Größe M)
1 Prise Salz
140 g Zucker
2 Eigelb (Größe M)
1 Ei (Größe M)
150 g Butter oder Margarine (zimmerwarm)
3 EL Speiseöl, z. B. Sonnenblumenöl
160 g Weizenmehl
20 g Speisestärke
1 1/2 gestr. TL Dr. Oetker Backin
75 g saure Sahne

Für das Topping:

70 g weiße Crisp-Schokolade
30 g kandierte Ingwerstücke

Außerdem:

12 Muffin-Papierbackförmchen

Zubereitungszeit: 40 Minuten, ohne Kühlzeit
Backzeit: etwa 30 Minuten

1. Zum Vorbereiten für das Topping Sahne in einem Topf aufkochen lassen und von der Kochstelle nehmen. Die Zartbitter-Schokolade in kleine Stücke brechen und in der heißen Sahne schmelzen lassen.

2. Die Schokosahne glatt rühren, abkühlen lassen und mindestens 3 Stunden zugedeckt in den Kühlschrank stellen.

3. Den Backofen vorheizen.
Ober-/Unterhitze: etwa 180 °C
Heißluft: etwa 160 °C

4. Für den Teig Ingwer fein hacken. Eiweiß und Salz in einer Rührschüssel mit einem Mixer (Rührstäbe) auf höchster Stufe steif schlagen. Eischnee 3 Minuten weiterschlagen, dabei nach und nach die Hälfte des Zuckers dazugeben.

5. In einer anderen Schüssel Eigelb mit Ei, restlichem Zucker, Butter oder Margarine und Öl schaumig rühren. Gehackten Ingwer unterrühren.

6. Mehl mit Speisestärke und Backpulver mischen und abwechselnd mit der sauren Sahne auf niedrigster Stufe kurz unterrühren. Eischnee in 2 Portionen kurz unterrühren.

7. Dann den Teig in die Mulden einer Muffinform (für 12 Muffins, mit Papierbackförmchen ausgelegt) geben und glatt streichen.

8. Die Form auf dem Rost in den vorgeheizten Backofen schieben und die Cupcakes **etwa 30 Minuten backen.**

9. Die Form auf einen Kuchenrost stellen. Cupcakes etwa 5 Minuten in der Form abkühlen lassen. Anschließend aus der Form lösen und auf dem Kuchenrost erkalten lassen.

10. Für das Topping Crisp-Schokolade fein hacken. Schokosahne in eine Rührschüssel geben und kurz aufschlagen. 50 g der gehackten Crisp-Schokolade mit einem Teigschaber unterheben (die Sahnemasse wird noch fester, wenn sie etwas gestanden hat).

11. Die Creme sofort mit einem Löffel auf die Cupcakes streichen. Ingwer in dünne Scheiben schneiden. Die Cakes mit Ingwer und der restlichen gehackten Crisp-Schokolade bestreuen.

Tipp: Für ein weißes Topping ersetzen Sie die Schokolade durch die gleiche Menge weiße Kuvertüre (keine Schokolade!). Die Cupcakes dann mit Edelbitter-Schokolade bestreuen.

Irish-Cream-Cakes | Mit Alkohol

12 Stück

Pro Stück: E: 6 g, F: 34 g, Kh: 38 g, kJ: 2058, kcal: 492, BE: 3,0

Für den Teig:

100 g Zartbitter-Schokolade (etwa 50 % Kakaoanteil)
2 Eiweiß (Größe M)
1 Prise Salz
130 g Zucker
2 Eigelb (Größe M)
1 Ei (Größe M)
150 g Butter oder Margarine (zimmerwarm)
1 Pck. Dr. Oetker Vanillin-Zucker
100 g Crème fraîche
170 g Weizenmehl
½ gestr. TL Dr. Oetker Backin

Für das Topping:

350 g Mascarpone (ital. Frischkäse)
100 g Crème fraîche
60 g Puderzucker
1 Pck. Sahnesteif
70 ml Irish-Cream-Likör

etwas Kakao zum Backen
75 g Schoko-Zebra-Röllchen

Außerdem:

12 Muffin-Papierbackförmchen

Zubereitungszeit: 40 Minuten, ohne Kühlzeit
Backzeit: etwa 30 Minuten

1. Für den Teig die Schokolade in kleine Stücke brechen. Zwei Drittel davon in einem Topf im Wasserbad bei schwacher Hitze unter Rühren schmelzen. Den Topf aus dem Wasserbad nehmen und die restliche Schokolade darin unter Rühren schmelzen. Die Schokolade lauwarm abkühlen lassen.

2. Inzwischen den Backofen vorheizen.
Ober-/Unterhitze: etwa 180 °C
Heißluft: etwa 160 °C

3. Eiweiß und Salz mit einem Mixer (Rührstäbe) auf höchster Stufe steif schlagen. Den Eischnee 3 Minuten weiterschlagen, dabei nach und nach die Hälfte von dem Zucker einrieseln lassen.

4. In einer anderen Schüssel Eigelb mit Ei, Butter oder Margarine, restlichem Zucker und Vanillin-Zucker schaumig rühren. Nacheinander die lauwarme Schokolade und die Crème fraîche unterrühren.

5. Mehl mit Backpulver mischen und auf niedrigster Stufe kurz unterrühren. Den Eischnee ebenfalls kurz unterrühren.

6. Den Teig in die Mulden einer Muffinform (für 12 Muffins, mit Papierbackförmchen ausgelegt) geben und glatt streichen.

7. Die Form auf dem Rost in den vorgeheizten Backofen schieben und die Cupcakes **etwa 30 Minuten backen.**

8. Die Form auf einen Kuchenrost stellen. Cupcakes etwa 5 Minuten in der Form abkühlen lassen. Anschließend aus der Form lösen und auf dem Kuchenrost erkalten lassen.

9. Für das Topping Mascarpone und Crème fraîche mit dem Mixer (Rührstäbe) kurz glatt rühren. Puderzucker mit Sahnesteif mischen.

10. Die Mascarponemasse steif schlagen, dabei nach und nach die Puderzuckermischung einstreuen. Zuletzt den Likör kurz unterrühren.

11. Creme in einen Spritzbeutel mit Lochtülle (Ø etwa 1 cm) füllen und in Streifen auf jeden Cupcake spritzen. Dafür zunächst dicht nebeneinander 3–4 Streifen Creme von links nach rechts aufspritzen. Dann darauf quer nochmals dicht nebeneinander 3–4 Streifen Creme aufspritzen.

12. Die Cupcakes etwa 15 Minuten in den Kühlschrank stellen.

13. Cupcakes vor dem Servieren mit Kakaopulver bestäuben und mit Zebra-Röllchen bestreuen.

Johannisbeer-Baiser-Cupcakes

Feiner Genuss

12 Stück

Pro Stück: E: 4 g, F: 6 g, Kh: 21 g, kJ: 658, kcal: 157, BE: 2,0

Zum Vorbereiten:

350 g rote Johannisbeeren

Für den Teig:

75 g Weizenmehl
75 g abgezogene, gem. Mandeln
2 gestr. TL Dr. Oetker Backin
60 g Zucker
1 Pck. Dr. Oetker Vanillin-Zucker
1 Prise Salz
2 Eier (Größe M)
3 EL Buttermilch
2 EL Speiseöl, z. B. Distelöl

Für das Baiser-Topping:

2 Eiweiß (Größe M)
80 g Zucker
30 g Speisestärke

Außerdem:

12 Muffin-Papierbackförmchen

Zubereitungszeit: 40 Minuten
Backzeit: etwa 40 Minuten

1. Zum Vorbereiten Johannisbeeren kurz abspülen, abtropfen lassen und vorsichtig trocken tupfen. Die Beeren mithilfe einer Gabel von den Rispen streifen.

2. Den Backofen vorheizen.
Ober-/Unterhitze: etwa 180 °C
Heißluft: etwa 160 °C

3. Für den Teig Mehl mit Mandeln, Backpulver, Zucker, Vanillin-Zucker und Salz in einer Rührschüssel mit einem Schneebesen verrühren.

4. Eier mit Buttermilch und Speiseöl in einem Rührbecher mit dem Schneebesen verrühren. Die flüssigen Zutaten zu der Mehl-Mandel-Mischung in die Rührschüssel geben und zu einem glatten Teig verrühren.

5. Dann den Teig in die Mulden einer Muffinform (für 12 Muffins, mit Papierbackförmchen ausgelegt) geben und glatt streichen. Die Form auf dem Rost (unterste Schiene) in den vorgeheizten Backofen schieben. Die Cakes **etwa 10 Minuten vorbacken.**

6. Für das Topping Eiweiß mit dem Mixer (Rührstäbe) auf höchster Stufe steif schlagen. Der Schnee muss so fest sein, dass ein Messerschnitt sichtbar bleibt. Nach und nach den Zucker unterschlagen, dabei so lange schlagen, bis der Eischnee stark glänzt. Anschließend die Speisestärke darübersieben und vorsichtig unterrühren. Die Johannisbeeren vorsichtig unter den Eischnee heben.

7. Nach Ende der Vorbackzeit die Form auf einen Kuchenrost stellen. Die Eischneemasse sofort bergförmig auf die vorgebackenen Cakes häufen. Dann die Form wieder auf dem Rost (Mitte) in den heißen Backofen schieben. Die Johannisbeer-Baiser-Cupcakes **bei gleicher Backofentemperatur in etwa 30 Minuten fertig backen.**

8. Die Form auf einen Kuchenrost stellen. Die Cupcakes etwa 5 Minuten in der Form abkühlen lassen. Anschließend aus der Form lösen und auf dem Kuchenrost erkalten lassen.

Tipp: Die Johannisbeeren können Sie durch die gleiche Menge Stachelbeeren ersetzen.

Kaffee-Muffins, gewürzte

Raffiniert – einfach

12 Stück

Pro Stück: E: 5 g, F: 18 g, Kh: 29 g, kJ: 1263, kcal: 302, BE: 2,5

Für den Teig:

200 g Weizenmehl
2 gestr. TL Dr. Oetker Backin
120 g Zucker
1 Pck. Dr. Oetker Vanillin-Zucker
3 Eier (Größe M)
120 g Butter oder Margarine
125 ml Milch (3,5 % Fett)
3 TL Instant-Espresso-Pulver
2 EL heißes Wasser

Für das Topping:

200 g Mascarpone (ital. Frischkäse)
50 g Puderzucker
1–2 TL Instant-Espresso-Pulver
1 Msp. gem. Kardamom
1 TL gesiebter Kakao zum Backen

Zum Garnieren:

einige Kaffeebohnen geschabte Zartbitter-Schokolade

Außerdem:

12 Muffin-Papierbackförmchen

Zubereitungszeit: 40 Minuten, ohne Abkühlzeit
Backzeit: 25–30 Minuten

1. Den Backofen vorheizen.
Ober-/Unterhitze: etwa 200 °C
Heißluft: etwa 180 °C

2. Für den Teig Mehl mit Backpulver in eine Rührschüssel geben und mit Zucker und Vanillin-Zucker mischen. Eier, Butter oder Margarine und Milch hinzufügen. Espresso-Pulver in heißem Wasser auflösen und hinzufügen.

3. Die Zutaten mit einem Mixer (Rührstäbe) zunächst kurz auf niedrigster, dann auf höchster Stufe in etwa 2 Minuten zu einem glatten Teig verrühren.

4. Dann den Teig in die Mulden einer Muffinform (für 12 Muffins, mit Papierbackförmchen ausgelegt) geben und glatt streichen. Die Form auf dem Rost in den vorgeheizten Backofen schieben und die Muffins **25–30 Minuten backen.**

5. Die Form auf einen Kuchenrost stellen. Die Muffins etwa 5 Minuten in der Form abkühlen lassen. Anschließend aus der Form lösen und auf dem Kuchenrost erkalten lassen.

6. Für das Topping Mascarpone mit Puderzucker kurz geschmeidig rühren. Die Creme in 2 gleich große Portionen teilen. Espresso-Pulver und Kardamom unter eine Hälfte, Kakaopulver unter die andere Hälfte der Creme rühren.

7. Jeweils 6 Muffins mit einer Creme bestreichen. Die Muffins mit Kaffeebohnen (Kaffeecreme) und Schokolade (Kakaocreme) garnieren.

Kalte Hündchen

Ohne zu backen

12 Stück

Pro Stück: E: 6 g, F: 23 g, Kh: 27 g, kJ: 1413, kcal: 337, BE: 2,0

Für die Schokoladencreme:

300 g Zartbitter-Schokolade (etwa 50 % Kakaoanteil)
350 g Schlagsahne (mind. 30 % Fett)

100 g frische Johannisbeeren
330 g runde Mehrkornkekse (Ø etwa 6 cm)

Außerdem:

12 Muffin-Papierbackförmchen

Zubereitungszeit: 30 Minuten, ohne Kühlzeit

1. Für die Schokoladencreme die Schokolade in kleine Stücke brechen. Die Sahne in einem Topf zum Kochen bringen. Den Topf von der Kochstelle nehmen. Die Schokoladenstücke zu der Sahne in den Topf geben und darin unter Rühren schmelzen lassen. Die Schokoladensahne etwas abkühlen lassen. Anschließend zugedeckt 2–3 Stunden in den Kühlschrank stellen.

2. Die Johannisbeeren kurz abspülen und abtropfen lassen. Die Beeren von den Rispen streifen.

3. Die Mulden der Muffinform mit den Papierbackförmchen auslegen. In jede Mulde einen Keks grob zerbröseln. Die Schokoladensahne mit einem Schneebesen kurz durchrühren. Schokoladensahne in einen Spritzbeutel mit Sterntülle (Ø etwa 1 ½ cm) füllen.

4. Jeweils auf die Keksbrösel einen dicken Tupfen Schokoladencreme spritzen und 6–8 Johannisbeeren darauf verteilen. Dann einen ganzen Keks vorsichtig auf die Creme drücken. Nochmals einen dicken Tupfen Creme auf den Keks spritzen, mit 6–8 Johannisbeeren belegen und darauf wieder einen ganzen Keks drücken.

5. Den oberen Keks zuletzt dekorativ mit einem kleinen, schönen Tupfen Schokoladencreme bespritzen und mit 3 Johannisbeeren garnieren.

6. Die kalten Hündchen zugedeckt, sodass die Creme nicht zerdrückt wird, 2–3 Stunden in den Kühlschrank stellen, aus der Form nehmen und servieren.

Karamell-Fleur-de-Sel-Cakes

Etwas Besonderes

12 Stück

Pro Stück: E: 4 g, F: 28 g, Kh: 30 g, kJ: 1615, kcal: 386, BE: 2,5

Zum Vorbereiten:

100 g Zucker
80 g Schlagsahne

Für den Teig:

100 g Milchschokoladenpralinen mit Toffeefüllung
150 g Butter oder Margarine (zimmerwarm)
120 g Zucker
1 Prise Fleur de Sel
3 Eier (Größe M)
50 g saure Sahne
100 g Weizenmehl
20 g gesiebter Kakao zum Backen
1 gestr. TL Dr. Oetker Backin

Für das Topping:

150 g Butter (zimmerwarm)
1 TL Fleur de Sel

Außerdem:

12 Muffin-Papierbackförmchen

Zubereitungszeit: 40 Minuten, ohne Kühlzeit
Backzeit: 25–30 Minuten

1. Zum Vorbereiten den Zucker nach und nach in einen kleinen Edelstahltopf geben und bei mittlerer Hitze unter Rühren goldbraun karamellisieren lassen.

2. Anschließend die Sahne vorsichtig hinzugeben (Achtung: Es spritzt!). Die Zutaten zum Kochen bringen und so lange kochen lassen, bis sich der Zucker gelöst hat. Sahnekaramell beiseitestellen, erkalten lassen.

3. Den Backofen vorheizen.
Ober-/Unterhitze: etwa 180 °C
Heißluft: etwa 160 °C

4. Für den Teig 12 Pralinen beiseitelegen. Die restlichen Pralinen fein hacken und mit Butter oder Margarine, Zucker und Fleur de Sel in eine Rührschüssel geben.

5. Die Zutaten mit einem Mixer (Rührstäbe) zunächst kurz auf niedrigster, dann auf höchster Stufe etwa 4 Minuten schaumig schlagen.

6. Die Eier nach und nach unterrühren (jedes Ei etwa ½ Minute). Dann die saure Sahne hinzugeben und kurz unterrühren.

7. Mehl mit Kakao und Backpulver mischen. Das Mehlgemisch auf die Eier-Fett-Masse geben und unterheben.

8. Den Teig in die Mulden einer Muffinform (für 12 Muffins, mit Papierbackförmchen ausgelegt) geben und glatt streichen. In jede Teigportion vorsichtig 1 Praline drücken.

9. Die Form auf dem Rost in den vorgeheizten Backofen schieben und die Cupcakes **25–30 Minuten backen.**

10. Die Form auf einen Kuchenrost stellen. Cupcakes etwa 5 Minuten in der Form abkühlen lassen. Anschließend aus der Form lösen und auf dem Kuchenrost erkalten lassen.

11. Für das Topping die Butter in einer kleinen Schüssel mit dem Mixer (Rührstäbe) schaumig aufschlagen. 2–3 Esslöffel von dem Sahnekaramell abnehmen und beiseitestellen. Den restlichen Karamell esslöffelweise unterrühren.

12. Die Butterkaramellcreme mit einem Messer auf den Cupcakes verstreichen.

13. Die Cupcakes zugedeckt, sodass die Creme nicht zerdrückt wird, etwa 60 Minuten in den Kühlschrank stellen.

14. Die Karamell-Fleur-de-Sel-Cakes vor dem Servieren mit dem beiseitegestellten Karamell beträufeln und mit Fleur de Sel bestreuen.

Karamell-Muffins

Etwas Besonderes

12 Stück

Pro Stück: E: 4 g, F: 20 g, Kh: 44 g, kJ: 1560, kcal: 373, BE: 3,5

Für den All-in-Teig:

200 g	*Weizenmehl*
3 gestr. TL	*Dr. Oetker Backin*
1 Pck.	*Gala Karamell-Pudding-Pulver*
125 g	*Zucker*
1 Pck.	*Dr. Oetker Vanillin-Zucker*
2	*Eier (Größe M)*
150 g	*Butter oder Margarine (zimmerwarm)*
200 g	*Schlagsahne*
3 Riegel	*CARAMAC® (Karamellriegel)*

Zum Garnieren:

150 g	*Zucker*

Zubereitungszeit: 40 Minuten, ohne Abkühlzeit
Backzeit: etwa 30 Minuten

1. Den Backofen vorheizen.
Ober-/Unterhitze: etwa 180 °C
Heißluft: etwa 160 °C

2. Für den Teig Mehl mit Backpulver und Pudding-Pulver in einer Rührschüssel mischen. Die restlichen Zutaten hinzufügen und mit einem Mixer (Rührstäbe) zunächst kurz auf niedrigster, danach auf höchster Stufe in etwa 2 Minuten zu einem glatten Teig verarbeiten. Zuletzt die Karamellriegel in kleine Stückchen hacken und unterrühren.

3. Den Teig in die Mulden einer Muffinform (für 12 Muffins, gefettet, gemehlt) geben und glatt streichen. Die Form auf dem Rost in den vorgeheizten Backofen schieben. Die Karamell-Muffins **etwa 30 Minuten backen.**

4. Die Form auf einen Kuchenrost stellen. Die Karamell-Muffins etwa 10 Minuten in der Form abkühlen lassen. Anschließend vorsichtig aus der Form lösen und auf dem mit Backpapier belegten Kuchenrost erkalten lassen.

5. Zum Garnieren Zucker in einem kleinen Edelstahltopf erhitzen, auflösen und leicht bräunen lassen. Den Topf sofort auf ein kaltes, feuchtes Küchentuch stellen und mit einer Gabel so lange rühren, bis die Masse zäh wird. Dann die Muffins mithilfe der Gabel damit einspinnen.

Tipp: Die Muffins erst kurz vor dem Servieren mit Karamellfäden einspinnen, da die Karamellfäden durch die Luftfeuchtigkeit sehr schnell weich werden.

® Reg. Trademark of Société des Produits Nestlé S.A.

Karamell-Reis-Muffins

Für Kinder
12 Stück

Pro Stück: E: 4 g, F: 10 g, Kh: 27 g, kJ: 905, kcal: 216, BE: 2,5

Zum Vorbereiten:
150 ml Milch (3,5 % Fett)
1 Prise Salz
30 g Instant-Reisflocken
75 g Butter

Für den All-in-Teig:
200 g Weizenmehl
2 TL Dr. Oetker Backin
1 Pck. Gala Karamell-Pudding-Pulver
1 Prise Salz
30 g Puderzucker
40 g gehackte Haselnusskerne
2 Eier (Größe M)
100 g Joghurt (3,5 % Fett)
75 ml Karamell-Sirup

etwas Puderzucker zum Bestäuben

Außerdem:
12 Muffin-Papierbackförmchen

Zubereitungszeit: 30 Minuten, ohne Quell- und Abkühlzeit
Backzeit: etwa 25 Minuten

1. Zum Vorbereiten Milch, Salz und Reisflocken in einem kleinen Topf kurz aufkochen lassen. Den Topf von der Kochstelle nehmen, die Butter unterrühren. Reisflocken etwa 5 Minuten quellen lassen.

2. Den Backofen vorheizen.
Ober-/Unterhitze: etwa 180 °C
Heißluft: etwa 160 °C

3. Für den Teig Mehl mit Backpulver, Pudding-Pulver, Salz und Puderzucker in einer Rührschüssel mischen. Die Nusskerne untermischen. Eier, Joghurt, Sirup und das Reis-Milch-Gemisch hinzugeben. Die Zutaten mit einem Mixer (Rührstäbe) zunächst kurz auf niedrigster, dann auf höchster Stufe in etwa 2 Minuten zu einem glatten Teig verarbeiten.

4. Den All-in-Teig in die Mulden einer Muffinform (für 12 Muffins, mit Papierbackförmchen ausgelegt) geben und glatt streichen. Die Form auf dem Rost in den vorgeheizten Backofen schieben. Die Karamell-Reis-Muffins **etwa 25 Minuten backen.**

5. Die Form auf einen Kuchenrost stellen. Die Muffins etwa 10 Minuten in der Form abkühlen lassen. Anschließend aus der Form lösen und auf dem Kuchenrost erkalten lassen. Die Muffins mit Puderzucker bestäubt servieren.

Kernige Aprikosen-Muffins

Mit gerösteten Sonnenblumenkernen

12 Stück

Pro Stück: E: 6 g, F: 15 g, Kh: 28 g, kJ: 1148, kcal: 274, BE: 2,5

Zum Vorbereiten:

125 g getrocknete Aprikosen
125 ml Aprikosennektar oder Multi-Vitaminsaft
100 g Sonnenblumenkerne

Für den All-in-Teig:

175 g Weizenmehl
2 gestr. TL Dr. Oetker Backin
100 g Aprikosenkonfitüre
3 Eier (Größe M)
125 g Butter oder Margarine (zimmerwarm)

Zum Aprikotieren:

2 geh. EL Aprikosenkonfitüre

Außerdem:

12 Muffin-Papierbackförmchen

Zubereitungszeit: 25 Minuten, ohne Einweich- und Abkühlzeit
Backzeit: etwa 25 Minuten

1. Zum Vorbereiten Aprikosen in kleine Würfel schneiden, in eine flache Schale geben und mit dem Nektar oder Vitaminsaft übergießen. Aprikosenwürfel darin etwa 60 Minuten einweichen. Sonnenblumenkerne in einer Pfanne ohne Fett rösten, herausnehmen und auf einem Teller erkalten lassen.

2. Den Backofen vorheizen.
Ober-/Unterhitze: etwa 180 °C
Heißluft: etwa 160 °C

3. Für den Teig Mehl mit Backpulver in einer Rührschüssel mischen. Aprikosenkonfitüre, Eier und Butter oder Margarine hinzufügen. Die Zutaten mit einem Mixer (Rührstäbe) zunächst kurz auf niedrigster, dann auf höchster Stufe in etwa 2 Minuten zu einem glatten Teig verarbeiten. Aprikosenwürfel und drei Viertel der Sonnenblumenkerne unterheben.

4. Den All-in-Teig in die Mulden einer Muffinform (für 12 Muffins, mit Papierbackförmchen ausgelegt) geben und glatt streichen. Die Form auf dem Rost in den vorgeheizten Backofen schieben. Die Muffins **etwa 25 Minuten backen.**

5. Die Form auf einen Kuchenrost stellen. Die Muffins etwa 10 Minuten in der Form abkühlen lassen. Anschließend aus der Form lösen und auf den Kuchenrost setzen.

6. Zum Aprikotieren die Konfitüre durch ein Sieb in einen kleinen Topf streichen und aufkochen. Die heißen Muffins damit bestreichen und mit den restlichen Sonnenblumenkernen bestreuen. Die Muffins auf dem Kuchenrost erkalten lassen.

Kernige-Haferflocken-Muffins

Fruchtig gefüllt

12 Stück

Pro Stück: E: 5 g, F: 15 g, Kh: 35 g, kJ: 1240, kcal: 296, BE: 3,0

Zum Vorbereiten für die Füllung:

200 g Früchte (frisch, TK oder abgetropft aus dem Glas), z. B. Sauerkirschen, Heidelbeeren oder gemischte Beeren

Für den Rührteig:

175 g Butter oder Margarine (zimmerwarm)
100 g brauner Zucker
1 Pck. Dr. Oetker Finesse Geriebene Zitronenschale oder 1/2 TL gem. Zimt
3 Eier (Größe M)
175 g Weizenmehl (Type 1050)
2 gestr. TL Dr. Oetker Backin
125 g flüssiger Honig oder Agavendicksaft
100 g kernige Haferlocken

2 EL kernige Haferflocken zum Bestreuen

Außerdem:

12 Muffin-Papierbackförmchen

Zubereitungszeit: 40 Minuten
Backzeit: 30–35 Minuten

1. Zum Vorbereiten frische Früchte evtl. verlesen, putzen, abspülen, abtropfen lassen und evtl. entstielen (TK-Früchte nicht auftauen lassen!).

2. Den Backofen vorheizen.
Ober-/Unterhitze: etwa 180 °C
Heißluft: etwa 160 °C

3. Für den Teig Butter oder Margarine mit einem Mixer (Rührstäbe) auf höchster Stufe geschmeidig rühren. Nach und nach Zucker, Zitronenschale oder Zimt unterrühren. So lange rühren, bis eine gebundene Masse entstanden ist.

4. Eier nach und nach unterrühren (jedes Ei etwa 1/2 Minute). Mehl mit Backpulver mischen und mit Honig oder Agavendicksaft auf mittlerer Stufe kurz unterrühren. Zuletzt die Haferflocken unter den Teig heben.

5. Zwei Drittel des Teiges in die Mulden einer Muffinform (für 12 Muffins, mit Papierbackförmchen ausgelegt) geben. Die vorbereiteten Früchte darauf verteilen und mit dem restlichen Teig bedecken. Die Muffins mit Haferflocken bestreuen. Die Form auf dem Rost in den vorgeheizten Backofen schieben. Die Haferflocken-Muffins **30–35 Minuten backen.**

6. Die Form auf einen Kuchenrost stellen. Die Haferflocken-Muffins etwa 10 Minuten in der Form abkühlen lassen. Anschließend aus der Form lösen und auf dem Kuchenrost erkalten lassen.

KiBa-Buchweizen-Muffins

Für Kinder

10 große und 12 Mini-Muffins

Pro Stück: E: 3 g (1 g), F: 7 g (3 g), Kh: 29 g (12 g), kJ: 794 (331), kcal: 190 (79), BE: 2,5 (1,0)

Für den Rührteig:

100 g Butter oder Margarine (zimmerwarm)
125 g Zucker
1 Pck. Dr. Oetker Vanillin-Zucker
2 Eier (Größe M)
150 g Weizenmehl
100 g Buchweizenmehl
1 TL Natron
1 gestr. TL Dr. Oetker Backin
2 EL saure Sahne
2 reife Bananen
180 g Kirschgrütze (aus dem Kühlregal)

2 EL Puderzucker zum Bestäuben

Außerdem:

10 Muffin-Papierbackförmchen
12 Mini-Muffin-Papierbackförmchen

Zubereitungszeit: 35 Minuten, ohne Abkühlzeit
Backzeit (große Muffins): etwa 25 Minuten
Backzeit (Mini-Muffins): etwa 20 Minuten

1. Den Backofen vorheizen.
Ober-/Unterhitze: etwa 180 °C
Heißluft: etwa 160 °C

2. Für den Teig Butter oder Margarine mit einem Mixer (Rührstäbe) auf höchster Stufe geschmeidig rühren. Nach und nach Zucker und Vanillin-Zucker unterrühren. So lange rühren, bis eine gebundene Masse entstanden ist.

3. Die Eier nach und nach unterrühren (jedes Ei etwa ½ Minute). Beide Mehlsorten mit Natron und Backpulver mischen und in 2 Portionen abwechselnd mit der sauren Sahne auf mittlerer Stufe kurz unterrühren. Die Bananen schälen, in kleine Stücke schneiden und zuletzt unter den Teig heben.

4. Die Hälfte von zwei Dritteln des Teiges in 10 Mulden einer Muffinform (für 12 große Muffins, mit Papierbackförmchen ausgelegt) und die Hälfte von dem restlichen Teig in 12 Mulden einer Muffinform (für 24 Mini-Muffins, mit Papierbackförmchen ausgelegt) geben und glatt streichen. Jeweils 1 bzw. ½ Teelöffel Grütze daraufgeben. Den restlichen Teig darauf verteilen.

5. Die Formen nacheinander (bei Heißluft zusammen) in den vorgeheizten Backofen schieben. Die **großen Muffins etwa 25 Minuten und die Mini-Muffins etwa 20 Minuten backen.**

6. Die Formen auf Kuchenroste stellen. Die Muffins etwa 10 Minuten in den Formen abkühlen lassen. Anschließend aus den Formen lösen und auf den Kuchenrosten erkalten lassen. Die erkalteten Muffins mit Puderzucker bestäubt servieren.

Kirsch-Cake-Muffins | Fruchtig

12 Stück

Pro Stück: E: 4 g, F: 11 g, Kh: 37 g, kJ: 1089, kcal: 260, BE: 3,0

Zum Vorbereiten:

300 g Griesson Soft Cake Kirsch
175 g abgetropfte Sauerkirschen (aus dem Glas)

Für den Rührteig:

100 g Butter oder Margarine (zimmerwarm)
50 g Zucker
1 Pck. Dr. Oetker Vanillin-Zucker
2 Eier (Größe M)
150 g Weizenmehl
1 gestr. TL Dr. Oetker Backin
½ gestr. TL Natron
75 g Joghurt (0,1 % Fett)

Für den Sirup:

150 ml Sauerkirschsaft (aus dem Glas)
15 g Zucker

Außerdem:

12 Muffin-Papierbackförmchen

Zubereitungszeit: 35 Minuten, ohne Abkühlzeit
Backzeit: etwa 30 Minuten

1. Zum Vorbereiten von den Keksen 18 Stück beiseitelegen. Die restlichen Kekse mit einem Sägemesser in kleine Stücke schneiden.

2. Von den beiseitegelegten Keksen jeweils einen Keks mit der Schokoladenseite nach oben in die Mulden einer Muffinform (für 12 Muffins, mit Papierbackförmchen ausgelegt) legen.

3. Den Backofen vorheizen.
Ober-/Unterhitze: etwa 180 °C
Heißluft: etwa 160 °C

4. Von den Sauerkirschen den Saft auffangen und für den Sirup beiseitestellen. Von den Kirschen 12 Stück zum Garnieren beiseitelegen.

5. Für den Teig Butter oder Margarine mit einem Mixer (Rührstäbe) auf höchster Stufe geschmeidig rühren. Nach und nach Zucker und Vanillin-Zucker unterrühren. So lange rühren, bis eine gebundene Masse entstanden ist.

6. Die Eier nach und nach unterrühren (jedes Ei etwa ½ Minute). Mehl mit Backpulver und Natron mischen, auf mittlerer Stufe kurz unterrühren. Joghurt ebenfalls kurz unterrühren. Keksstücke und Sauerkirschen unterheben.

7. Den Teig gleichmäßig in den Muffinmulden verteilen. Form auf dem Rost in den vorgeheizten Backofen schieben. Die Muffins **etwa 30 Minuten backen.**

8. Die Form auf einen Kuchenrost stellen. Die Muffins etwa 5 Minuten in der Form abkühlen lassen. Anschließend aus der Form lösen und auf dem Kuchenrost erkalten lassen.

9. Für den Sirup von dem Kirschsaft 150 ml abmessen. Abgemessenen Kirschsaft mit dem Zucker in einem kleinen Topf zum Kochen bringen und bei mittlerer Hitze etwa 15 Minuten zu einem Sirup einkochen.

10. Die restlichen 6 beiseitegelegten Kekse halbieren. Die Muffins mit den beiseitegelegten Kirschen und den Kekshälften garnieren, mit dem Kirschsirup beträufeln. Sirup erkalten lassen.

Kirsch-Crumble-Cakes | Knusprig

12 Stück

Pro Stück: E: 6 g, F: 11 g, Kh: 34 g,
kJ: 1114, kcal: 267, BE: 3,0

Für die Streusel:

220 g Dinkelmehl (Type 630)
½ TL gem. Zimt
1 Prise Salz
1 Msp. Hirschhornsalz
100 g brauner Zucker
120 g Butter oder Margarine (zimmerwarm)

Für die Füllung:

350 g abgetropfte Sauerkirschen (aus dem Glas)
300 ml Sauerkirschsaft (aus dem Glas)
15 g Speisestärke
20 g Zucker

Für das Topping:

250 g Magerquark
15 g Puderzucker
100 g Schlagsahne (mind. 30 % Fett)

Außerdem:

12 Muffin-Papierbackförmchen

Zubereitungszeit: 40 Minuten, ohne Abkühlzeit
Backzeit: etwa 30 Minuten

1. Den Backofen vorheizen.
Ober-/Unterhitze: etwa 180 °C
Heißluft: etwa 160 °C

2. Für die Streusel das Dinkelmehl mit Zimt, Salz und Hirschhornsalz in einer Rührschüssel mischen. Zucker und Butter oder Margarine hinzufügen. Die Zutaten mit einem Mixer (Knethaken) zunächst kurz auf niedrigster, dann auf höchster Stufe zu groben Streuseln verarbeiten.

3. Die Streusel in 2 gleich große Portionen teilen, eine Portion davon beiseitestellen. Von der anderen Portion je 1 Esslöffel in die Mulden einer Muffinform

(für 12 Muffins, mit Papierbackförmchen ausgelegt) geben und grob andrücken. Die Form auf dem Rost in den vorgeheizten Backofen schieben. Die Streuselböden **etwa 12 Minuten goldbraun vorbacken.**

4. Für die Füllung in der Zwischenzeit von den Kirschen den Saft auffangen und 300 ml abmessen. Speisestärke mit Zucker und 4 Esslöffeln von dem Saft anrühren. Den restlichen Saft zum Kochen bringen. Die angerührte Speisestärke in den von der Kochstelle genommenen Saft einrühren und kurz aufkochen. Die Kirschen unterrühren. Von dem Kompott 12 Kirschen zum Garnieren beiseitelegen.

5. Das restliche Kompott gleichmäßig auf den Streuselböden verteilen. Die restlichen Streusel daraufgeben. Die Form wieder auf dem Rost in den heißen Backofen schieben. Die Cakes **bei gleicher Backofentemperatur in etwa 18 Minuten fertig backen.**

6. Die Form auf einen Kuchenrost stellen. Die Kirsch-Crumble-Cakes etwa 5 Minuten in der Form abkühlen lassen. Anschließend aus der Form lösen und auf dem Kuchenrost erkalten lassen.

7. Für das Topping Quark mit Puderzucker glatt rühren. Die Sahne steif schlagen und unter die Quarkmasse heben. Kurz vor dem Servieren die Quarksahne mit einem Löffel gleichmäßig auf den Cupcakes verteilen und mit je 1 Kirsche garnieren.

Kirsch-Mandel-Muffins

Wunderbar saftig

12 Stück

Pro Stück: E: 5 g, F: 15 g, Kh: 31 g, kJ: 1175, kcal: 281, BE: 2,5

Für den Teig:

170 g Weizenmehl
100 g abgezogene, gem. Mandeln
3 gestr. TL Dr. Oetker Backin
1 Prise Salz
120 g brauner Zucker
150 ml Milch (3,5 % Fett)
1 Ei (Größe M)
80 ml neutrales Speiseöl, z. B. Maiskeimöl
350 g abgetropfte Sauerkirschen (aus dem Glas)
etwa 80 g weiße Schokolade (12 kleine Stücke)

Zubereitungszeit: 20 Minuten, ohne Abkühlzeit
Backzeit: etwa 25 Minuten

1. Den Backofen vorheizen.
Ober-/Unterhitze: etwa 180 °C
Heißluft: etwa 160 °C

2. Für den Teig das Mehl mit Mandeln, Backpulver, Salz und Zucker in einer Rührschüssel mit einem Schneebesen verrühren.

3. Milch, Ei und Speiseöl in einem Rührbecher mit dem Schneebesen verrühren. Die flüssigen Zutaten zu der Mehl-Mandel-Mischung in die Rührschüssel geben und zu einem glatten Teig verrühren.

4. Die Hälfte des Teiges in die Mulden einer Muffinform (für 12 Muffins, gefettet, gemehlt) geben. Die Hälfte der Sauerkirschen darauflegen. Restlichen Teig darauf verteilen und die restlichen Kirschen daraufgeben. Die Form auf dem Rost in den vorgeheizten Backofen schieben. Die Kirsch-Mandel-Muffins **etwa 25 Minuten backen.**

5. Die Form auf einen Kuchenrost stellen. Die Muffins etwa 5 Minuten in der Form abkühlen lassen. Die Schokolade in kleine Stücke schneiden. Die Muffins aus der Form lösen, auf den Kuchenrost setzen und mit den Schokoladenstückchen belegen. Muffins auf dem Kuchenrost erkalten lassen.

Tipp: Einen besonders feinen Mandelgeschmack erhalten die Muffins, wenn Sie einen Teil des neutralen Speiseöls durch Mandelöl ersetzen. Es ist in Reformhäusern oder Bio-Läden erhältlich.

Kirschmichel-Muffins

Fruchtig

12 Stück

Pro Stück: E: 6 g, F: 3 g, Kh: 31 g, kJ: 759, kcal: 181, BE: 2,5

Zum Vorbereiten:

5 Brötchen (Semmeln) vom Vortag (etwa 200 g)
500 ml Milch (1,5 % Fett)

Für den Teig:

350 g abgetropfte Sauerkirschen (aus dem Glas)
4 Eiweiß (Größe M)
4 Eigelb (Größe M)
100 g Zucker
2 TL Dr. Oetker Finesse Geriebene Zitronenschale

Zum Garnieren:

250 ml Sauerkirschsaft (aus dem Glas)
1 Pck. ungezuckerter Tortenguss, klar
2 EL Zucker

Außerdem:

12 Muffin-Papierbackförmchen

Zubereitungszeit: 30 Minuten, ohne Einweich- und Abkühlzeit
Backzeit: 20–25 Minuten

1. Zum Vorbereiten die Brötchen in etwa 2 cm große Würfel schneiden und in eine Schüssel geben. Die Milch in einem Topf erwärmen und über die Brötchenwürfel gießen. Brötchenwürfel etwa 15 Minuten darin einweichen.

2. Den Backofen vorheizen.
Ober-/Unterhitze: etwa 180 °C
Heißluft: etwa 160 °C

3. Für den Teig von den Kirschen den Saft auffangen und zum Garnieren beiseitestellen. 12 Kirschen ebenfalls zum Garnieren beiseitelegen.

4. Eiweiß mit einem Mixer (Rührstäbe) auf höchster Stufe steif schlagen. In einer anderen Schüssel das Eigelb sowie Zucker und Zitronenschale mit dem Mixer (Rührstäbe) zunächst kurz auf niedrigster, dann auf höchster Stufe dick-schaumig schlagen.

5. Die eingeweichten Brötchenwürfel mit der evtl. restlichen Milch auf die Eigelbmasse geben und unterrühren. Zuerst die Kirschen und zuletzt den Eischnee vorsichtig unterheben.

6. Den Teig in die Mulden einer Muffinform (für 12 Muffins, mit Papierbackförmchen ausgelegt) geben. Die Form auf dem Rost in den vorgeheizten Backofen schieben und die Kirschmichel-Muffins **20–25 Minuten backen.**

7. Die Form auf einen Kuchenrost stellen. Die Kirschmichel-Muffins etwa 10 Minuten in der Form abkühlen lassen. Anschließend aus der Form lösen und auf dem Kuchenrost erkalten lassen.

8. Den Kirschsaft evtl. mit Wasser auf 250 ml auffüllen. Aus Kirschsaft, Tortengusspulver und Zucker einen Guss nach Packungsanleitung zubereiten. Die Kirschmichel-Muffins mit je 1 Kirsche belegen und mit dem Tortenguss übergießen. Den Guss trocknen lassen.

Tipp: Die Kirschmichel-Muffins schmecken auch lauwarm sehr gut. Lassen Sie die Garnierung dann weg und servieren Sie die Törtchen als Dessert mit Vanillesauce.

Kiwi-Lemon-Cakes

Fruchtig – erfrischend

12 Stück

Pro Stück: E: 5 g, F: 26 g, Kh: 29 g, kJ: 1563, kcal: 373, BE: 2,5

Zum Vorbereiten:

50 g weiße Schokolade

Für den Teig:

3 Eiweiß (Größe M)
1 Prise Salz
150 g Zucker
3 Eigelb (Größe M)
1 Pck. Dr. Oetker Finesse Geriebene Zitronenschale
150 g Butter (zimmerwarm)
125 g Weizenmehl
2 gestr. TL Dr. Oetker Backin
50 g abgezogene, gem. Mandeln
75 ml Zitronen-Buttermilch

Für das Topping:

400 g Schlagsahne (mind. 30 % Fett)
2 Pck. Sahnesteif
2 geh. EL Puderzucker
1 Pck. Dr. Oetker Finesse Geriebene Zitronenschale
2–3 EL Zitronen-Buttermilch
2–3 EL Zitronensaft

Zum Garnieren:

1–2 Kiwis
einige Kokos-Chips

Außerdem:

12 Muffin-Papierbackförmchen

Zubereitungszeit: 35 Minuten, ohne Abkühlzeit
Backzeit: etwa 25 Minuten

1. Zum Vorbereiten die Schokolade in feine Stückchen hacken.

2. Den Backofen vorheizen.
Ober-/Unterhitze: etwa 180 °C
Heißluft: etwa 160 °C

3. Für den Teig Eiweiß und Salz mit einem Mixer (Rührstäbe) auf höchster Stufe steif schlagen. Eischnee 3 Minuten weiterschlagen, dabei nach und nach die Hälfte des Zuckers einrieseln lassen.

4. In einer anderen Schüssel Eigelb mit Zitronenschale, Butter und restlichem Zucker schaumig rühren. Mehl mit Backpulver, Mandeln und gehackter Schokolade mischen.

5. Das Mehlgemisch abwechselnd mit der Buttermilch auf mittlerer Stufe kurz unter die Buttermasse rühren. Eischnee in 2 Portionen kurz auf niedrigster Stufe unterrühren.

6. Dann den Teig in die Mulden einer Muffinform (für 12 Muffins, mit Papierbackförmchen ausgelegt) geben und glatt streichen.

7. Die Form auf dem Rost in den vorgeheizten Backofen schieben und die Cakes **etwa 25 Minuten backen.**

8. Die Form auf einen Kuchenrost stellen. Die Cakes etwa 5 Minuten in der Form abkühlen lassen. Anschließend aus der Form lösen und auf dem Kuchenrost erkalten lassen.

9. Für das Topping Sahne mit Sahnesteif und Puderzucker steif schlagen. Zitronenschale mit Buttermilch und Zitronensaft vermischen und kurz unterrühren. Die Sahne mit einem Löffel auf den Cupcakes verteilen.

10. Kurz vor dem Servieren frische Kiwis schälen und in dünne Scheiben schneiden. Die Cupcakes mit Kokos-Chips und Kiwischeiben garnieren.

Tipps: Die frischen Kiwischeiben erst kurz vor dem Servieren auflegen, da die Sahne sonst bitter wird. Sie können die frischen Kiwischeiben auch kurz mit kochendem Wasser übergießen und gut abtropfen lassen. Dann können Sie sie gleich verwenden.

Kokos-Muffins mit Limo | Gut gefüllt

12 Stück

Pro Stück: E: 4 g, F: 23 g, Kh: 30 g, kJ: 1449, kcal: 346, BE: 2,5

Für den Teig:

200 g Weizenmehl
3 gestr. TL Dr. Oetker Backin
125 g Puderzucker
50 g Kokosraspel
1 Pck. Dr. Oetker Finesse Orangenschalen-Aroma
3 Eier (Größe M)
125 ml Speiseöl, z. B. Sonnenblumenöl
200 ml Orangenlimonade

Für die Füllung:

250 g Schlagsahne (mind. 30 % Fett)
1 Pck. Dr. Oetker Vanillin-Zucker
1 Pck. Sahnesteif

Für den Guss:

1 Pck. Saucenpulver Vanille-Geschmack ohne Kochen
200 ml Orangenlimonade
25 g Kokosraspel

Zubereitungszeit: 35 Minuten, ohne Abkühlzeit
Backzeit: etwa 25 Minuten

1. Den Backofen vorheizen.
Ober-/Unterhitze: etwa 180 °C
Heißluft: etwa 160 °C

2. Für den Teig Mehl mit Backpulver, Puderzucker, Kokosraspeln und Aroma in einer Rührschüssel mischen. Eier, Öl und Limonade hinzufügen. Die Zutaten mit einem Mixer (Rührstäbe) zunächst kurz auf niedrigster, dann auf höchster Stufe in etwa 1 Minute zu einem flüssigen Teig verarbeiten.

3. Den flüssigen Teig am besten mit einer Saucenkelle in den Mulden einer Muffinform (für 12 Muffins, gefettet, gemehlt) verteilen. Die Form auf dem Rost in den vorgeheizten Backofen schieben. Die Muffins **etwa 25 Minuten backen.**

4. Die Form auf einen Kuchenrost stellen. Die Muffins etwa 5 Minuten in der Form abkühlen lassen. Anschließend vorsichtig aus der Form lösen und auf dem mit Backpapier belegten Kuchenrost erkalten lassen. Die erkalteten Muffins einmal waagerecht durchschneiden.

5. Für die Füllung Sahne mit Vanillin-Zucker und Sahnesteif steif schlagen, auf die unteren Muffinhälften geben, glatt streichen und die oberen Muffinhälften darauflegen.

6. Für den Guss das Saucenpulver nach Packungsanleitung – aber mit der hier angegebenen Menge Limonade – zubereiten. Die Sauce mithilfe eines Backpinsels auf den Muffins verstreichen, mit Kokosraspeln bestreuen. Die Muffins zugedeckt etwa 30 Minuten in den Kühlschrank stellen.

Kokos-Schoko-Cakes | Fein gefüllt

12 Stück

Pro Stück: E: 4 g, F: 22 g, Kh: 33 g, kJ: 1457, kcal: 348, BE: 3,0

Für den All-in-Teig:

175 g Weizenmehl
2 gestr. TL Dr. Oetker Backin
1 Pck. Saucenpulver Vanille-Geschmack zum Kochen
½ gestr. TL Natron
30 g Kokosraspel
125 g Zucker
2 Eier (Größe M)
75 ml Speiseöl, z. B. Sonnenblumenöl
75 ml Kokosmilch (aus der Dose)
150 g saure Sahne

12 Bounty Miniatures®

Zum Verzieren und Garnieren:

200 g Schlagsahne (mind. 30 % Fett)
1 Pck. Dr. Oetker Vanillin-Zucker
12 Bounty Miniatures®
2 EL geröstete Kokosraspel

evtl. 12 Muffin-Papierbackförmchen

Zubereitungszeit: 25 Minuten, ohne Abkühlzeit
Backzeit: etwa 30 Minuten

1. Den Backofen vorheizen.
Ober-/Unterhitze: etwa 180 °C
Heißluft: etwa 160 °C

2. Für den Teig Mehl mit Backpulver, Saucenpulver und Natron in einer Rührschüssel mischen. Die Kokosraspel, Zucker, Eier, Öl, Kokosmilch und saure Sahne hinzufügen. Die Zutaten mit einem Mixer (Rührstäbe) zunächst kurz auf niedrigster, dann auf höchster Stufe in etwa 2 Minuten zu einem glatten Teig verarbeiten.

3. Jeweils 1 Esslöffel von dem Teig in die Mulden einer Muffinform (für 12 Muffins, gefettet, gemehlt oder mit Papierbackförmchen ausgelegt) geben, je 1 Bounty darauflegen und mit dem restlichen Teig bedecken. Die Form auf dem Rost in den vorgeheizten Backofen schieben. Die Cakes **etwa 30 Minuten backen.**

4. Die Form auf einen Kuchenrost stellen. Die Cakes so lange in der Form stehen lassen, bis sie fast erkaltet sind. Anschließend vorsichtig aus der Form lösen und auf dem mit Backpapier belegten Kuchenrost vollständig erkalten lassen.

5. Zum Verzieren und Garnieren Sahne mit Vanillin-Zucker steif schlagen und in einen Spritzbeutel mit großer Sterntülle (Ø etwa 1 cm) füllen. Auf jeden Cake einen Tuff spritzen. Sahnetuff mit Bounty Miniatures® und Kokosraspeln garnieren.

® Registered trademark of MARS.

Konfetti-Muffins | Für Kinder

12 Stück

Pro Stück: E: 5 g, F: 15 g, Kh: 28 g, kJ: 1119, kcal: 267, BE: 2,5

150 g Weizenmehl
2 gestr. TL Dr. Oetker Backin
100 g Zucker
100 g abgezogene, gem. Mandeln
1 Prise Salz
150 ml Buttermilch
80 ml neutrales Speiseöl
2 Eier (Größe M)
150 g bunte Mini-Schokolinsen

Zubereitungszeit: 25 Minuten
Backzeit: etwa 25 Minuten

1. Den Backofen vorheizen.
Ober-/Unterhitze: etwa 180 °C
Heißluft: etwa 160 °C

2. Mehl, Backpulver, Zucker, gemahlene Mandeln und Salz in einer Rührschüssel mit einem Schneebesen verrühren.

3. Buttermilch, Speiseöl und Eier in einem Rührbecher mit dem Schneebesen verrühren. Die flüssigen Zutaten zu der Mehl-Mandel-Mischung in die Rührschüssel geben und zu einem glatten Teig verrühren. Die Schokolinsen mit einem Löffel unterrühren.

4. Den Teig in die Mulden einer Muffinform (für 12 Muffins, gefettet, gemehlt) geben und glatt streichen. Die Form auf dem Rost in den vorgeheizten Backofen schieben. Die Konfetti-Muffins **etwa 25 Minuten backen.**

5. Die Form auf einen Kuchenrost stellen. Konfetti-Muffins etwa 5 Minuten in der Form abkühlen lassen. Anschließend aus der Form lösen und auf dem Kuchenrost erkalten lassen.

Tipps: Wenn Sie keine Mini-Schokolinsen bekommen, nehmen Sie die großen und hacken diese in kleine Stücke. Nach Belieben zum Garnieren 50 g Vollmilch-Schokolade in Stücke brechen, mit 1/2 Teelöffel Speiseöl in einem kleinen Topf im Wasserbad bei schwacher Hitze unter Rühren schmelzen. Die Schokolade mit einem Teelöffel auf die erkalteten Muffins sprenkeln, mit 50 g Mini-Schokolinsen bestreuen. Schokolade fest werden lassen.

Korinthen-Mandel-Muffins

Klassisch – schnell

12 Stück

Pro Stück: E: 4 g, F: 16 g, Kh: 25 g, kJ: 1086, kcal: 259, BE: 2,0

Für den Teig:

120 g Weizenmehl
50 g zarte Haferflocken
100 g nicht abgezogene, gem. Mandeln
3 gestr. TL Dr. Oetker Backin
1 Prise Salz
100 g brauner Zucker
1 Pck. Dr. Oetker Finesse Geriebene Zitronenschale
150 g saure Sahne
75 ml Wasser
1 Ei (Größe M)
100 ml Speiseöl, z. B. Sonnenblumenöl
100 g Korinthen

Zum Bestäuben:

evtl. etwas Puderzucker

Zubereitungszeit: 15 Minuten, ohne Abkühlzeit
Backzeit: etwa 25 Minuten

1. Den Backofen vorheizen.
Ober-/Unterhitze: etwa 180 °C
Heißluft: etwa 160 °C

2. Für den Teig das Mehl mit Haferflocken, Mandeln, Backpulver, Salz, Zucker und Zitronenschale in einer Rührschüssel mit einem Schneebesen verrühren.

3. Saure Sahne, Wasser, Ei und Speiseöl in einem Rührbecher mit dem Schneebesen glatt rühren. Die flüssigen Zutaten zu der Mehl-Mandel-Mischung in die Rührschüssel geben und zu einem glatten Teig verrühren. Korinthen unterheben.

4. Den Teig in die Mulden einer Muffinform (für 12 Muffins, gefettet, gemehlt) geben und glatt streichen.

5. Die Form auf dem Rost in den vorgeheizten Backofen schieben. Die Korinthen-Mandel-Muffins **etwa 25 Minuten backen.**

6. Die Form auf einen Kuchenrost stellen. Die Muffins etwa 5 Minuten in der Form abkühlen lassen. Anschließend vorsichtig aus der Form lösen und auf dem Kuchenrost erkalten lassen.

7. Die Korinthen-Mandel-Muffins nach Belieben mit Puderzucker bestäuben.

Tipp: Anstelle der Korinthen können Sie auch 70 g getrocknete Sauerkirschen oder Cranberrys verwenden und fein gehackt unter den Teig heben. Diese Trockenfrüchte haben, auch wenn sie gesüßt sind, einen säuerlichen Geschmack.

Kürbis-Ingwer-Cupcakes

Wunderbar luftig

12 Stück

Pro Stück: E: 7 g, F: 12 g, Kh: 21 g, kJ: 933, kcal: 223, BE: 2,0

Zum Vorbereiten:

100 g Kürbisfruchtfleisch, z. B. Butternut- oder Muskat-Kürbis (vorbereitet gewogen)
100 g geschälte Kürbiskerne
50 g frischer Ingwer

Für den Teig:

2 Eiweiß (Größe M)
1 Prise Salz
2 Eigelb (Größe M)
100 g Zucker
100 g Joghurt (1,5 % Fett)
1 Pck. Dr. Oetker Finesse Orangenschalen-Aroma
120 g Weizenmehl
2 gestr. TL Dr. Oetker Backin

Für das Topping:

100 g saure Sahne (stichfest)
100 g Frischkäse (etwa 17 % Fett)
2 TL Puderzucker
125 g Schlagsahne (mind. 30 % Fett)

Zum Garnieren:

3 dünne Sesam-Krokant-Riegel (etwa 20 g)

Außerdem:

12 Muffin-Papierbackförmchen

Zubereitungszeit: 30 Minuten, ohne Abkühlzeit
Backzeit: 25–30 Minuten

1. Zum Vorbereiten den Kürbis schälen und fein reiben. Die Kürbiskerne im Blitzhacker fein mahlen. Ingwer schälen und fein reiben.

2. Den Backofen vorheizen.
Ober-/Unterhitze: etwa 180 °C
Heißluft: etwa 160 °C

3. Für den Teig Eiweiß und Salz mit einem Mixer (Rührstäbe) auf höchster Stufe steif schlagen. Der Schnee muss so fest sein, dass ein Messerschnitt sichtbar bleibt.

4. In einer anderen Schüssel Eigelb und den Zucker mit dem Mixer (Rührstäbe) dick-schaumig schlagen. Joghurt, Ingwer, Orangenschale und fein geriebenen Kürbis auf die Eigelbmasse geben und vorsichtig unterrühren.

5. Mehl mit Backpulver und den gemahlenen Kürbiskernen mischen, auf die Kürbis-Ingwer-Masse geben und vorsichtig unterheben. Zuletzt den Eischnee vorsichtig unterheben.

6. Dann den Teig in die Mulden einer Muffinform (für 12 Muffins, mit Papierbackförmchen ausgelegt) geben und glatt streichen.

7. Die Form auf dem Rost in den vorgeheizten Backofen schieben und die Kürbis-Ingwer-Cupcakes **25–30 Minuten backen.**

8. Die Form auf einen Kuchenrost stellen. Die Cupcakes etwa 5 Minuten in der Form abkühlen lassen. Anschließend aus der Form lösen und auf dem Kuchenrost erkalten lassen.

9. Für das Topping saure Sahne mit Frischkäse und Puderzucker glatt rühren. Die Sahne mit dem Mixer (Rührstäbe) steif schlagen und unterheben. Die Creme in Klecksen auf den Cupcakes verteilen.

10. Zum Garnieren jeden Riegel in 4 Stücke brechen. Die Cupcakes damit garnieren.

Rezeptvariante: Für **Möhren-Ingwer-Cupcakes** das Kürbisfruchtfleisch durch die gleiche Menge vorbereitete Möhren ersetzen. Hübsch sieht es aus, wenn Sie jeden Möhren-Ingwer-Cupcake mit einer Dekor-Möhre aus Marzipan (erhältlich in den Backabteilungen gut sortierter Supermärkte) garnieren.

Lachgesichter-Muffins | Für Kinder

12 Stück

Pro Stück: E: 4 g, F: 12 g, Kh: 34 g, kJ: 1090, kcal: 260, BE: 3,0

Für den All-in-Teig:

100 g Weizenmehl
2 Pck. Gala Vanille-Pudding-Pulver
3 gestr. TL Dr. Oetker Backin
120 g Zucker
4 Eier (Größe M)
100 g Butter oder Margarine (zimmerwarm)
3 EL Schlagsahne

Zum Verzieren und Garnieren:

70 g Puderzucker
2–3 TL Zitronensaft
einige Mini-Schokolinsen (etwa 100 g)

Zubereitungszeit: 35 Minuten, ohne Abkühlzeit
Backzeit: etwa 20 Minuten

1. Den Backofen vorheizen.
Ober-/Unterhitze: etwa 180 °C
Heißluft: etwa 160 °C

2. Für den Teig Mehl mit Pudding-Pulver und Backpulver in einer Rührschüssel mischen. Zucker, Eier, Butter oder Margarine und Sahne hinzufügen.

3. Die Zutaten mit einem Mixer (Rührstäbe) zunächst kurz auf niedrigster, dann auf höchster Stufe in etwa 2 Minuten zu einem glatten Teig verarbeiten.

4. Den Teig in die Mulden einer Muffinform (für 12 Muffins, gefettet, gemehlt) geben und glatt streichen.

5. Die Form auf dem Rost in den vorgeheizten Backofen schieben und die Muffins **etwa 20 Minuten backen.**

6. Die Form auf einen Kuchenrost stellen. Die Muffins etwa 10 Minuten in der Form abkühlen lassen. Anschließend vorsichtig aus der Form lösen und auf dem mit Backpapier belegten Kuchenrost erkalten lassen.

7. Zum Verzieren und Garnieren den Puderzucker mit Zitronensaft zu einer dickflüssigen Masse verrühren, in einen kleinen Gefrierbeutel füllen und eine kleine Ecke abschneiden. Auf die Muffins jeweils ein Gesicht spritzen und mit Schokolinsen garnieren. Den Guss trocknen lassen.

Lemoncurd-Cheesecakes I

Erfrischend

12 Stück

Pro Stück: E: 7 g, F: 17 g, Kh: 21 g, kJ: 1123, kcal: 270, BE: 2,0

Zum Vorbereiten:

1 große Bio-Zitrone (etwa 150 g, unbehandelt, ungewachst)

Für den Boden:

100 g Vollkorn-Butterkekse
70 g Butter

Für den Belag:

3 Eier (Größe M)
120 g Zucker
200 g Doppelrahm-Frischkäse (zimmerwarm)
1 EL Speisestärke
200 g Magerquark

Für das Topping:

200 g Doppelrahm-Frischkäse (zimmerwarm)
60 g Lemoncurd (Zitronencreme aus dem Glas)

Außerdem:

12 Muffin-Papierbackförmchen

Zubereitungszeit: 40 Minuten, ohne Abkühlzeit
Backzeit: 20–25 Minuten

1. Zum Vorbereiten die Zitrone heiß abwaschen und abtrocknen. Die Zitrone halbieren. Eine Hälfte zum Garnieren beiseitelegen. Von der anderen Hälfte die Schale fein abreiben und den Saft auspressen.

2. Den Backofen vorheizen.
Ober-/Unterhitze: etwa 180 °C
Heißluft: etwa 160 °C

3. Für den Boden die Vollkornkekse in einen Gefrierbeutel geben. Den Beutel fest verschließen. Die Kekse mit einer Teigrolle fein zerbröseln und in eine Rührschüssel geben. Butter in einem kleinen Topf zerlassen und zu den Keksbröseln geben. Die Zutaten gut vermischen. Den Bröselteig gleichmäßig in den Mulden einer Muffinform (für 12 Muffins, mit Papierbackförmchen ausgelegt) verteilen, mit einem Teelöffel vorsichtig darin zu flachen Böden andrücken.

4. Für den Belag Eier mit einem Mixer (Rührstäbe) auf höchster Stufe in etwa 1 Minute schaumig schlagen. Den Zucker einstreuen, dann noch etwa 4 Minuten schlagen. Frischkäse mit Zitronensaft, Speisestärke und Quark glatt rühren. Die Frischkäsemasse unter die Eiermasse rühren.

5. Den Frischkäse-Belag gleichmäßig in den Muffinmulden verteilen. Die Form auf dem Rost in den vorgeheizten Backofen schieben und die Cupcakes **20–25 Minuten backen.**

6. Die Form auf einen Kuchenrost stellen. Cupcakes etwa 10 Minuten in der Form abkühlen lassen. Anschließend aus der Form lösen und auf dem Kuchenrost erkalten lassen.

7. Für das Topping den Frischkäse glatt rühren. Den Lemoncurd kurz so unterrühren, dass eine Marmorierung entsteht. Auf jeden Cupcake einen Klecks Creme geben. Die beiseitegelegte Zitronenhälfte in Scheiben schneiden und jede Zitronenscheibe vierteln. Jeden Cupcake mit 1 Zitronenviertel garnieren.

Lemon-Tarte-Muffins | Erfrischend

12 Stück

Pro Stück: E: 4 g, F: 11 g, Kh: 30 g, kJ: 977, kcal: 233, BE: 2,5

Für den Knetteig:

175 g Weizenmehl
40 g Puderzucker
1 Prise Salz
1 Eigelb (Größe M)
100 g Butter oder Margarine (zimmerwarm)
1 EL Wasser

Für die Füllung:

1 Pck. Dr. Oetker Pudding-Pulver Vanille- oder Sahne-Geschmack
300 ml Wasser
100 ml Zitronensaft
100 g Zucker
1 Eiweiß (Größe M)
2 Eier (Größe M)
25 g Puderzucker
75 g Schmand (Sauerrahm)

etwas Puderzucker zum Bestäuben

Zubereitungszeit: 40 Minuten, ohne Abkühlzeit
Backzeit: etwa 35 Minuten

1. Für den Teig Mehl mit Puderzucker in einer Rührschüssel mischen. Salz, Eigelb und Butter oder Margarine hinzufügen. Die Zutaten mit einem Mixer (Knethaken) zunächst kurz auf niedrigster, dann auf höchster Stufe gut durcharbeiten. Wasser unterkneten.

2. Anschließend auf einer leicht bemehlten Arbeitsfläche zu einem Teig verkneten. Sollte er kleben, ihn in Frischhaltefolie gewickelt eine Zeit lang in den Kühlschrank legen.

3. Für die Füllung in der Zwischenzeit aus Pudding-Pulver, Wasser, Zitronensaft und Zucker einen Pudding nach Packungsanleitung – aber mit den hier angegebenen Zutaten und Mengen – zubereiten. Den Pudding in eine Schüssel füllen. Frischhaltefolie direkt auf die Puddingoberfläche legen, damit sich keine Haut bildet. Pudding erkalten lassen.

4. Den Backofen vorheizen.
Ober-/Unterhitze: etwa 180 °C
Heißluft: etwa 160 °C

5. Den Teig auf der leicht bemehlten Arbeitsfläche etwa 3 mm dick ausrollen. Mit einer runden Ausstechform 12 Kreise (Ø etwa 9 cm) ausstechen, in die Mulden einer Muffinform (für 12 Muffins, gefettet, gemehlt) legen und dabei den Rand etwas andrücken. Den Teigboden mit einer Gabel mehrmals einstechen.

6. Eiweiß, Eier, Puderzucker und Schmand mit dem Mixer (Rührstäbe) etwa 1 Minute schaumig rühren. Den Pudding esslöffelweise unterrühren. Füllung in den Mulden der Form verteilen. Die Form auf dem Rost in den vorgeheizten Backofen schieben. Die Lemon-Tarte-Muffins **etwa 35 Minuten backen.**

7. Die Form auf einen Kuchenrost stellen. Muffins in der Form fast erkalten lassen. Dann vorsichtig aus der Form lösen und auf dem mit Backpapier belegten Kuchenrost vollständig erkalten lassen.

8. Die Lemon-Tarte-Muffins mit Puderzucker bestäubt servieren.

Lila Heidelbeer-Cupcakes | Fruchtig

12 Stück

Pro Stück: E: 5 g, F: 11 g, Kh: 34 g, kJ: 1089, kcal: 261, BE: 3,0

Zum Vorbereiten:

80 g	*Butter oder Margarine*
1/2 TL	*frische Lavendelblüten (unbehandelt)*

Für den Teig:

280 ml	*Buttermilch*
120 g	*Zucker*
2	*Eier (Größe M)*
220 g	*Weizenmehl*
1 1/2 gestr. TL	*Dr. Oetker Backin*
1 Msp.	*Natron*
150 g	*TK-Heidelbeeren*

Für das Topping:

200 g	*Doppelrahm-Frischkäse (zimmerwarm)*
100 g	*Puderzucker*
einige Tropfen	*rote und blaue Speisefarbe*
12	*Lavendelblüten (unbehandelt)*

Außerdem:

12	*Muffin-Papierbackförmchen*

Zubereitungszeit: 40 Minuten, ohne Abkühlzeit
Backzeit: 25–30 Minuten

1. Zum Vorbereiten Butter oder Margarine zerlassen und etwas abkühlen lassen. Die Lavendelblüten abspülen, trocken tupfen und fein hacken.

2. Den Backofen vorheizen.
Ober-/Unterhitze: etwa 180 °C
Heißluft: etwa 160 °C

3. Für den Teig Buttermilch mit Zucker, Eiern und flüssiger Butter oder Margarine in eine Rührschüssel geben. Die Zutaten mit einem Schneebesen gut verrühren.

4. Mehl mit Backpulver, Natron und Lavendelblüten gut mischen und unter die Buttermilchmasse rühren. Zum Schluss die gefrorenen Heidelbeeren vorsichtig unter den Teig heben (nicht zu stark rühren, die Früchte färben sonst den Teig lila).

5. Den Teig in die Mulden einer Muffinform (für 12 Muffins, mit Papierbackförmchen ausgelegt) geben und glatt streichen. Die Form auf dem Rost in den vorgeheizten Backofen schieben. Die Cupcakes **25–30 Minuten backen.**

6. Die Form auf einen Kuchenrost stellen. Cupcakes etwa 5 Minuten in der Form abkühlen lassen. Anschließend aus der Form lösen und auf dem Kuchenrost erkalten lassen.

7. Für das Topping Frischkäse mit Puderzucker und Speisefarbe mit dem Mixer (Rührstäbe) auf mittlerer Stufe kurz zu einer lilafarbenen Creme verschlagen.

8. Zum Garnieren die Frischkäsecreme auf den Cupcakes verteilen und mit einem Messer glatt streichen. Die Lavendelblüten abspülen und trocken tupfen. Die Cupcakes mit den Lavendelblüten garnieren.

Lime-Cakes | Mit Alkohol

12 Stück

Pro Stück: E: 3 g, F: 31 g, Kh: 46 g, kJ: 2031, kcal: 486, BE: 4,0

Für den Teig:

1 Bio-Limette (unbehandelt, ungewachst)
2 Eiweiß (Größe M)
1 Prise Salz
180 g brauner Zucker
1 Ei (Größe M)
2 Eigelb (Größe M)
180 g Butter oder Margarine (zimmerwarm)
3 EL Speiseöl, z. B. Sonnenblumenöl
180 g Weizenmehl
40 g Speisestärke
1 gestr. TL Dr. Oetker Backin
4 EL brauner Rum

Für das Topping:

50 ml Getränkesirup Zitrone-Limette
200 ml kaltes Wasser
20 g Speisestärke
200 g Butter (zimmerwarm)
150 g Puderzucker
evtl. etwas grüne Speisefarbe
½ Bio-Limette (unbehandelt, ungewachst)
etwas feiner Zucker

Außerdem:

12 Muffin-Papierbackförmchen

Zubereitungszeit: 35 Minuten, ohne Abkühlzeit
Backzeit: etwa 30 Minuten

1. Den Backofen vorheizen.
Ober-/Unterhitze: etwa 180 °C
Heißluft: etwa 160 °C

2. Für den Teig die Limette heiß abwaschen und abtrocknen. Die Schale fein abreiben, die Limette beiseitelegen. Das Eiweiß mit dem Salz mit einem Mixer (Rührstäbe) auf höchster Stufe steif schlagen. Eischnee 3 Minuten weiterschlagen, dabei nach und nach zwei Drittel von dem braunen Zucker einrieseln lassen.

3. In einer anderen Schüssel Ei und Eigelb mit Butter oder Margarine, Speiseöl, Limettenschale und restlichem braunen Zucker schaumig rühren. Mehl mit Speisestärke und Backpulver mischen, abwechselnd mit dem Rum auf niedrigster Stufe kurz unterrühren. Eischnee in 2 Portionen kurz unterrühren.

4. Dann den Teig in die Mulden einer Muffinform (für 12 Muffins, mit Papierbackförmchen ausgelegt) geben und glatt streichen. Die Form auf dem Rost in den vorgeheizten Backofen schieben. Die Cupcakes **etwa 30 Minuten backen.**

5. Die Form auf einen Kuchenrost stellen. Cupcakes etwa 5 Minuten in der Form abkühlen lassen. Anschließend aus der Form lösen und auf dem Kuchenrost erkalten lassen.

6. Für das Topping die beiseitegelegte Limette auspressen. 2 Esslöffel Limettensaft mit Getränkesirup, Wasser und Speisestärke in einem Topf verrühren und unter Rühren kurz aufkochen lassen. Den Topf von der Kochstelle nehmen. Frischhaltefolie direkt auf die heiße Puddingoberfläche legen. Den Pudding auf Zimmertemperatur abkühlen lassen.

7. Die Butter mit dem Puderzucker mit dem Mixer (Rührstäbe) schaumig schlagen. Den abgekühlten Pudding nach und nach unterrühren, dabei darauf achten, dass Butter und Pudding Zimmertemperatur haben, da die Creme sonst gerinnt. Die Creme nach Belieben mit etwas Speisefarbe grün einfärben und in einen Spritzbeutel mit Sterntülle (Ø 12–15 mm) füllen. Auf jeden Cupcake einen dicken Tupfen Creme spritzen.

8. Die halbe Limette heiß abwaschen und abtrocknen. 3 gleichmäßige Scheiben abschneiden und diese vierteln. Die Viertel evtl. mit Küchenpapier abtupfen und dann in feinem Zucker wälzen. Die Cupcakes kurz vor dem Servieren damit garnieren.

Linzer Mandeltörtchen

Feiner Genuss

20 Stück

Pro Stück: E: 6 g, F: 20 g, Kh: 39 g, kJ: 1508, kcal: 360, BE: 3,5

Für den Teig:

200 g TK-Blätterteig
150 g Weizenmehl
100 g Butter
50 g Zucker
1 Pck. Dr. Oetker Vanillin-Zucker

Für die Füllung:

3 Eigelb (Größe M)
125 g Zucker
125 g Butter (zimmerwarm)
40 g Marzipan-Rohmasse, in hauchdünne Scheiben geschnitten
125 g Schlagsahne
½ Röhrchen Rum-Aroma
3 Tropfen Zitronen-Aroma
1 Pck. Dr. Oetker Bourbon-Vanille-Zucker
250 g Weizenmehl
2 gestr. TL Dr. Oetker Backin
3 Eiweiß (Größe M)
100 g abgezogene, gem. Mandeln

40 g gehobelte Mandeln

Zum Aprikotieren:

30 g Zucker
knapp 2 EL Wasser
50 g Aprikosenkonfitüre

Für den Guss:

50 g Puderzucker
etwas Wasser

20 Dekor-Rosen
20 Muffin-Papierbackförmchen

Zubereitungszeit: 50 Minuten, ohne Auftau- und Abkühlzeit
Backzeit: etwa 35 Minuten

1. Für den Teig den Blätterteig nach Packungsanleitung auftauen lassen.

2. Mehl in eine Rührschüssel geben. Butter, Zucker und Vanillin-Zucker hinzufügen. Die Zutaten mit einem Mixer (Knethaken) zunächst kurz auf niedrigster, dann auf höchster Stufe gut durcharbeiten. Anschließend auf einer leicht bemehlten Arbeitsfläche kurz zu einem Teig verkneten. Den Knetteig mit dem Blätterteig sorgfältig verkneten.

3. Den Teig auf der leicht bemehlten Arbeitsfläche dünn ausrollen. Aus dem Teig mit einer runden Ausstechform 20 Teigkreise (Ø etwa 10 cm) ausstechen. Die Teigkreise in die Mulden von 2 Muffinformen (für je 10 Muffins, mit Papierbackförmchen ausgelegt) geben und gut andrücken.

4. Den Backofen vorheizen.
Ober-/Unterhitze: etwa 180 °C
Heißluft: etwa 160 °C

5. Für die Füllung das Eigelb mit 40 g von dem Zucker sowie Butter und Marzipan mit einem Mixer (Rührstäbe) zunächst kurz auf niedrigster, dann auf höchster Stufe cremig schlagen. Die Hälfte der Sahne mit den Aromen und dem Vanille-Zucker hinzufügen, nochmals kurz schlagen. Mehl mit Backpulver mischen. Die Hälfte davon unterrühren.

6. Das Eiweiß mit restlichem Zucker steif schlagen. Restliche Sahne ebenfalls steif schlagen. Eischnee und Sahne auf die Eigelbmasse geben. Das restliche Mehlgemisch mit den Mandeln daraufgeben und alles vorsichtig unterheben. Die Füllung in die Muffinmulden geben, glatt streichen und mit gehobelten Mandeln bestreuen. Die Formen nacheinander (bei Heißluft zusammen) auf dem Rost in den vorgeheizten Backofen schieben. Die Törtchen **etwa 35 Minuten backen.**

7. Die Formen auf Kuchenroste stellen. Die Mandeltörtchen etwa 10 Minuten in den Formen abkühlen lassen. Anschließend aus den Formen lösen und auf den Kuchenrosten erkalten lassen.

8. Zum Aprikotieren Zucker und Wasser unter Rühren in einem kleinen Topf erhitzen, bis der Zucker

gelöst ist. Die Aprikosenkonfitüre durch ein Sieb dazustreichen, dann so lange unter Rühren kochen, bis die Masse anfängt dicklich zu werden. Die erkalteten Törtchen damit bestreichen.

9. Für den Guss Puderzucker mit Wasser zu einer dünnflüssigen Masse verrühren. Die Törtchen damit bestreichen und nach Belieben mit Röschen garnieren.

Macadamia-Cheesecakes

Extra knusprig

12 Stück

Pro Stück: E: 7 g, F: 37 g, Kh: 39 g, kJ: 2153, kcal: 515, BE: 3,0

Für den Teig:

3 Eiweiß (Größe M)
1 Prise Salz
150 g Zucker
3 Eigelb (Größe M)
100 g Butter oder Margarine (zimmerwarm)
200 g Doppelrahm-Frischkäse
1 Pck. Dr. Oetker Vanillin-Zucker
180 g Weizenmehl
2 gestr. TL Dr. Oetker Backin

Für das Fudge:

100 g Macadamia-Nusskerne, geröstet und gesalzen
120 g Zucker
40 g Butter
70 g Schlagsahne

Für das Topping:

350 g Schlagsahne (mind. 30 % Fett)
1 gestr. EL Puderzucker
2 Pck. Sahnesteif
50 g Crème fraîche

Zum Garnieren:

50 g Zartbitter-Schokolade

Außerdem:

12 Muffin-Papierbackförmchen

Zubereitungszeit: 70 Minuten, ohne Abkühlzeit
Backzeit: etwa 40 Minuten

1. Den Backofen vorheizen.
Ober-/Unterhitze: etwa 160 °C
Heißluft: etwa 140 °C

2. Für den Teig Eiweiß und Salz in einer Rührschüssel mit einem Mixer (Rührstäbe) auf höchster Stufe steif schlagen. Eischnee 3 Minuten weiterschlagen, dabei nach und nach die Hälfte des Zuckers einrieseln lassen.

3. In einer anderen Schüssel Eigelb mit Butter oder Margarine, Frischkäse, restlichem Zucker und Vanillin-Zucker schaumig rühren. Mehl mit Backpulver mischen, kurz unterrühren. Eischnee in 2 Portionen auf niedrigster Stufe kurz unterrühren.

4. Dann den Teig in die Mulden einer Muffinform (für 12 Muffins, mit Papierbackförmchen ausgelegt) geben und glatt streichen.

5. Die Form auf dem Rost in den vorgeheizten Backofen schieben und die Cupcakes **etwa 40 Minuten backen.**

6. Die Form auf einen Kuchenrost stellen. Cupcakes etwa 5 Minuten in der Form abkühlen lassen. Anschließend aus der Form lösen und auf dem Kuchenrost erkalten lassen.

7. Für das Fudge inzwischen einen großen Teller oder ein Holzbrett mit Backpapier belegen. Die Macadamia-Nusskerne hacken. Zucker mit Butter und Sahne in einem Edelstahltopf langsam erhitzen, bis der Zucker geschmolzen ist. Die Masse aufkochen lassen, dann weiterkochen, bis die Masse beginnt hellbraun zu werden. Dabei die Zuckermasse immer wieder mit einem hitzebeständigen Pfannenwender vom Topfboden lösen.

8. Ist die Zuckermasse hellbraun, den Topf sofort von der Kochstelle nehmen, gehackte Nüsse in den Topf geben und weiterrühren, bis alles gut gemischt ist. Dabei verändert sich die Konsistenz der Masse, sie wird trübe und am Rand etwas krümelig.

9. Die Masse auf den vorbereiteten Teller bzw. das Holzbrett geben, glatt streichen und erkalten lassen. Das Fudge erst in Stücke brechen, dann mit den Händen zerbröseln.

10. Für das Topping die Sahne kurz aufschlagen. Den Puderzucker mit Sahnesteif mischen, nach und nach einstreuen, dabei die Sahne steif schlagen. Crème

fraîche kurz unterrühren und zwei Drittel der Fudge-Brösel unterheben.

11. Das Topping auf den Cupcakes verteilen und mit einem Messer turmförmig aufstreichen, die Spitze flach streichen und mit restlichem Fudge bestreuen. Fudge leicht andrücken.

12. Zum Garnieren die Schokolade in kleine Stücke brechen und im Wasserbad bei schwacher Hitze unter Rühren schmelzen. Schokolade in einen kleinen Gefrierbeutel füllen und eine kleine Ecke abschneiden. Die Cupcakes mit der Schokolade besprenkeln. Cupcakes etwa 15 Minuten in den Kühlschrank stellen.

Mandarinen-Cakes | Für Kinder

12 Stück

Pro Stück: E: 5 g, F: 22 g, Kh: 44 g, kJ: 1660, kcal: 396, BE: 3,5

Zum Vorbereiten für das Topping:

20 g Speisestärke
1 EL Zucker
200 ml Maracuja-Nektar

Für den Teig:

150 g Butter oder Margarine (zimmerwarm)
2 EL Speiseöl, z. B. Keimöl
180 g Zucker
1 Prise Salz
3 Eier (Größe M)
200 g Weizenmehl
30 g Speisestärke
2 gestr. TL Dr. Oetker Backin
175 g abgetropfte Mandarinenspalten (aus der Dose)

Für das Topping:

100 g Doppelrahm-Frischkäse (zimmerwarm)
200 g Schlagsahne (mind. 30 % Fett)
40 g Puderzucker
1 Pck. Sahnesteif

Zum Garnieren:

buntes Popcorn (für 6 Cakes etwa 20 g)
buntes Fruchtgummi (für 6 Cakes etwa 50 g)

Außerdem:

12 Muffin-Papierbackförmchen

Zubereitungszeit: 40 Minuten, ohne Kühlzeit
Backzeit: etwa 35 Minuten

1. Zum Vorbereiten für das Topping die Speisestärke mit Zucker mischen und mit 4 Esslöffeln des Nektars verrühren. Restlichen Nektar in einem Topf aufkochen lassen. Topf von der Kochstelle nehmen und angerührte Speisestärke einrühren. Pudding unter Rühren etwa 1 Minute kochen lassen. Frischhaltefolie direkt auf die Oberfläche des Puddings legen, damit sich keine Haut bildet. Den Pudding auf Zimmertemperatur abkühlen lassen.

2. In der Zwischenzeit den Backofen vorheizen.
Ober-/Unterhitze: etwa 180 °C
Heißluft: etwa 160 °C

3. Für den Teig Butter oder Margarine und Speiseöl mit einem Mixer (Rührstäbe) auf höchster Stufe geschmeidig rühren. Nach und nach Zucker und Salz unterrühren. So lange rühren, bis eine gebundene Masse entstanden ist.

4. Eier nach und nach unterrühren (jedes Ei etwa ½ Minute). Mehl mit Speisestärke und Backpulver mischen. Mehlgemisch in 2 Portionen abwechselnd mit den abgetropften Mandarinen auf mittlerer Stufe kurz unterrühren (dabei werden die Mandarinen etwas zerkleinert).

5. Den Teig in die Mulden einer Muffinform (für 12 Muffins, mit Papierbackförmchen ausgelegt) geben und glatt streichen. Die Form auf dem Rost in den vorgeheizten Backofen schieben. Die Cupcakes **etwa 35 Minuten backen.**

6. Die Form auf einen Kuchenrost stellen. Die Cupcakes etwa 5 Minuten in der Form abkühlen lassen. Anschließend aus der Form lösen und auf dem Kuchenrost erkalten lassen.

7. Für das Topping Frischkäse cremig aufschlagen. Maracuja-Pudding esslöffelweise unterrühren, dabei darauf achten, dass Frischkäse und Pudding Zimmertemperatur haben, da die Creme sonst gerinnt. In einem Rührbecher Sahne kurz aufschlagen. Puderzucker mit Sahnesteif mischen und langsam einstreuen, dabei die Sahne steif schlagen. Sahne unter die Creme heben. Das Topping mit einem Löffel auf den Cupcakes verteilen. Die Cupcakes etwa 15 Minuten in den Kühlschrank stellen.

8. Zum Garnieren die Cupcakes kurz vor dem Servieren mit Popcorn und Fruchtgummi belegen.

Mandarinen-Krokant-Muffins

Wunderbar saftig

12 Stück

Pro Stück: E: 4 g, F: 9 g, Kh: 42 g, kJ: 1104, kcal: 264, BE: 3,5

Für den All-in-Teig:

300 g Weizenmehl
2 gestr. TL Dr. Oetker Backin
150 g Zucker
1 Pck. Dr. Oetker Bourbon-Vanille-Zucker
1 Prise Salz
1 Ei (Größe M)
175 ml Milch (3,5 % Fett)
70 ml Speiseöl, z. B. Rapsöl

175 g abgetropfte Mandarinenspalten (aus der Dose)
100 g Haselnuss-Krokant

Außerdem:

12 Muffin-Papierbackförmchen

Zubereitungszeit: 35 Minuten, ohne Abkühlzeit
Backzeit: etwa 30 Minuten

1. Den Backofen vorheizen.
Ober-/Unterhitze: etwa 180 °C
Heißluft: etwa 160 °C

2. Für den Teig Mehl mit Backpulver in einer Rührschüssel mischen. Zucker, Vanille-Zucker, Salz, Ei, Milch und Speiseöl hinzufügen.

3. Die Zutaten mit einem Mixer (Rührstäbe) zunächst kurz auf niedrigster, dann auf höchster Stufe in etwa 2 Minuten zu einem glatten Teig verarbeiten.

4. Jeweils die Hälfte von den Mandarinen und von dem Krokant vorsichtig unterrühren.

5. Den All-in-Teig in die Mulden einer Muffinform (für 12 Muffins, mit Papierbackförmchen ausgelegt) geben und glatt streichen. Restlichen Krokant und Mandarinen auf dem Teig verteilen.

6. Die Form auf dem Rost in den vorgeheizten Backofen schieben. Muffins **etwa 30 Minuten backen.**

7. Die Form auf einen Kuchenrost stellen. Die Muffins etwa 5 Minuten in der Form abkühlen lassen. Anschließend aus der Form lösen und auf dem Kuchenrost erkalten lassen.

Mandarinen-Milchreis-Muffins

Fettarm – für Kinder

12 Stück

Pro Stück: E: 6 g, F: 6 g, Kh: 33 g, kJ: 884, kcal: 211, BE: 3,0

Für den Quark-Öl-Teig:

200 g Weizenmehl
2 gestr. TL Dr. Oetker Backin
125 g Magerquark
3 EL Milch
4 EL Speiseöl, z. B. Sonnenblumenöl
50 g Zucker
1 Pck. Dr. Oetker Vanillin-Zucker
1 Prise Salz

Für den Belag:

1 Pck. Milchreis nach klassischer Art (125 g)
400 ml Milch (1,5 % Fett)
1 Pck. Dr. Oetker Finesse Geriebene Zitronenschale
2 Eier (Größe M)
175 g abgetropfte Mandarinenspalten (aus der Dose)

Zum Bestreichen und Bestreuen:

etwas Milch
etwas Zimt-Zucker

Zubereitungszeit: 50 Minuten
Backzeit: etwa 30 Minuten

1. Für den Teig Mehl mit Backpulver in einer Rührschüssel mischen. Quark, Milch, Speiseöl, Zucker, Vanillin-Zucker und Salz hinzufügen. Die Zutaten mit einem Mixer (Knethaken) auf niedrigster, dann auf höchster Stufe in etwa 1 Minute zu einem Teig verarbeiten (nicht zu lange, Teig klebt sonst).

2. Anschließend den Teig auf einer leicht bemehlten Arbeitsfläche etwa 3 mm ausrollen. Aus der Teigplatte mit einer runden Ausstechform 12 Kreise (Ø etwa 9 cm) ausstechen. Die Teigkreise in die Mulden einer Muffinform (für 12 Muffins, gefettet, gemehlt) legen, dabei den Rand etwas hochdrücken.

3. Den restlichen Teig zusammenkneten, zu einem Rechteck (etwa 12 x 14 cm) ausrollen. Das Teigrechteck mit einem Teigrädchen oder einem Messer in 24 Streifen (etwa ½ x 14 cm) schneiden. Jeweils 2 Teigstreifen in der Mitte miteinander verknoten und beiseitelegen.

4. Den Backofen vorheizen.
Ober-/Unterhitze: etwa 180 °C
Heißluft: etwa 160 °C

5. Für den Belag aus Milchreis und Milch nach Packungsanleitung – aber mit der hier angegebenen Menge Milch – einen Milchreis zubereiten. Den Milchreis unter Rühren abkühlen lassen. Anschließend Zitronenschale und Eier sorgfältig unterrühren. Zuletzt die Mandarinen unterheben.

6. Den Mandarinen-Milchreis auf dem Teig in den Muffinmulden verteilen und jeweils mit einem Teigknoten belegen. Die Teigknoten mit Milch bestreichen und mit Zimt-Zucker bestreuen. Die Form auf dem Rost in den vorgeheizten Backofen schieben. Die Muffins **etwa 30 Minuten backen.**

7. Die Form auf einen Kuchenrost stellen. Die Muffins etwa 10 Minuten in der Form abkühlen lassen. Anschließend aus der Form lösen und auf dem Kuchenrost erkalten lassen.

Mandarinen-Muffins mit Frischkäsecreme

Fruchtig

12 Stück

Pro Stück: E: 7 g, F: 10 g, Kh: 32 g, kJ: 1029, kcal: 246, BE: 2,5

Für den Schüttelteig:

150 g Weizenmehl
20 g Speisestärke
2 gestr. TL Dr. Oetker Backin
120 g Zucker
2 gestr. TL Dr. Oetker Finesse Orangenschalen-Aroma
3 Eier (Größe M)
5 EL neutrales Speiseöl, z. B. Rapsöl
6 EL Orangensaft

Für die Frischkäsecreme:

3 Blatt weiße Gelatine
300 g körniger Frischkäse
100 g Schlagsahne (mind. 30 % Fett)
2 EL Puderzucker
100 g Orangenmarmelade
175 g abgetropfte Mandarinenspalten, natursüß (aus der Dose)

Zum Bestreuen:

evtl. Zimt-Zucker

Zubereitungszeit: 20 Minuten, ohne Kühlzeit
Backzeit: 25–30 Minuten

1. Den Backofen vorheizen.
Ober-/Unterhitze: etwa 180 °C
Heißluft: etwa 160 °C

2. Für den Teig Mehl mit Speisestärke und Backpulver mischen, in eine verschließbare Schüssel (etwa 3 l) geben, mit Zucker und Aroma mischen. Eier, Speiseöl und Orangensaft hinzufügen und die Schüssel mit dem Deckel fest verschließen. Schüssel mehrmals kräftig schütteln (insgesamt 15–30 Sekunden), sodass alle Zutaten gut vermischt sind.

3. Alles mit einem Schneebesen oder Rührlöffel nochmals sorgfältig durchrühren, damit trockene Zutaten vom Rand mit untergerührt werden.

4. Den Teig in die Mulden einer Muffinform (für 12 Muffins, gefettet, gemehlt) geben und glatt streichen. Die Form auf dem Rost in den vorgeheizten Backofen schieben. Die Muffins **25–30 Minuten backen.**

5. Die Form auf einen Kuchenrost stellen. Die Muffins etwa 10 Minuten in der Form abkühlen lassen. Anschließend aus der Form lösen und auf dem Kuchenrost erkalten lassen.

6. Für die Frischkäsecreme Gelatine nach Packungsanleitung einweichen. Die Gelatine leicht ausdrücken und in einem kleinen Topf bei schwacher Hitze unter Rühren auflösen. Die aufgelöste Gelatine zuerst mit etwa 3 Esslöffeln des Frischkäses verrühren, dann unter den restlichen Frischkäse rühren.

7. Sahne mit Puderzucker steif schlagen und unterheben. Die Frischkäsecreme zugedeckt in den Kühlschrank stellen.

8. Marmelade in einem Topf unter Rühren kräftig aufkochen. Die Mandarinen vorsichtig unterrühren. Die Masse mit einem Löffel auf den Muffins verteilen. Die im Topf verbliebene Marmelade darauf träufeln. Muffins erkalten lassen.

9. Von der Frischkäsecreme mit einem kalt ausgespülten Eiskugelportionierer (Ø etwa 5 cm) Halbkugeln ausstechen und zu den Muffins servieren. Die Muffins nach Belieben mit Zimt-Zucker bestreuen.

Mandel-Krokant-Muffins

Extra knusprig

12 Stück

Pro Stück: E: 6 g, F: 14 g, Kh: 30 g, kJ: 1124, kcal: 268, BE: 2,5

Für die Mandel-Krokant-Masse:

100 g gestiftelte Mandeln
50 g gehobelte Mandeln
100 g Zucker
2 EL flüssiger Honig
50 g Butter
1 Prise gem. Zimt

Für den Quark-Öl-Teig:

200 g Weizenmehl
2 gestr. TL Dr. Oetker Backin
125 g Magerquark
3 EL Milch
4 EL Speiseöl, z. B. Sonnenblumenöl
50 g Zucker
1 Pck. Dr. Oetker Vanillin-Zucker
3 Tropfen Butter-Vanille-Aroma
1 TL Dr. Oetker Finesse Geriebene Zitronenschale
1 Prise Salz

Außerdem:

12 Muffin-Papierbackförmchen

Zubereitungszeit: 50 Minuten, ohne Abkühlzeit
Backzeit: 20–25 Minuten

1. Für die Mandel-Krokant-Masse alle Mandeln in einer Pfanne ohne Fett unter Wenden goldbraun rösten und auf einen Teller geben. Den Zucker in die Pfanne geben und unter Rühren darin schmelzen lassen. Honig, Butter, Zimt und geröstete Mandeln hinzugeben und unterrühren. Die Krokantmasse auf ein Stück Backpapier geben und etwas abkühlen lassen.

2. In der Zwischenzeit für den Teig Mehl mit Backpulver in einer Rührschüssel mischen. Quark, Milch, Öl, Zucker, Vanillin-Zucker, Aroma, Zitronenschale und Salz hinzufügen. Die Zutaten mit einem Mixer (Knethaken) auf niedrigster, dann auf höchster Stufe

in etwa 1 Minute zu einem Teig verarbeiten (nicht zu lange, Teig klebt sonst).

3. Den Backofen vorheizen.
Ober-/Unterhitze: etwa 180 °C
Heißluft: etwa 160 °C

4. Den Teig auf einer leicht bemehlten Arbeitsfläche erst zu einer Rolle formen, dann zu einem Rechteck (etwa 36 x 25 cm) ausrollen. Krokant grob zerstoßen und auf dem Teig verteilen. Das Teigrechteck von der langen Seite aus fest aufrollen. Die Teigrolle in 12 gleich große Scheiben schneiden.

5. Die Teigscheiben mit der Schnittfläche nach oben in die Mulden einer Muffinform (für 12 Muffins, mit Papierbackförmchen ausgelegt) setzen. Die evtl. von der Krokantmasse übrig gebliebene flüssige Butter auf die Muffins träufeln. Die Form auf dem Rost in den vorgeheizten Backofen schieben. Die Mandel-Krokant-Muffins **20–25 Minuten backen.**

6. Die Form auf einen Kuchenrost stellen. Die Mandel-Krokant-Muffins etwa 10 Minuten in der Form abkühlen lassen. Anschließend aus der Form lösen und auf dem Kuchenrost erkalten lassen.

Mango-Maracuja-Muffins

Exotisch

12 Stück

Pro Stück: E: 3 g, F: 9 g, Kh: 41 g, kJ: 1070, kcal: 256, BE: 3,5

Für den Teig:

1 reife Mango
200 g Weizenmehl
30 g Speisestärke
3 gestr. TL Dr. Oetker Backin
1 Prise Salz
120 g Zucker
150 ml Mango-Maracuja-Nektar
80 ml Speiseöl, z. B. Distelöl
1 Ei (Größe M)

Für den Guss:

150 g Puderzucker
1 EL Mango-Maracuja-Nektar
2–3 TL Zitronensaft
1 EL gehackte Pistazienkerne

Außerdem:

12 Muffin-Papierbackförmchen

Zubereitungszeit: 25 Minuten, ohne Abkühlzeit
Backzeit: etwa 25 Minuten

1. Den Backofen vorheizen.
Ober-/Unterhitze: etwa 180 °C
Heißluft: etwa 160 °C

2. Für den Teig Mango halbieren. Das Fruchtfleisch vom Stein schneiden und schälen. Die Mango zuerst in breite Streifen schneiden, dann in etwa ½ cm große Würfel schneiden (ergibt etwa 200 g).

3. Mehl mit Speisestärke, Backpulver, Salz und Zucker in einer Rührschüssel mit einem Schneebesen verrühren. Nektar, Speiseöl und Ei in einem Rührbecher mit dem Schneebesen verrühren.

4. Die flüssigen Zutaten zu der Mehlmischung in die Rührschüssel geben und zu einem glatten Teig verrühren. Mangowürfel unterheben.

5. Dann den Teig in die Mulden einer Muffinform (für 12 Muffins, mit Papierbackförmchen ausgelegt) geben und glatt streichen. Die Form auf dem Rost in den vorgeheizten Backofen schieben. Mango-Maracuja-Muffins **etwa 25 Minuten backen.**

6. Die Form auf einen Kuchenrost stellen. Mango-Maracuja-Muffins etwa 5 Minuten in der Form abkühlen lassen. Anschließend aus der Form lösen und auf dem Kuchenrost erkalten lassen.

7. Für den Guss Puderzucker mit Nektar und Zitronensaft zu einer dickflüssigen Masse verrühren, mit einem Teelöffel auf die Muffins streichen und sofort mit Pistazienkernen bestreuen. Guss trocknen lassen.

Tipps: Wenn Sie keine frische Mango bekommen, können Sie auch 200 g abgetropfte Mangoscheiben (aus der Dose) verwenden. Als Alternative eignen sich auch 200 g abgetropfte, klein geschnittene Ananasstücke (aus der Dose).

Marienkäfer I

Für Kinder

12 Stück

Pro Stück: E: 5 g, F: 19 g, Kh: 52 g, kJ: 2159, kcal: 401, BE: 4,5

Für den Rührteig:

180 g Butter oder Margarine (zimmerwarm)
180 g Zucker
1 Pck. Dr. Oetker Vanillin-Zucker
1 Pck. Dr. Oetker Finesse Geriebene Zitronenschale
3 Eier (Größe M)
150 ml Multivitaminsaft
375 g Weizenmehl
3 gestr. TL Dr. Oetker Backin

Für den Guss:

50 g Puderzucker
3 TL Wasser
etwas rote Speisefarbe
braune Zuckerschrift

Für die Füllung:

1 Pck. Backfeste Puddingcreme
125 g kalte Schlagsahne (mind. 30 % Fett)
125 ml Multivitaminsaft

12 Schokogebäckstangen

Zubereitungszeit: 50 Minuten, ohne Abkühlzeit
Backzeit: etwa 30 Minuten

1. Den Backofen vorheizen.
Ober-/Unterhitze: etwa 180 °C
Heißluft: etwa 160 °C

2. Für den Teig die Butter oder Margarine mit einem Mixer (Rührstäbe) auf höchster Stufe geschmeidig rühren.

3. Nach und nach Zucker, Vanillin-Zucker und Zitronenschale unterrühren. So lange rühren, bis eine gebundene Masse entstanden ist.

4. Eier nach und nach unterrühren (jedes Ei etwa 1/2 Minute). Anschließend den Multivitaminsaft unterrühren. Mehl mit Backpulver mischen und in 2 Portionen auf mittlerer Stufe kurz unterrühren.

5. Den Teig in die Mulden einer Muffinform (für 12 Muffins, gefettet, gemehlt) geben und glatt streichen. Die Form auf dem Rost in den vorgeheizten Backofen (unteres Drittel) schieben. Die Cupcakes **etwa 30 Minuten backen.**

6. Die Form auf einen Kuchenrost stellen. Cupcakes etwa 5 Minuten in der Form abkühlen lassen. Anschließend aus der Form lösen und auf dem Kuchenrost erkalten lassen.

7. Von jedem Cupcake waagerecht einen dicken Deckel abschneiden. Dann den Deckel so in 2 Teile schneiden, dass ein Teil größer als der andere ist.

8. Für den Guss Puderzucker mit Wasser zu einem dickflüssigen Guss verrühren. Den Guss mit roter Speisefarbe einfärben und den größeren Teil des Deckels mithilfe eines Messers mit dem roten Guss bestreichen.

9. Mit der braunen Zuckerschrift Punkte auf den Guss und auf den kleineren Teil des Deckels ein Gesicht malen.

10. Den mit Guss bestrichenen Deckel in der Mitte noch einmal durchschneiden, sodass „Flügel“ entstehen.

11. Für die Füllung Puddingcreme nach Packungsanleitung – aber nur mit 125 g Sahne und 125 ml Multivitaminsaft – zubereiten.

12. Die Creme sofort in einen Gefrierbeutel füllen. Den Beutel fest verschließen, eine Ecke abschneiden und die Creme gleichmäßig auf die Unterteile der Cupcakes spritzen. Anschließend das „Gesicht“ und die „Flügel“ auf die Creme setzen.

13. Die Gebäckstangen in etwa 5 cm lange Stücke teilen und pro Käfer jeweils 2 Stücke als „Fühler“ in die Creme stecken.

Marshmallow-Rhabarber-Cakes

Raffiniert

12 Stück

Pro Stück: E: 4 g, F: 28 g, Kh: 49 g, kJ: 1946, kcal: 465, BE: 4,0

Zum Vorbereiten:

500 g Rhabarber
60 g Zucker

Für den Rührteig:

200 g Butter oder Margarine (zimmerwarm)
180 g Zucker
1 Prise Salz
3 Eier (Größe M)
150 g Weizenmehl
1 Pck. Dr. Oetker Pudding-Pulver Vanille-Geschmack
2 gestr. TL Dr. Oetker Backin
75 g saure Sahne

Für das Topping:

etwas Wasser
1 Pck. ungezuckerter Tortenguss, rot
2 EL Zucker
170 g Butter (zimmerwarm)
100 g Puderzucker
75 g weiße Mini-Marshmallows

Außerdem:

12 Muffin-Papierbackförmchen

Zubereitungszeit: 35 Minuten, ohne Abkühlzeit
Backzeit: etwa 30 Minuten

1. Zum Vorbereiten den Rhabarber putzen, abspülen, abtropfen lassen und in etwa 1 cm lange Stücke schneiden. Rhabarberstücke und Zucker in einem Topf mischen und etwa 15 Minuten Saft ziehen lassen.

2. Rhabarber bei mittlerer Hitze aufkochen lassen, dann zugedeckt etwa 5 Minuten bei schwacher Hitze dünsten, dabei gelegentlich umrühren. Anschließend Rhabarber in einem Sieb mindestens 60 Minuten abkühlen und abtropfen lassen, dabei den Saft auffangen.

3. Den Backofen vorheizen.
Ober-/Unterhitze: etwa 180 °C
Heißluft: etwa 160 °C

4. Für den Teig Butter oder Margarine mit einem Mixer (Rührstäbe) auf höchster Stufe geschmeidig rühren. Nach und nach Zucker und Salz unterrühren. So lange rühren, bis eine gebundene Masse entstanden ist.

5. Eier nach und nach unterrühren (jedes Ei etwa ½ Minute). Mehl mit Pudding-Pulver und Backpulver mischen und in 2 Portionen abwechselnd mit der sauren Sahne unterrühren.

6. Den Rührteig in die Mulden einer Muffinform (für 12 Muffins, mit Papierbackförmchen ausgelegt) geben und glatt streichen. Die Form auf dem Rost in den vorgeheizten Backofen schieben. Die Cakes **etwa 30 Minuten backen.**

7. Die Form auf einen Kuchenrost stellen. Cakes etwa 5 Minuten in der Form abkühlen lassen. Anschließend aus der Form lösen und auf dem Kuchenrost erkalten lassen.

8. Für das Topping den kalten Rhabarbersaft (etwa 100 ml) mit Wasser auf 150 ml Flüssigkeit auffüllen. Tortengusspulver mit Zucker in einem kleinen Topf mischen. Nach und nach die abgemessene Flüssigkeit unterrühren. Die Flüssigkeit unter Rühren zum Kochen bringen und kurz aufkochen lassen. Den Topf von der Kochstelle nehmen, den abgetropften Rhabarber unterrühren. Die Rhabarbermasse erkalten lassen.

9. Die Butter mit dem Mixer (Rührstäbe) schaumig rühren. Puderzucker in 2 Portionen dazugeben. Die Masse zu einer Creme aufschlagen. Die Rhabarbermasse esslöffelweise unterrühren.

10. Die Creme auf den Cupcakes verteilen und mit einem Messer kuppelförmig verstreichen. Je Cupcake 7–10 Mini-Marshmallows tief in die Creme drücken.

Mascarpone-Espresso-Cupcakes

Mit Alkohol

12 Stück

Pro Stück: E: 5 g, F: 16 g, Kh: 25 g, kJ: 1102, kcal: 263, BE: 2,0

Für den Teig:

3 Eier (Größe M)
1 Eigelb (Größe M)
50 g Zucker
6 gestr. TL Instant-Espresso-Pulver
150 g Weizenmehl
2 gestr. TL Dr. Oetker Backin

Zum Beträufeln:

2 EL Kaffeesirup

Für das Topping:

400 g Mascarpone (ital. Frischkäse) / griechische Joghurt
2 EL Amaretto (ital. Mandellikör)
50 g Puderzucker

Zum Betreuen und Bestäuben:

30 g Amarettini (ital. Mandelmakronen)
2 gestr. TL Kakao zum Backen

Außerdem:

12 Muffin-Papierbackförmchen
1 Holzstäbchen (Schaschlikspieß)

Zubereitungszeit: 30 Minuten, ohne Kühlzeit
Backzeit: etwa 15 Minuten

1. Den Backofen vorheizen.
Ober-/Unterhitze: etwa 200 °C
Heißluft: etwa 180 °C

2. Für den Teig die Eier und das Eigelb mit einem Mixer (Rührstäbe) auf höchster Stufe etwa 3 Minuten schaumig schlagen. Zucker und Espresso-Pulver unter Rühren einstreuen, dann noch weitere 3 Minuten schlagen.

3. Mehl mit Backpulver vermischen. Mehlmischung auf die Eiercreme geben und vorsichtig unterheben.

4. Dann den Teig in die Mulden einer Muffinform (für 12 Muffins, mit Papierbackförmchen ausgelegt) geben und glatt streichen.

5. Form auf dem Rost in den vorgeheizten Backofen schieben. Die Cupcakes **etwa 15 Minuten backen.**

6. Die Form auf einen Kuchenrost stellen. In die Oberfläche der Cupcakes mit dem Holzstäbchen Löcher stechen. Die Cupcakes mit dem Kaffeesirup beträufeln. Die Cupcakes in der Form erkalten lassen, dann aus der Form lösen.

7. Für das Topping Mascarpone mit Amaretto und Puderzucker sorgfältig verrühren. Die Mascarponecreme in einen Spritzbeutel mit Sterntülle (Ø etwa 1 cm) geben und in dicken Tupfen auf die Cupcakes spritzen.

8. Amarettini in einen Gefrierbeutel geben. Den Beutel fest verschließen. Amarettini mit einer Teigrolle oder mit Händen grob zerbröseln. Die Cupcakes damit bestreuen und mit Kakaopulver bestäuben.

Tipps: Möchten Sie auf Alkohol verzichten, können Sie den Amaretto durch Amarettosirup ersetzen. Für einen noch intensiveren Kaffeegeschmack bestreuen Sie die Cupcakes statt mit Kakao mit Instant-Espresso-Pulver.

x Schnee schlagen
x Muffin doppelte Menge wegen Muffin form Silik...

Maulwurf-Muffins

Für Gäste – raffiniert

12 Stück

Pro Stück: E: 6 g, F: 22 g, Kh: 25 g, kJ: 1294, kcal: 309, BE: 2,0

Für den Teig:

100 g Weizenmehl
100 g gem. Haselnusskerne
20 g gesiebter Kakao zum Backen
3 gestr. TL Dr. Oetker Backin
1 Prise Salz
120 g Zucker
1 Pck. Dr. Oetker Vanillin-Zucker
80 ml Milch (3,5 % Fett)
100 ml Speiseöl, z. B. Sonnenblumenöl
2 Eier (Größe M)

Für die Füllung:

200 g Schlagsahne (mind. 30 % Fett)
2 TL Puderzucker
250 g rote Grütze (aus dem Kühlregal)

Zum Bestreuen:

1 EL Kakao zum Backen

Zubereitungszeit: 25 Minuten, ohne Abkühlzeit
Backzeit: etwa 25 Minuten

1. Den Backofen vorheizen.
Ober-/Unterhitze: etwa 180 °C
Heißluft: etwa 160 °C

2. Für den Teig Mehl, Haselnusskerne, Kakao, Backpulver, Salz, Zucker und Vanillin-Zucker in einer Rührschüssel mit einem Schneebesen verrühren. Milch, Speiseöl und die Eier in einem Rührbecher mit dem Schneebesen glatt rühren. Die flüssigen Zutaten zu der Mehl-Nuss-Mischung in die Rührschüssel geben und zu einem glatten Teig verrühren.

3. Den Teig in die Mulden einer Muffinform (für 12 Muffins, gefettet, bemehlt) geben und glatt streichen. Die Form auf dem Rost in den vorgeheizten Backofen schieben. Die Muffins **etwa 25 Minuten backen.**

4. Die Form auf einen Kuchenrost stellen. Die Muffins etwa 5 Minuten in der Form abkühlen lassen. Anschließend aus der Form lösen und auf dem Kuchenrost erkalten lassen.

5. Jeden Muffin etwas aushöhlen, dabei rundherum einen etwa 1 cm breiten Rand stehen lassen. Die Gebäckbrocken fein zerbröseln.

6. Für die Füllung die Sahne mit Puderzucker steif schlagen. Zwei Drittel der Gebäckbrösel unterrühren. Nacheinander rote Grütze und Bröselsahne in die Muffins füllen, mit den restlichen Bröseln und Kakao bestreuen. Die Muffins sofort servieren oder bis zum Servieren zugedeckt, sodass sie nicht zerdrückt werden, in den Kühlschrank stellen.

Milchreis-Muffins mit Kirschen

Für Kinder

12 Stück

Pro Stück: E: 3 g, F: 8 g, Kh: 37 g, kJ: 968, kcal: 231, BE: 3,0

Für den Rührteig:

80 g Butter oder Margarine (zimmerwarm)
80 g Zucker
2 Eier (Größe M)
200 g Milchreis „Zimt" (aus dem Kühlregal)
180 g Weizenmehl
40 g Speisestärke
2 gestr. TL Dr. Oetker Backin
1/4 TL Natron
1 gestr. TL gem. Zimt

185 g abgetropfte Sauerkirschen (aus dem Glas)

Für den Guss:

2 EL Sauerkirschsaft (aus dem Glas)
100 g Puderzucker

Zubereitungszeit: 35 Minuten, ohne Abkühlzeit
Backzeit: etwa 25 Minuten

1. Den Backofen vorheizen.
Ober-/Unterhitze: etwa 180 °C
Heißluft: etwa 160 °C

2. Für den Teig Butter oder Margarine mit einem Mixer (Rührstäbe) auf höchster Stufe geschmeidig rühren. Nach und nach Zucker unterrühren. Das Ganze so lange rühren, bis eine gebundene Masse entstanden ist.

3. Eier nach und nach unterrühren (jedes Ei etwa 1/2 Minute). Milchreis hinzugeben.

4. Mehl mit Speisestärke, Backpulver, Natron und Zimt mischen und in 2 Portionen auf mittlerer Stufe mit dem Milchreis kurz unterrühren.

5. Von den Sauerkirschen den Saft auffangen und 2 Esslöffel davon für den Guss beiseitestellen. Die Sauerkirschen vorsichtig unter den Teig heben.

6. Den Teig in die Mulden einer Muffinform (für 12 Muffins, gefettet, gemehlt) geben und glatt streichen. Die Form auf dem Rost in den vorgeheizten Backofen schieben. Die Milchreis-Muffins **etwa 25 Minuten backen.**

7. Die Form auf einen Kuchenrost stellen. Milchreis-Muffins etwa 10 Minuten in der Form abkühlen lassen. Anschließend aus der Form lösen und auf dem Kuchenrost erkalten lassen.

8. Für den Guss den beiseitegestellten Sauerkirschsaft mit dem Puderzucker zu einer dickflüssigen Masse verrühren. Die Milchreis-Muffins damit bestreichen. Guss fest werden lassen.

Mini-Cakes „Campari-Orange"

Ganz ohne Mehl – mit Alkohol

24 Stück

Pro Stück: E: 3 g, F: 11 g, Kh: 13 g, kJ: 689, kcal: 167, BE: 1,0

Zum Vorbereiten:

1 Bio-Orange (etwa 180 g, unbehandelt, ungewachst)

Für den Teig:

160 g Butter oder Margarine (zimmerwarm)
80 g Zucker
1 Prise Salz
50 g flüssiger Honig
3 Eier (Größe M)
120 g Polenta (Maisgrieß)
90 g gem. Mandeln

Für das Topping:

2 EL Campari
2 gestr. TL Speisestärke
4 Blatt weiße Gelatine
100 g Joghurt (3,5 % Fett)
200 g Schlagsahne (mind. 30 % Fett)
2 EL Zucker
24 Orangen-Geleefrüchte

Außerdem:

24 Mini-Muffin-Papierbackförmchen

Zubereitungszeit: 40 Minuten, ohne Kühlzeit
Backzeit: 15–20 Minuten

1. Zum Vorbereiten die Orange heiß abwaschen und abtrocknen. Die Schale fein abreiben. Orange halbieren und den Saft auspressen.

2. Den Backofen vorheizen.
Ober-/Unterhitze: etwa 180 °C
Heißluft: etwa 160 °C

3. Für den Teig Butter oder Margarine mit Zucker, Salz, Honig und der Hälfte von der Orangenschale in eine Rührschüssel geben. Die Zutaten mit einem Mixer (Rührstäbe) zunächst kurz auf niedrigster, dann auf höchster Stufe etwa 4 Minuten schaumig schlagen. Die Eier nach und nach unterrühren (jedes Ei etwa ½ Minute).

4. Polenta mit Mandeln mischen und mit einem Schneebesen unter die Eier-Fett-Masse heben.

5. Den Grießteig in die Mulden einer Muffinform (für 24 Mini-Muffins, mit Papierbackförmchen ausgelegt) geben und glatt streichen. Die Form auf dem Rost in den vorgeheizten Backofen schieben. Die Cupcakes **15–20 Minuten backen.**

6. Die Form auf einen Kuchenrost stellen. Cupcakes etwa 5 Minuten in der Form abkühlen lassen. Anschließend aus der Form lösen und auf dem Kuchenrost erkalten lassen.

7. Für das Topping 100 ml von dem Orangensaft, restliche Orangenschale, Campari und Speisestärke in einem kleinen Topf verrühren. Die Zutaten unter Rühren zum Kochen bringen. Den Topf von der Kochstelle nehmen.

8. Gelatine nach Packungsanleitung einweichen. Die Gelatine leicht ausdrücken und in der heißen Orangensaftmischung auflösen. Die Orangensaftmischung auf Zimmertemperatur abkühlen lassen.

9. Den Joghurt unter die Orangenmischung rühren. Die Sahne mit dem Zucker steif schlagen. Sobald die Orangen-Joghurt-Masse anfängt dicklich zu werden, die Sahne vorsichtig unterheben.

10. Orangen-Campari-Creme in einen Spritzbeutel mit Sterntülle (Ø etwa 1 ½ cm) füllen. Auf jeden Cupcake einen Tupfen Creme spritzen. Die Cupcakes zugedeckt, sodass das Topping nicht zerdrückt wird, etwa 60 Minuten in den Kühlschrank stellen.

11. Die Cupcakes vor dem Servieren mit jeweils 1 Orangen-Geleefrucht garnieren.

Tipp: Sie können den Campari durch Orangensaft ersetzen.

Mini-Cupcakes mit Grießpudding

Zum Nachmittags-Kaffee

24 Stück

Pro Stück: E: 2 g, F: 7 g, Kh: 14 g, kJ: 537, kcal: 128, BE: 1,0

Für den Teig:

150 g Butter oder Margarine (zimmerwarm)
80 g Zucker
3 EL flüssiger Honig
1 Prise Salz
3 Eier (Größe M)
80 g Vanillejoghurt
100 g Weizenmehl
100 g Weichweizengrieß
1 gestr. TL Dr. Oetker Backin

Für das Topping:

220 ml Milch (1,5 % Fett)
½ Pck. Grießbrei Vanillegeschmack (45 g)
25 g Butter
12 Erdbeeren

Außerdem:

24 Mini-Muffin-Papierbackförmchen

Zubereitungszeit: 40 Minuten, ohne Kühlzeit
Backzeit: etwa 20 Minuten

1. Den Backofen vorheizen.
Ober-/Unterhitze: etwa 180 °C
Heißluft: etwa 160 °C

2. Für den Teig Butter oder Margarine mit Zucker, Honig und Salz in eine Rührschüssel geben. Die Zutaten mit einem Mixer (Rührstäbe) zunächst kurz auf niedrigster, dann auf höchster Stufe etwa 4 Minuten schaumig schlagen.

3. Die Eier nach und nach unterrühren (jedes Ei etwa ½ Minute), dann Vanillejoghurt kurz unterrühren. Mehl mit Grieß und Backpulver gut vermischen, in 2 Portionen kurz unterrühren.

4. Teig in die Mulden einer Muffinform (für 24 Mini-Muffins, mit Papierbackförmchen ausgelegt) geben und glatt streichen. Die Form auf dem Rost in den vorgeheizten Backofen schieben. Die Cupcakes **etwa 20 Minuten backen.**

5. Die Form auf einen Kuchenrost stellen. Cupcakes etwa 5 Minuten in der Form abkühlen lassen. Anschließend aus der Form lösen und auf dem Kuchenrost erkalten lassen.

6. Für das Topping aus Milch und Grießbrei nach Packungsanleitung – aber mit den hier angegebenen Mengen – einen Grießbrei kochen. Den Grießbrei etwas abkühlen lassen.

7. Die Butter in kleine Stücke schneiden und so lange unter den Grießbrei rühren, bis keine Butterstücke mehr zu sehen sind.

8. Den Grießbrei zugedeckt etwa 15 Minuten in den Kühlschrank stellen.

9. Den Grießbrei in einen Spritzbeutel mit runder Lochtülle (Ø etwa 1 cm) füllen. Auf jeden Cupcake einen Tupfen Grießbrei spritzen. Die Erdbeeren abspülen, trocken tupfen und mit dem Grün halbieren. Jeden Cupcake mit 1 Erdbeerhälfte garnieren.

Tipps: Der Teig lässt sich leichter in den kleinen Mulden verteilen, wenn Sie ihn in einen Gefrierbeutel füllen, eine Ecke davon abschneiden und den Teig in die Muffinmulden spritzen.

Mini-Kokos-Orangen-Muffins

Exotisch

24 Stück

Pro Stück: E: 3 g, F: 14 g, Kh: 18 g, kJ: 879, kcal: 209, BE: 1,5

Für den Rührteig:

100 g Marzipan-Rohmasse
150 g Butter oder Margarine (zimmerwarm)
100 g Zucker
1 Pck. Dr. Oetker Vanillin-Zucker
1 Prise Salz
4 Eier (Größe M)
1 Pck. Dr. Oetker Finesse Orangenschalen-Aroma
125 g Weizenmehl
2 gestr. TL Dr. Oetker Backin
30 g fein gehacktes Orangeat
125 g Kokosraspel

Zum Garnieren:

25 g Kokosraspel
125 g dunkle Kuchenglasur
24 Orangen-Geleefrüchte

Außerdem:

24 Mini-Muffin-Papierbackförmchen

Zubereitungszeit: 45 Minuten, ohne Abkühlzeit
Backzeit: etwa 20 Minuten

1. Den Backofen vorheizen.
Ober-/Unterhitze: etwa 180 °C
Heißluft: etwa 160 °C

2. Für den Teig Marzipan in hauchdünne Scheiben schneiden. Butter oder Margarine mit den Marzipan-Scheiben mit einem Mixer (Rührstäbe) auf höchster Stufe geschmeidig rühren. Nach und nach Zucker, Vanillin-Zucker und Salz unterrühren. So lange rühren, bis eine gebundene Masse entstanden ist.

3. Die Eier nach und nach unterrühren (jedes Ei etwa ½ Minute). Aroma hinzufügen. Das Mehl mit Backpulver mischen und auf mittlerer Stufe kurz unterrühren. Zuletzt Orangeat und Kokosraspel unterheben.

4. Den Rührteig in die Mulden einer Muffinform (für 24 Mini-Muffins, mit Papierbackförmchen ausgelegt) geben und glatt streichen. Die Form auf dem Rost in den vorgeheizten Backofen schieben. Die Muffins **etwa 20 Minuten backen.**

5. Die Form auf einen Kuchenrost stellen. Die Muffins etwa 5 Minuten in der Form abkühlen lassen. Anschließend aus der Form lösen und dem Kuchenrost erkalten lassen.

6. Zum Garnieren Kokosraspel in einer Pfanne ohne Fett unter Wenden goldbraun rösten und auf einem Teller erkalten lassen. Die Kuchenglasur nach Packungsanleitung schmelzen. Die Muffins damit bestreichen, mit Kokosraspeln und Geleefrüchten garnieren. Die Glasur trocknen lassen.

Mint-Cakes | Britisch genießen

12 Stück

Pro Stück: E: 5 g, F: 31 g, Kh: 38 g, kJ: 1903, kcal: 457, BE: 3,0

Für den Teig:

3 Eiweiß (Größe M)
1 Prise Salz
160 g Zucker
3 Eigelb (Größe M)
180 g Butter oder Margarine (zimmerwarm)
180 g Weizenmehl
20 g gesiebter Kakao zum Backen
1 Msp. Natron
½ gestr. TL Dr. Oetker Backin
125 ml Milch
50 g Zartbitter-Raspelschokolade

Für das Topping:

80 g Puderzucker
2 Pck. Sahnesteif
375 g Crème double
100 g Joghurt (3,5 % Fett)
etwas grüne Speisefarbe
einige Tropfen Minzöl

Zum Garnieren:

12 Schokoladensticks mit Pfefferminzcremefüllung

Außerdem:

12 Muffin-Papierbackförmchen

Zubereitungszeit: 35 Minuten, ohne Abkühlzeit
Backzeit: etwa 30 Minuten

1. Den Backofen vorheizen.
Ober-/Unterhitze: etwa 160 °C
Heißluft: etwa 140 °C

2. Für den Teig das Eiweiß mit Salz mit einem Mixer (Rührstäbe) auf höchster Stufe steif schlagen. Den Eischnee 3 Minuten weiterschlagen, dabei nach und nach den Zucker einrieseln lassen.

3. In einer anderen Schüssel Eigelb mit Butter oder Margarine schaumig rühren. Mehl mit Kakao, Natron und Backpulver mischen. Das Mehlgemisch mit der Milch unter die Buttermasse rühren. Zuletzt Eischnee und Raspelschokolade in 2 Portionen kurz auf niedrigster Stufe unterrühren.

4. Dann den Teig in die Mulden einer Muffinform (für 12 Muffins, mit Papierbackförmchen ausgelegt) geben und glatt streichen. Die Form auf dem Rost in den vorgeheizten Backofen schieben. Die Cupcakes **etwa 30 Minuten backen.**

5. Die Form auf einen Kuchenrost stellen. Cupcakes etwa 5 Minuten in der Form abkühlen lassen. Anschließend aus der Form lösen und auf dem Kuchenrost erkalten lassen.

6. Für das Topping Puderzucker mit Sahnesteif mischen. Crème double kurz aufschlagen. Das Puderzuckergemisch einrieseln lassen, dabei die Creme weiterschlagen. Den Joghurt unterrühren. Die Creme nach Belieben mit der Speisefarbe leicht grün einfärben und mit etwas Minzöl abschmecken.

7. Die Minzcreme in einen Spritzbeutel mit Sterntülle (Ø etwa 1 ½ cm) füllen und je einen großen Tupfen auf die Cupcakes spritzen. Die Schokoladensticks 1–2-mal durchbrechen. Cupcakes damit garnieren.

Mohn-Rosen-Muffins

Schmecken frisch am besten

12 Stück

Pro Stück: E: 6 g, F: 9 g, Kh: 32 g, kJ: 1010, kcal: 241, BE: 2,5

Für den Quark-Öl-Teig:

250 g Weizenmehl
2 gestr. TL Dr. Oetker Backin
150 g Magerquark
4 EL Milch
5 EL Speiseöl
50 g Zucker
1 Pck. Dr. Oetker Vanillin-Zucker
1 Prise Salz
3 Tropfen Zitronen-Aroma

Für die Füllung:

250 g Mohn-Back (backfertige Mohnfüllung)
1 Ei (Größe M)
25 g Butter (zimmerwarm)
200 g abgetropfte Sauerkirschen (aus dem Glas) oder TK-Sauerkirschen (leicht angetaut)

12 Muffin-Papierbackförmchen

Zubereitungszeit: 45 Minuten
Backzeit: 25–30 Minuten

1. Für den Teig Mehl mit Backpulver in einer Rührschüssel mischen. Quark, Milch, Öl, Zucker, Vanillin-Zucker, Salz und Aroma hinzufügen. Die Zutaten mit einem Mixer (Knethaken) auf niedrigster, dann auf höchster Stufe in etwa 1 Minute zu einem Teig verarbeiten (nicht zu lange, Teig klebt sonst).

2. Den Teig auf einer leicht bemehlten Arbeitsfläche zu einer Rolle formen und zu einem Rechteck (etwa 30 x 42 cm) ausrollen.

3. Den Backofen vorheizen.
Ober-/Unterhitze: etwa 180 °C
Heißluft: etwa 160 °C

4. Für die Füllung Mohn-Back mit Ei und Butter gut verrühren. Die Mohnmasse auf den Teig geben und glatt streichen, dabei rundherum einen etwa 2 ½ cm breiten Rand frei lassen. TK-Sauerkirschen mit Küchenpapier trocken tupfen. Die Kirschen gleichmäßig auf der Mohnmasse verteilen.

5. Den Teig von der längeren Seite aus fest aufrollen. Die Teigrolle mit einem scharfen Messer in 12 gleich große Scheiben schneiden.

6. Die Teigscheiben mit der Schnittfläche nach oben in die Mulden einer Muffinform (für 12 Muffins, mit Papierbackförmchen ausgelegt) setzen. Den äußeren Rand mit einem scharfen Messer oder einer Küchenschere längs mehrmals einschneiden. Die Form auf dem Rost in den vorgeheizten Backofen schieben. Die Muffins **25–30 Minuten backen.**

7. Die Form auf einen Kuchenrost stellen. Die Muffins etwa 10 Minuten in der Form abkühlen lassen. Anschließend aus der Form lösen und auf dem Kuchenrost erkalten lassen.

Tipp: Für ein Partybuffet sieht es hübsch aus, wenn Sie die Muffins auf Holzspatel stecken und in Gläsern zu „Rosensträußen“ aufstellen.

Mohn-Streusel-Muffins

Für den Nachmittags-Kaffee

12 Stück

Pro Stück: E: 4 g, F: 15 g, Kh: 31 g, kJ: 1142, kcal: 273, BE: 2,5

Für den Teig:

200 g Weizenmehl
2 gestr. TL Dr. Oetker Backin
120 g Zucker
2 Pck. Dr. Oetker Bourbon-Vanille-Zucker
150 g Crème fraîche
100 ml neutrales Speiseöl
2 Eier (Größe M)
20 g Mohnsamen

Für die Streusel:

etwa 70 g Weizenmehl
20 g Zucker

1 EL Puderzucker zum Bestäuben

Zubereitungszeit: 25 Minuten, ohne Abkühlzeit
Backzeit: etwa 20 Minuten

1. Den Backofen vorheizen.
Ober-/Unterhitze: etwa 180 °C
Heißluft: etwa 160 °C

2. Für den Teig Mehl mit Backpulver, Zucker und Vanille-Zucker in einer Rührschüssel mit einem Schneebesen verrühren.

3. Crème fraîche mit Speiseöl und Eiern in einem Rührbecher mit dem Schneebesen verrühren. Die flüssigen Zutaten zu der Mehlmischung in die Rührschüssel geben und zu einem glatten Teig verrühren.

4. Zwei Esslöffel des Teiges abnehmen, in eine kleine Schüssel geben und beiseitestellen. Mohnsamen unter den restlichen Teig rühren. Den Mohnteig in die Mulden einer Muffinform (für 12 Muffins, gefettet, gemehlt) geben.

5. Für die Streusel Mehl und Zucker zum beiseitegestellten Teig in die Schüssel geben, zuerst mit einem Löffel, dann mit den Fingern zu Streuseln verarbeiten. Die Teigstreusel auf dem Mohnteig verteilen.

6. Die Form auf dem Rost in den vorgeheizten Backofen schieben. Muffins **etwa 20 Minuten backen.**

7. Die Form auf einen Kuchenrost stellen. Mohn-Streusel-Muffins etwa 5 Minuten in der Form abkühlen lassen. Anschließend vorsichtig aus der Form lösen und auf dem Kuchenrost erkalten lassen.

8. Die Muffins vor dem Servieren mit Puderzucker bestäuben.

Möhrchen-Cakes | Genuss mit Nuss

12 Stück

Pro Stück: E: 5 g, F: 37 g, Kh: 46 g, kJ: 2225, kcal: 532, BE: 3,5

Zum Vorbereiten:

150 g Pekan- oder Walnusskerne

Für den Teig:

3 Eiweiß (Größe M)
1 Prise Salz
1 Pck. Dr. Oetker Vanillin-Zucker
180 g Zucker
3 Eigelb (Größe M)
150 g Butter oder Margarine (zimmerwarm)
2 EL Speiseöl, z. B. Sonnenblumenöl
100 g Weizenmehl
50 g Speisestärke
1 1/2 gestr. TL Dr. Oetker Backin
70 ml Mineralwasser mit Kohlensäure

Für das Topping:

500 g Möhren
1 Bio-Zitrone (unbehandelt, ungewachst)
30 g frischer Ingwer
2 EL Wasser
200 g Butter (zimmerwarm)
170 g Puderzucker
2 Pck. Sahnesteif
12 feine Marzipan-Rübli (Dekor-Möhren aus Marzipan)

Außerdem:

12 Muffin-Papierbackförmchen

Zubereitungszeit: 45 Minuten, ohne Abkühlzeit
Backzeit: etwa 30 Minuten

1. Zum Vorbereiten Pekan- oder Walnusskerne im Blitzhacker fein hacken.

2. Den Backofen vorheizen.
Ober-/Unterhitze: etwa 180 °C
Heißluft: etwa 160 °C

3. Für den Teig Eiweiß und Salz in einer Rührschüssel mit einem Mixer (Rührstäbe) auf höchster Stufe steif schlagen. Eischnee 3 Minuten weiterschlagen, dabei nach und nach Vanillin-Zucker und die Hälfte des Zuckers dazugeben.

4. In einer anderen Schüssel Eigelb mit Butter oder Margarine, Speiseöl und restlichem Zucker schaumig rühren. Gehackte Nusskerne unterrühren. Mehl mit Speisestärke und Backpulver mischen. Mehlgemisch und Mineralwasser abwechselnd unter die Nussmasse rühren. Eischnee in 2 Portionen auf niedrigster Stufe kurz unterrühren.

5. Dann den Teig in die Mulden einer Muffinform (für 12 Muffins, mit Papierbackförmchen ausgelegt) geben und glatt streichen. Die Form auf dem Rost in den vorgeheizten Backofen schieben. Die Cakes **etwa 30 Minuten backen.**

6. Die Form auf einen Kuchenrost stellen. Cakes etwa 5 Minuten in der Form abkühlen lassen. Anschließend aus der Form lösen und auf dem Kuchenrost erkalten lassen.

7. Für das Topping inzwischen die Möhren schälen und grob raspeln. Zitrone heiß abwaschen, abtrocknen und etwa ein Drittel der Schale dünn abschälen. Die Zitrone halbieren, den Saft auspressen. Ingwer schälen und fein hacken.

8. Möhren mit Zitronenschale, 2 Esslöffeln Zitronensaft und Wasser in einem Topf zum Kochen bringen und zugedeckt etwa 5 Minuten dünsten. Ingwer dazugeben und weitere 5 Minuten dünsten. Sollte die Flüssigkeit verdampft sein, zusätzlich 1–2 Esslöffel Wasser in den Topf geben. Anschließend die Möhrenmasse abkühlen lassen, es sollte keine Flüssigkeit mehr vorhanden sein.

9. Die Butter mit einem Mixer (Rührstäbe) schaumig rühren. Puderzucker in 2 Portionen dazugeben. Die Masse zu einer Creme aufschlagen.

10. Sahnesteif unter die Möhrenmasse mischen. Die Masse in einen Rührbecher geben und pürieren. Das Püree nach und nach unter die Buttercreme

rühren. Die Creme auf den Cupcakes verteilen und mithilfe eines Messers wellenförmig verstreichen. Die Cupcakes mit jeweils 1 Möhre garnieren. Cupcakes etwa 15 Minuten in den Kühlschrank stellen.

Tipps: Statt Pekan- oder Walnusskerne schmecken auch andere Nüsse, zum Beispiel Haselnüsse. Zur Osterzeit können Sie die Cakes auch mit kleinen, bunten Zuckereiern garnieren.

Mousse-Cakes mit Pfeffer

Mit feiner Schärfe

12 Stück

Pro Stück: E: 5 g, F: 16 g, Kh: 37 g, kJ: 1310, kcal: 313, BE: 3,0

Für das Topping:

1 TL rosa Pfefferbeeren
1 Pck. Mousse à la Vanille (Dessertpulver)
200 ml kalte Milch (3,5 % Fett)
100 g Schlagsahne (mind. 30 % Fett)

Für den Teig:

250 g abgetropfte Mangoschnitten (aus der Dose)
100 g Löffelbiskuits
2 Eiweiß (Größe M)
1 Prise Salz
130 g Zucker
2 Eigelb (Größe M)
150 g Butter oder Margarine (zimmerwarm)
150 g Weizenmehl
1 1/2 gestr. TL Dr. Oetker Backin

Zum Garnieren:

rosa Pfefferbeeren
silberne Zuckerperlen

Außerdem:

12 Muffin-Papierbackförmchen

Zubereitungszeit: 35 Minuten, ohne Kühlzeit
Backzeit: etwa 35 Minuten

1. Für das Topping die Pfefferbeeren im Mörser zerdrücken oder im Blitzhacker fein hacken. Die Mousse nach Packungsanweisung mit Milch und Sahne aufschlagen.

2. Die zerkleinerten Pfefferbeeren unterheben. Die Vanille-Mousse in eine flache Schüssel geben und zugedeckt mindestens 3 Stunden in den Kühlschrank stellen.

3. Für den Teig die Mangoschnitten in kleine Würfel schneiden. Löffelbiskuits in einen großen Gefrierbeutel geben und den Beutel fest verschließen. Die Löffelbiskuits mit einer Teigrolle fein zerbröseln.

4. Den Backofen vorheizen.
Ober-/Unterhitze: etwa 180 °C
Heißluft: etwa 160 °C

5. Eiweiß und Salz in einer Rührschüssel mit dem Mixer (Rührstäbe) auf höchster Stufe steif schlagen. Eischnee 3 Minuten weiterschlagen, dabei nach und nach die Hälfte des Zuckers einrieseln lassen.

6. In einer anderen Schüssel Eigelb mit Butter oder Margarine schaumig rühren. Mehl mit Biskuitbröseln und Backpulver mischen.

7. Das Mehlgemisch und die Mangowürfel in jeweils 2 Portionen abwechselnd unter die Fettmasse rühren. Eischnee in 2 Portionen auf niedrigster Stufe kurz unterrühren.

8. Teig in die Mulden einer Muffinform (für 12 Muffins, mit Papierbackförmchen ausgelegt) geben und glatt streichen.

9. Die Form auf dem Rost in den vorgeheizten Backofen schieben. Die Cupcakes **etwa 35 Minuten backen.**

10. Die Form auf einen Kuchenrost stellen. Cakes etwa 5 Minuten in der Form abkühlen lassen. Anschließend aus der Form lösen und auf dem Kuchenrost erkalten lassen.

11. Für das Topping mit einem Löffel 12 Nocken von der Mousse abstechen und auf den Cupcakes verteilen. Cupcakes mit Pfefferbeeren und Zuckerperlen garnieren.

Rezeptvariante: Für eine mildere Variante mit Pistazienkernen die rosa Pfefferbeeren weglassen und stattdessen 1 Esslöffel fein gehackte Pistazienkerne unter die Mousse heben. Die Cupcakes mit 1 Esslöffel gehackten Pistazienkernen und den Zuckerperlen garnieren.

Mozart-Cupcakes | Gut kombiniert

12 Stück

Pro Stück: E: 10 g, F: 31 g, Kh: 40 g, kJ: 1990, kcal: 475, BE: 3,5

100 g Nuss-Nougat

Für den Teig:

3 Eiweiß (Größe M)
1 Prise Salz
100 g Zucker
50 g Marzipan-Rohmasse
150 g Butter oder Margarine (zimmerwarm)
3 Eigelb (Größe M)
120 g Weizenmehl
50 g geraspelte, weiße Schokolade
50 g gem. Pistazienkerne
1 gestr. TL Dr. Oetker Backin

Für das Topping:

150 ml Milch (1,5 % Fett)
100 g Schlagsahne (mind. 30 % Fett)
1 Pck. Mousse au Chocolat (Dessertpulver)
200 g Marzipan-Rohmasse
etwas grüne Speisefarbe
30 g gem. Pistazienkerne
1 EL Puderzucker
2 EL Knusperperlen

12 Muffin-Papierbackförmchen

Zubereitungszeit: 40 Minuten, ohne Abkühlzeit
Backzeit: 25–30 Minuten

1. Nuss-Nougat in 12 gleich große Stücke schneiden.

2. Den Backofen vorheizen.
Ober-/Unterhitze: etwa 180 °C
Heißluft: etwa 160 °C

3. Für den Teig das Eiweiß und Salz mit einem Mixer (Rührstäbe) auf höchster Stufe steif schlagen. Eischnee 3 Minuten weiterschlagen, dabei nach und nach den Zucker unterschlagen.

4. Das Marzipan in hauchdünne Scheiben schneiden, mit Butter oder Margarine und Eigelb mit dem Mixer (Rührstäbe) zunächst kurz auf niedrigster, dann auf höchster Stufe etwa 4 Minuten schaumig schlagen.

5. Mehl mit Schokoladenraspeln, Pistazien und Backpulver gut vermischen. Die Mehlmischung in 2 Portionen abwechselnd mit dem Eischnee unter die Eigelb-Fett-Masse rühren.

6. Den Teig in die Mulden einer Muffinform (für 12 Muffins, mit Papierbackförmchen ausgelegt) geben und glatt streichen. In jede Teigportion vorsichtig 1 Nuss-Nougat-Stück drücken. Die Form auf dem Rost in den vorgeheizten Backofen schieben. Die Cupcakes **25–30 Minuten backen.**

7. Die Form auf einen Kuchenrost stellen. Cupcakes etwa 5 Minuten in der Form abkühlen lassen. Anschließend aus der Form lösen und auf dem Kuchenrost erkalten lassen.

8. Für das Topping aus Milch, Sahne und Dessertpulver nach Packungsanleitung – aber mit den hier angegebenen Zutaten und Mengen – eine Mousse zubereiten. Die Mousse kurz in den Kühlschrank stellen.

9. Marzipan mit grüner Speisefarbe und Pistazien sorgfältig verkneten. Das grüne Marzipan mit etwas Puderzucker 2–3 mm dick zu einer Platte ausrollen. Aus der Marzipanplatte mit einer Ausstechform 12 Kreise mit Wellenrand (Ø etwa 6 1/2 cm) ausstechen. Aus dem restlichen Marzipan 12 kleine, gleich große Kugeln formen.

10. Jeden Cupcake etwa 8 mm dick mit etwas Mousse au Chocolat bestreichen und mit je 1 Marzipankreis belegen. Restliche Mousse au Chocolat in einen Spritzbeutel mit Sterntülle (Ø etwa 1 cm) füllen und Tupfen auf die Marzipankreise spritzen. Auf jeden Tupfen 1 Marzipankugel setzen und mit Knusperperlen bestreuen. Die Mozart-Cupcakes zugedeckt, sodass das Topping nicht zerdrückt wird, etwa 60 Minuten in den Kühlschrank stellen.

Muffins „British Style“

Natürlich mit Minze – mit Alkohol

12 Stück

Pro Stück: E: 4 g, F: 10 g, Kh: 50 g, kJ: 1312, kcal: 313, BE: 4,0

Zum Vorbereiten:

100 g AFTER EIGHT®
(Schoko-Minz-Täfelchen)

Für den All-in-Teig:

225 g Weizenmehl
2 gestr. TL Dr. Oetker Backin
½ gestr. TL Natron
125 g Zucker
2 Eier (Größe M)
75 ml Speiseöl, z. B. Sonnenblumenöl
75 ml Pfefferminzlikör
150 g Joghurt (1,5 % Fett)

Zum Garnieren:

6 Täfelchen AFTER EIGHT®
150 g Puderzucker
2–3 EL Pfefferminzlikör

Zubereitungszeit: 25 Minuten, ohne Abkühlzeit
Backzeit: etwa 30 Minuten

1. Zum Vorbereiten die Schoko-Minz-Täfelchen klein hacken.

2. Den Backofen vorheizen.
Ober-/Unterhitze: etwa 180 °C
Heißluft: etwa 160 °C

3. Für den Teig Mehl mit Backpulver und Natron in einer Rührschüssel mischen. Restliche Zutaten hinzufügen und mit einem Mixer (Rührstäbe) zunächst kurz auf niedrigster, dann auf höchster Stufe in etwa 2 Minuten zu einem glatten Teig verarbeiten. Die klein gehackten Schoko-Minz-Täfelchen zuletzt unter den Teig heben.

4. Den Teig in die Mulden einer Muffinform (für 12 Muffins, gefettet, gemehlt) geben und glatt streichen. Die Form auf dem Rost in den vorgeheizten

Backofen schieben. Die Muffins **etwa 30 Minuten backen.**

5. Die Form auf einen Kuchenrost stellen. Die Muffins etwa 10 Minuten in der Form abkühlen lassen. Anschließend aus der Form lösen und auf dem mit Backpapier belegten Kuchenrost erkalten lassen.

6. Zum Garnieren die Schoko-Minz-Täfelchen diagonal halbieren. Den Puderzucker mit dem Likör zu einem dickflüssigen Guss verrühren. Jeweils etwas von dem Guss mithilfe eines Teelöffels auf die Muffins geben. Die halbierten Schoko-Minz-Täfelchen darauflegen. Den Guss trocknen lassen.

Tipps: Möchten Sie auf Alkohol verzichten, können Sie den Pfefferminzlikör im Teig durch die gleiche Menge Milch und im Guss durch die gleiche Menge Wasser ersetzen. Für die Farbe verwenden Sie grüne Speisefarbe. Die Schoko-Minz-Täfelchen lassen sich besonders gut hacken und schneiden, wenn Sie sie vorher kurz in den Gefrierschrank legen.

® Reg. Trademark of Société des Produits Nestlé S.A.

Muffins mit Amaranth

Fruchtig – Genuss mit Nuss

12 Stück

Pro Stück: E: 5 g, F: 10 g, Kh: 29 g, kJ: 956, kcal: 228, BE: 2,5

Für den Rührteig:

75 g Butter oder Margarine (zimmerwarm)
75 g flüssiger Honig
1 Pck. Dr. Oetker Bourbon-Vanille-Zucker
1 Pck. Dr. Oetker Finesse Geriebene Zitronenschale
2 Eier (Größe M)
125 g Weizenmehl
2 gestr. TL Dr. Oetker Backin
150 ml Milch (3,5 % Fett)
125 g Amaranth, gepufft
50 g gehackte Haselnusskerne
80 g getrocknete Cranberrys

Zum Bestreichen und Bestreuen:

2 EL Johannisbeergelee
20 g Cranberrys

Außerdem:

12 Muffin-Papierbackförmchen

Zubereitungszeit: 30 Minuten, ohne Abkühlzeit
Backzeit: etwa 25 Minuten

1. Den Backofen vorheizen.
Ober-/Unterhitze: etwa 180 °C
Heißluft: etwa 160 °C

2. Für den Teig Butter oder Margarine mit einem Mixer (Rührstäbe) auf höchster Stufe geschmeidig rühren. Nach und nach Honig, Vanille-Zucker und Zitronenschale unterrühren. So lange rühren, bis eine gebundene Masse entstanden ist.

3. Die Eier nach und nach unterrühren (jedes Ei etwa ½ Minute). Mehl mit Backpulver mischen und mit der Milch auf mittlerer Stufe kurz unterrühren. Amaranth, Haselnusskerne und Cranberrys unter den Teig heben.

4. Den Teig in die Mulden einer Muffinform (für 12 Muffins, mit Papierbackförmchen ausgelegt) geben und glatt streichen. Die Form auf dem Rost in den vorgeheizten Backofen schieben. Muffins **etwa 25 Minuten backen.**

5. Die Form auf einen Kuchenrost stellen. Die Muffins etwa 10 Minuten in der Form abkühlen lassen. Anschließend aus der Form lösen und auf dem Kuchenrost erkalten lassen.

6. Zum Bestreichen und Bestreuen Gelee in einem kleinen Topf unter Rühren aufkochen lassen. Die Muffins mit Gelee bestreichen und mit Cranberrys bestreuen. Den Guss fest werden lassen.

Muffins mit Blütenstreuseln

Schokoglück

12 Stück

Pro Stück: E: 4 g, F: 16 g, Kh: 24 g, kJ: 1088, kcal: 260, BE: 2,0

Für den Rührteig:

125 g Butter oder Margarine (zimmerwarm)
100 g Zucker
3 Eier (Größe L)
150 g Weizenmehl
1 ½ gestr. TL Dr. Oetker Backin
25 g gesiebter Kakao zum Backen
50 g Zartbitter-Raspelschokolade

Für die Canache-Creme:

75 g Schlagsahne (mind. 30 % Fett)
75 g Zartbitter-Schokolade (etwa 50 % Kakaoanteil)

Zum Bestreuen:

3–4 TL bunte Blütenstreusel

Außerdem:

12 Muffin-Papierbackförmchen

Zubereitungszeit: 40 Minuten, ohne Kühlzeit
Backzeit: 20–25 Minuten

1. Den Backofen vorheizen.
Ober-/Unterhitze: etwa 180 °C
Heißluft: etwa 160 °C

2. Für den Teig Butter oder Margarine mit einem Mixer (Rührstäbe) auf höchster Stufe geschmeidig rühren. Nach und nach den Zucker unterrühren. So lange rühren, bis eine gebundene Masse entstanden ist.

3. Die Eier nach und nach unterrühren (jedes Ei etwa ½ Minute). Mehl mit Backpulver und Kakaopulver mischen und auf mittlerer Stufe kurz unterrühren. Zuletzt die Raspelschokolade unterheben.

4. Den Teig in die Mulden einer Muffinform (für 12 Muffins, mit Papierbackförmchen ausgelegt) geben und glatt streichen. Die Form auf dem Rost in den vorgeheizten Backofen schieben. Die Muffins **20–25 Minuten backen.**

5. Die Form auf einen Kuchenrost stellen. Die Muffins etwa 10 Minuten in der Form abkühlen lassen. Anschließend aus der Form lösen und auf dem Kuchenrost erkalten lassen.

6. Für die Canache die Sahne in einem Topf erhitzen (nicht kochen). Schokolade in kleine Stückchen brechen, in die heiße Sahne geben und etwa 1 Minute stehen lassen.

7. Anschließend die Schokoladensahne mit einem Schneebesen so lange glatt rühren, bis sich die Schokolade vollständig aufgelöst hat. Die Canache-Creme so lange zugedeckt in den Kühlschrank stellen, bis sie die gewünschte Konsistenz hat. Je länger sie kühl steht, desto fester wird sie.

8. Die Muffins mit der Oberseite in die Canache tauchen. Canache kurz etwas anziehen lassen und dann mit den Blütenstreuseln bestreuen.

Muffins mit Schokosplittern

Einfach – klassisch

12 Stück

Pro Stück: E: 4 g, F: 19 g, Kh: 32 g, kJ: 1311, kcal: 313, BE: 2,5

Für den All-in-Teig:

100 g Zartbitter-Schokolade (etwa 50 % Kakaoanteil)
200 g Weizenmehl
1 Pck. Dr. Oetker Pudding-Pulver Vanille-Geschmack
3 gestr. TL Dr. Oetker Backin
150 g Zucker
1 Pck. Dr. Oetker Vanillin-Zucker
200 g Butter oder Margarine (zimmerwarm)
3 Eier (Größe M)
100 ml Milch (3,5 % Fett)

Außerdem:

12 Muffin-Papierbackförmchen

Zubereitungszeit: 20 Minuten
Backzeit: etwa 25 Minuten

1. Den Backofen vorheizen.
Ober-/Unterhitze: etwa 180 °C
Heißluft: etwa 160 °C

2. Für den Teig die Schokolade in kleine Stückchen hacken.

3. Mehl mit Pudding-Pulver und Backpulver in einer Rührschüssel mischen. Zucker, Vanillin-Zucker, Butter oder Margarine, Eier und Milch hinzufügen.

4. Die Zutaten mit einem Mixer (Rührstäbe) zunächst kurz auf niedrigster, dann auf höchster Stufe in etwa 2 Minuten zu einem glatten Teig verarbeiten. Etwa zwei Drittel der Schokoladenstücke kurz unterrühren.

5. Den Teig in die Mulden einer Muffinform (für 12 Muffins, mit Papierbackförmchen ausgelegt) geben und glatt streichen. Den Teig mit den restlichen Schokoladenstücken bestreuen. Die Form auf dem Rost in den vorgeheizten Backofen schieben. Die Muffins **etwa 25 Minuten backen.**

6. Die Form auf einen Kuchenrost stellen. Die Muffins etwa 5 Minuten in der Form abkühlen lassen. Anschließend aus der Form lösen und auf dem Kuchenrost erkalten lassen.

Tipp: Fruchtig schmecken die Muffins, wenn Sie 1 Päckchen Finesse Orangenschalen-Aroma mit unter den Teig rühren.

Nektarinen-Muffins | Für Kinder

12 Stück

Pro Stück: E: 4 g, F: 11 g, Kh: 26 g, kJ: 904, kcal: 216, BE: 2,0

Für den Belag:

1–2 Nektarinen

Für den Teig:

180 g Weizenmehl
2 gestr. TL Dr. Oetker Backin
100 g Zucker
1 Pck. Dr. Oetker Vanillin-Zucker
50 g Vollmilch-Raspelschokolade
150 g saure Sahne
80 ml neutrales Speiseöl
2 Eier (Größe M)

1 EL Puderzucker zum Bestäuben

Außerdem:

12 Muffin-Papierbackförmchen

Zubereitungszeit: 25 Minuten, ohne Abkühlzeit
Backzeit: etwa 25 Minuten

1. Den Backofen vorheizen.
Ober-/Unterhitze: etwa 180 °C
Heißluft: etwa 160 °C

2. Für den Belag Nektarinen heiß abwaschen, abtrocknen, halbieren und entsteinen. Nektarinenhälften in dünne Spalten schneiden.

3. Für den Teig Mehl mit Backpulver, Zucker, Vanillin-Zucker und Raspelschokolade in einer Rührschüssel mit einem Schneebesen verrühren.

4. Saure Sahne, Speiseöl und Eier in einem Rührbecher mit dem Schneebesen verrühren. Die flüssigen Zutaten zu der Mehl-Schokoladen-Mischung in die Rührschüssel geben und zu einem glatten Teig verrühren.

5. Den Teig in die Mulden einer Muffinform (für 12 Muffins, mit Papierbackförmchen ausgelegt) füllen. Die Nektarinenspalten fächerartig auf dem Teig verteilen. Die Form auf dem Rost in den vorgeheizten Backofen schieben. Die Nektarinen-Muffins **etwa 25 Minuten backen.**

6. Die Form auf einen Kuchenrost stellen. Die Nektarinen-Muffins etwa 5 Minuten in der Form abkühlen lassen. Anschließend aus der Form lösen und auf dem Kuchenrost erkalten lassen.

7. Die Nektarinen-Muffins vor dem Servieren mit Puderzucker bestäuben.

Tipp: Statt Nektarinen können Sie auch 250 g abgetropfte, in Spalten geschnittene Pfirsichhälften (aus der Dose) verwenden.

Nuss-Beeren-Muffins

Klassisch

12 Stück

Pro Stück: E: 6 g, F: 23 g, Kh: 23 g,
kJ: 1366, kcal: 327, BE: 2,0

Für den Schüttelteig:

200 g Butter oder Margarine
130 g Weizenmehl
2 gestr. TL Dr. Oetker Backin
130 g Zucker
4 Eier (Größe M)
8 EL Milch
130 g gem. Haselnusskerne

1–2 EL Semmelbrösel für die Form

150 g TK-Heidelbeeren
etwas Puderzucker zum Bestäuben

Zubereitungszeit: 35 Minuten, ohne Abkühlzeit
Backzeit: etwa 30 Minuten

1. Den Backofen vorheizen.
Ober-/Unterhitze: etwa 200 °C
Heißluft: etwa 180 °C

2. Für den Teig Butter oder Margarine zerlassen und abkühlen lassen. Mehl mit Backpulver mischen, in eine verschließbare Schüssel (etwa 3 l) geben und mit Zucker mischen. Eier, flüssige Butter oder Margarine und die Milch hinzufügen und die Schüssel mit dem Deckel fest verschließen. Schüssel mehrmals kräftig schütteln (insgesamt 15–30 Sekunden), sodass alle Zutaten gut vermischt sind.

3. Die Haselnusskerne hinzugeben. Alles mit einem Schneebesen oder Rührlöffel nochmals sorgfältig durchrühren, damit trockene Zutaten vom Rand mit untergerührt werden.

4. Schüttelteig in die Mulden einer Muffinform (für 12 Muffins, gefettet, mit Semmelbröseln ausgestreut) geben und glatt streichen. Die gefrorenen Heidelbeeren darauf verteilen.

5. Die Form auf dem Rost in den vorgeheizten Backofen schieben und die Nuss-Beeren-Muffins **etwa 30 Minuten backen.**

6. Die Form auf einen Kuchenrost stellen. Die Muffins etwa 10 Minuten in der Form abkühlen lassen. Anschließend vorsichtig aus der Form lösen und auf dem mit Backpapier belegten Kuchenrost erkalten lassen. Muffins kurz vor dem Servieren mit Puderzucker bestäuben.

Tipp: Die Muffins schmecken auch mit Himbeeren sehr gut.

Nuss-Nougat-Cakes

Mit Alkohol

12 Stück

Pro Stück: E: 5 g, F: 25 g, Kh: 30 g, kJ: 1530, kcal: 366, BE: 2,5

Zum Vorbereiten:

3–4 Birnen (etwa 500 g)
3 EL Zitronensaft
100 ml Rotwein

Für den Teig:

150 g Butter oder Margarine (zimmerwarm)
1 Prise Salz
140 g Zucker
3 Eier (Größe M)
100 g Weizenmehl
100 g gem. Haselnüsse
½ gestr. TL gem. Zimt
1 ½ gestr. TL Dr. Oetker Backin

Für das Topping:

150 g Nuss-Nougat-Creme
150 g Doppelrahm-Frischkäse (zimmerwarm)

Außerdem:

12 Muffin-Papierbackförmchen

Zubereitungszeit: 60 Minuten, ohne Kühlzeit
Trockenzeit (Birnenchips): etwa 60 Minuten
Backzeit: 25–30 Minuten

1. Den Backofen vorheizen.
Ober-/Unterhitze: etwa 80 °C
Heißluft: etwa 70 °C

2. Zum Vorbereiten die Birnen heiß abwaschen und abtrocknen. 1 Birne mit dem Küchenhobel quer, begonnen beim Stiel, in 24 dünne Scheiben hobeln. Die Scheiben mit Zitronensaft bepinseln, auf ein Backblech (mit Backpapier belegt) legen und im Backofen **etwa 60 Minuten trocknen lassen.** In der Zwischenzeit die restlichen Birnen schälen, halbieren und entkernen. Birnen in etwa 1 cm große Würfel schneiden, mit dem Rotwein in einen Topf geben und zum Kochen bringen. Die Birnen bei schwacher Hitze 4–5 Minuten köcheln lassen. Den Topf von der Kochstelle nehmen. Rotweinbirnen in ein Sieb abgießen, den Saft dabei auffangen. Rotweinbirnen erkalten lassen.

3. **Die Backofentemperatur um etwa 100 °C auf Ober-/Unterhitze: etwa 180 °C, Heißluft: etwa 160 °C erhöhen.**

4. Für den Teig Butter oder Margarine mit Salz und Zucker in einer Rührschüssel mit einem Mixer (Rührstäbe) zunächst kurz auf niedrigster, dann auf höchster Stufe etwa 4 Minuten schaumig schlagen. Eier nach und nach unterrühren (jedes Ei etwa ½ Minute).

5. Mehl mit Haselnüssen, Zimt und Backpulver gut vermischen. Die Mehlmischung unter die Eier-Fett-Masse rühren. Birnen und die Hälfte des aufgefangenen Rotwein-Birnen-Saftes unter den Teig heben.

6. Dann den Teig in die Mulden einer Muffinform (für 12 Muffins, mit Papierbackförmchen ausgelegt) geben und glatt streichen.

7. Die Form auf dem Rost in den heißen Backofen schieben. Die Cupcakes **25–30 Minuten backen.**

8. Die Form auf einen Kuchenrost stellen. Cupcakes etwa 5 Minuten in der Form abkühlen lassen. Anschließend aus der Form lösen und auf dem Kuchenrost erkalten lassen.

9. Für das Topping von der Nuss-Nougat-Creme 2 Esslöffel in einem kleinen Topf leicht erwärmen und in einen kleinen Gefrierbeutel füllen.

10. Restliche Nuss-Nougat-Creme mit Frischkäse verrühren, in einen Spritzbeutel mit Lochtülle (Ø 8 mm) füllen und dekorativ auf die Cupcakes spritzen.

11. Von dem Gefrierbeutel eine sehr kleine Ecke abschneiden. Cupcakes mit der Nougat-Creme garnieren und zugedeckt, sodass das Topping nicht zerdrückt wird, etwa 60 Minuten in den Kühlschrank stellen. Vor dem Servieren mit Birnenchips garnieren.

U
E
S
S
JE

Orangen-Lebkuchen-Cupcakes

Weihnachtlich

12 Stück

Pro Stück: E: 5 g, F: 25 g, Kh: 23 g,
kJ: 1428, kcal: 341, BE: 2,0

Zum Vorbereiten:

- *1 Bio-Orange (unbehandelt, ungewachst)*

Für den Teig:

- *150 g Butter oder Margarine (zimmerwarm)*
- *120 g Zucker*
- *2 EL Orangenmarmelade mit Stückchen*
- *3 Eier (Größe M)*
- *100 g nicht abgezogene, gem. Mandeln*
- *80 g Weizenmehl*
- *1 gestr. TL Dr. Oetker Backin*
- *1 gestr. TL Lebkuchengewürz*

Für das Topping:

- *250 g Mascarpone (ital. Frischkäse, zimmerwarm)*
- *50 g Crème légère (zimmerwarm)*
- *80 g Orangenmarmelade mit Stückchen*
- *12 Russisch-Brot-Buchstaben*

Außerdem:

- *12 Muffin-Papierbackförmchen*

Zubereitungszeit: 40 Minuten, ohne Kühlzeit
Backzeit: 25–30 Minuten

1. Zum Vorbereiten die Orange heiß abwaschen, abtrocknen und die Schale fein abreiben. Anschließend die Schale so abschneiden, dass die weiße Haut mitentfernt wird. Die Orange filetieren. Die Orangenfilets zugedeckt beiseitestellen.

2. Den Backofen vorheizen.
Ober-/Unterhitze: etwa 180 °C
Heißluft: etwa 160 °C

3. Für den Teig Butter oder Margarine mit Zucker, Orangenschale und Orangenmarmelade in eine Rührschüssel geben. Die Zutaten mit einem Mixer (Rührstäbe) zunächst kurz auf niedrigster, dann auf höchster Stufe etwa 4 Minuten schaumig schlagen. Die Eier nach und nach unterrühren (jedes Ei etwa ½ Minute).

4. Mandeln mit Mehl, Backpulver und Lebkuchengewürz gut vermischen. Die Mischung unter die Eier-Fett-Masse heben.

5. Teig in die Mulden einer Muffinform (für 12 Muffins, mit Papierbackförmchen ausgelegt) geben und glatt streichen. Die Form auf dem Rost in den vorgeheizten Backofen schieben und die Cupcakes **25–30 Minuten backen.**

6. Die Form auf einen Kuchenrost stellen. Cupcakes etwa 5 Minuten in der Form abkühlen lassen. Anschließend aus der Form lösen und auf dem Kuchenrost erkalten lassen.

7. Für das Topping Mascarpone mit Crème légère und Orangenmarmelade kurz mit einem Schneebesen verrühren. Die Orangencreme mit einem Esslöffel auf den Cupcakes verteilen. Die Cupcakes zugedeckt, sodass die Creme nicht zerdrückt wird, etwa 60 Minuten in den Kühlschrank stellen.

8. Die Orangen-Lebkuchen-Cupcakes vor dem Servieren mit den Russisch-Brot-Buchstaben garnieren. Die Orangenfilets dazu servieren.

Orangen-Muffins

Für Kinder – einfach

12 Stück

Pro Stück: E: 4 g, F: 11 g, Kh: 31 g, kJ: 1004, kcal: 240, BE: 2,5

Für den Belag:

150 g Orangenfilets oder
175 g abgetropfte Mandarinenspalten (aus der Dose)

Für den All-in-Teig:

250 g Weizenmehl
2 1/2 TL Dr. Oetker Backin
100 g Zucker
1 Pck. Dr. Oetker Finesse Orangenschalen-Aroma
3 Eier (Größe M)
100 ml Speiseöl, z. B. Sonnenblumenöl
50 ml Orangen- oder Mandarinensaft
150 ml Buttermilch

Zum Bestreichen und Garnieren:

2 EL Orangenmarmelade oder Aprikosenkonfitüre
gewürfeltes Orangeat
einige Orangenfilets

Außerdem:

12 Muffin-Papierbackförmchen

Zubereitungszeit: 25 Minuten, ohne Abkühlzeit
Backzeit: etwa 25 Minuten

1. Für den Belag die Orangenfilets in kleine Stücke schneiden.

2. Den Backofen vorheizen.
Ober-/Unterhitze: etwa 180 °C
Heißluft: etwa 160 °C

3. Für den Teig Mehl mit Backpulver in einer Rührschüssel mischen. Zucker, Orangenschalen-Aroma, Eier, Speiseöl, Orangen- oder Mandarinensaft und Buttermilch hinzufügen. Die Zutaten mit einem Mixer (Rührstäbe) zunächst kurz auf niedrigster, dann auf höchster Stufe in etwa 2 Minuten zu einem glatten Teig verarbeiten.

4. Den All-in-Teig in die Mulden einer Muffinform (für 12 Muffins, mit Papierbackförmchen ausgelegt) geben und glatt streichen. Orangenfilets oder gut die Hälfte der Mandarinenspalten auf den Teig legen. Die Form auf dem Rost in den vorgeheizten Backofen schieben. Die Muffins **etwa 25 Minuten backen.**

5. Die Form auf einen Kuchenrost stellen. Die Muffins etwa 10 Minuten in der Form abkühlen lassen. Anschließend aus der Form lösen und auf dem Kuchenrost erkalten lassen.

6. Nach Belieben Orangenmarmelade oder Aprikosenkonfitüre evtl. durch ein Sieb in einen Topf streichen, erwärmen und glatt rühren. Die Muffins damit bestreichen und mit Orangeatwürfeln und Orangenfilets oder den restlichen Mandarinen garnieren.

Orangen-Schoko-Cakes

Für jeden Tag

12 Stück

Pro Stück: E: 4 g, F: 17 g, Kh: 24 g, kJ: 1116, kcal: 267, BE: 2,0

Für die Schokocreme:

250 g Schlagsahne (mind. 30 % Fett)
50 g Edelbitter-Schokolade mit Orangenaroma (etwa 70 % Kakaoanteil)

Für den Rührteig:

50 g Edelbitter-Schokolade mit Orangenaroma (etwa 70 % Kakaoanteil)
125 g Butter oder Margarine (zimmerwarm)
100 g brauner Zucker
1 Prise Salz
3 Eier (Größe M)
150 g Weizenmehl
1 Msp. Dr. Oetker Backin
4 EL Orangensaft

2 EL Puderzucker
2 kandierte Orangenscheiben zum Garnieren

Zubereitungszeit: 50 Minuten, ohne Kühlzeit
Backzeit: 20–25 Minuten

1. Für die Schokocreme die Sahne erhitzen. Schokolade in kleine Stücke brechen und unter Rühren in der Sahne schmelzen. Die Schokoladensahne in eine Schüssel geben und zugedeckt mindestens 3 Stunden in den Kühlschrank stellen.

2. Den Backofen vorheizen.
Ober-/Unterhitze: etwa 180 °C
Heißluft: etwa 160 °C

3. Für den Teig die Schokolade hacken. Butter oder Margarine mit einem Mixer (Rührstäbe) auf höchster Stufe geschmeidig rühren. Nach und nach Zucker und Salz unterrühren. So lange rühren, bis eine gebundene Masse entstanden ist. Eier nach und nach unterrühren (jedes Ei etwa ½ Minute).

4. Das Mehl mit Backpulver mischen, abwechselnd mit dem Orangensaft auf mittlerer Stufe kurz unterrühren. Die Schokoladenstücke unterheben.

5. Den Rührteig in die Mulden einer Muffinform (für 12 Muffins, gefettet) geben und glatt streichen. Die Form auf dem Rost in den vorgeheizten Backofen schieben. Die Muffins **20–25 Minuten backen.**

6. Die Form auf einen Kuchenrost stellen. Die Muffins etwa 10 Minuten in der Form abkühlen lassen. Anschließend aus der Form lösen und auf dem Kuchenrost erkalten lassen.

7. Die kalt gestellte Schokoladensahne mit dem Puderzucker mit einem Mixer (Rührstäbe) auf höchster Stufe cremig schlagen. Jeweils einen Klecks der Schokocreme auf die Muffins geben. Zum Garnieren Orangenscheiben in kleine Ecken schneiden. Die Muffins damit garnieren.

Tipp: Kandierte Orangenscheiben erhalten Sie in den Pralinen- oder Confiserie-Abteilungen von Kaufhäusern.

Pavlova-Cupcakes | Fruchtig

12 Stück

Pro Stück: E: 4 g, F: 6 g, Kh: 32 g, kJ: 818, kcal: 195, BE: 2,5

Für das Topping:

2 Eiweiß (Größe M)
½ TL Apfelessig
50 g Zucker
1 gestr. TL Speisestärke
50 g Puderzucker

½ TL Speiseöl zum Bestreichen
500 g Erdbeeren

Für den Teig:

200 g Weizenmehl
3 gestr. TL Dr. Oetker Backin
1 Pck. Dr. Oetker Finesse Geriebene Zitronenschale
80 g Zucker
1 Prise Salz
2 Eier (Größe M)
50 ml Speiseöl, z. B. Distelöl

Zum Bestreichen:

4 TL Erdbeerkonfitüre „samt"

Außerdem:

12 Muffin-Papierbackförmchen

Zubereitungszeit: 40 Minuten, ohne Abkühlzeit
Trockenzeit (Baiser): etwa 70 Minuten
Backzeit: 20–25 Minuten

1. Den Backofen vorheizen.
Ober-/Unterhitze: etwa 110 °C
(Heißluft nicht empfehlenswert)

2. Für das Topping Eiweiß und Apfelessig mit einem Mixer (Rührstäbe) auf höchster Stufe steif schlagen. Der Schnee muss so fest sein, dass ein Messerschnitt sichtbar bleibt. Nach und nach den Zucker unterschlagen. Speisestärke mit Puderzucker mischen, auf den Eischnee sieben und vorsichtig unterrühren.

3. Ein Backblech (gefettet, mit Backpapier belegt) ganz dünn mit Speiseöl bestreichen. Eischnee in einen Spritzbeutel mit Lochtülle (Ø etwa 1 ½ cm) geben. 12 Eischnee-Tupfen (Ø 4–5 cm) auf das Backblech spritzen. Mithilfe eines Teelöffels jeweils eine Vertiefung in die Tupfen formen.

4. Das Backblech in den vorgeheizten Backofen (unterste Schiene) schieben. Die Baiser-Tupfen **etwa 70 Minuten trocknen lassen.** Anschließend den Backofen ausstellen. Die Baiserdeckel darin erkalten lassen. Das Backblech auf einen Kuchenrost stellen.

5. Den Backofen vorheizen.
Ober-/Unterhitze: etwa 180 °C
Heißluft: etwa 160 °C

6. Die Erdbeeren putzen, abspülen und abtropfen lassen. Die Hälfte davon in Stücke schneiden, in einen hohen Rührbecher geben und mit einem Pürierstab fein pürieren. Die restlichen Erdbeeren in Scheiben schneiden.

7. Für den Teig Mehl mit Backpulver, Zitronenschale, Zucker und Salz in einer Rührschüssel mit einem Schneebesen verrühren.

8. Die Eier mit dem Erdbeerpüree und dem Speiseöl gründlich verrühren. Die flüssigen Zutaten zu der Mehlmischung in die Rührschüssel geben und zu einem glatten Teig verrühren.

9. Den Teig in die Mulden einer Muffinform (für 12 Muffins, mit Papierbackförmchen ausgelegt) geben und glatt streichen. Die Form auf dem Rost in den vorgeheizten Backofen schieben. Die Cupcakes **20–25 Minuten backen.**

10. Die Form auf einen Kuchenrost stellen. Die Cupcakes etwa 5 Minuten in der Form abkühlen lassen. Anschließend aus der Form lösen und auf dem Kuchenrost erkalten lassen.

11. Zum Servieren die Oberfläche der Cupcakes mit etwas Konfitüre bestreichen. Die Baiserschalen daraufsetzen und ganz vorsichtig, sodass sie nicht zerbrechen, andrücken.

12. Die restliche Konfitüre vorsichtig mit den Erdbeerscheiben vermischen, dann in den Mulden der Baiserschalen verteilen.

Tipp: Sie können die Baiserschalen am Vorabend zubereiten und erkaltet in einer gut schließenden Blechdose aufbewahren.

Piña-Colada-Cakes | Mit Alkohol

12 Stück

Pro Stück: E: 3 g, F: 7 g, Kh: 34 g, kJ: 920, kcal: 220, BE: 3,0

Zum Vorbereiten:

278 g abgetropfte geraspelte Ananas (aus der Dose)

Für die Baisermasse:

3 Eiweiß (Größe M)
130 g Zucker
1 Pck. Dr. Oetker Vanillin-Zucker
20 g Kokosraspel

Für den Teig:

50 g Butter (zimmerwarm)
100 g Zucker
1 Pck. Dr. Oetker Vanillin-Zucker
3 Eigelb (Größe M)
130 g Weizenmehl
2 gestr. TL Dr. Oetker Backin
2–3 EL Batida de Côco (Kokoslikör, z. B. Mangaroca Batida de Côco)

1–2 EL Kokosraspel zum Bestreuen

Außerdem:

12 Muffin-Papierbackförmchen

Zubereitungszeit: 30 Minuten
Backzeit: etwa 30 Minuten

1. Zum Vorbereiten Ananasraspel sehr gut ausdrücken. Eine Muffinform für 12 Muffins mit Papierbackförmchen auslegen. Den oberen Rand der Mulden mithilfe eines Backpinsels etwas einfetten, da das Baiser sonst festbackt.

2. Den Backofen vorheizen.
Ober-/Unterhitze: etwa 180 °C
Heißluft: etwa 160 °C

3. Für die Baisermasse Eiweiß mit einem Mixer (Rührstäbe) auf höchster Stufe so steif schlagen, dass ein Messerschnitt sichtbar bleibt. Nach und nach Zucker und Vanillin-Zucker kurz unterschlagen. Kokosraspel vorsichtig unterheben.

4. Für den Teig Butter mit einem Mixer (Rührstäbe) auf höchster Stufe geschmeidig rühren. Nach und nach Zucker und Vanillin-Zucker unterrühren. So lange rühren, bis eine gebundene Masse entstanden ist.

5. Eigelb nach und nach auf höchster Stufe unterrühren. Mehl mit Backpulver mischen und abwechselnd mit Batida de Côco auf mittlerer Stufe kurz unterrühren. 1 Esslöffel von der Baisermasse abnehmen und unter den Teig heben. Ananasraspel ebenfalls unterheben.

6. Den Teig in die Mulden der Muffinform geben und glatt streichen. Die Baisermasse darauf verteilen und mit Kokosraspeln bestreuen. Die Form auf dem Rost in den vorgeheizten Backofen schieben. Die Cupcakes **etwa 30 Minuten backen.** Nach etwa der Hälfte der Backzeit die Cupcakes mit Backpapier zudecken, da die Kokosraspel sonst evtl. zu schnell bräunen.

7. Die Form auf einen Kuchenrost stellen. Die Cupcakes etwa 5 Minuten in der Form abkühlen lassen. Anschließend erst vorsichtig vom Rand, dann aus der Form lösen und auf dem Kuchenrost erkalten lassen.

Pinienkern-Muffinsturm

Buffetgeeignet
36 Stück

Pro Stück: E: 1 g, F: 4 g, Kh: 6 g,
kJ: 259, kcal: 62, BE: 0,5

Zum Vorbereiten:
75 g Pinienkerne

Für den Rührteig:
100 g Butter oder Margarine (zimmerwarm)
75 g Zucker
1 Pck. Dr. Oetker Finesse Orangenschalen-Aroma
2 Eier (Größe M)
100 g Weizenmehl
1 gestr. TL Dr. Oetker Backin

Für den Guss:
1 Pck. ungezuckerter Tortenguss, klar
1 EL Zucker
250 ml Multivitaminsaft

Außerdem:
72 Mini-Muffin-Papierbackförmchen (Ø etwa 3 cm)

Zubereitungszeit: 40 Minuten, ohne Abkühlzeit
Backzeit: 15–20 Minuten

1. Zum Vorbereiten zunächst 50 g von den Pinienkernen sehr fein hacken. Die restlichen Pinienkerne in einer Pfanne ohne Fett unter Wenden goldbraun rösten. Anschließend auf einen Teller geben und beiseitestellen.

2. Den Backofen vorheizen.
Ober-/Unterhitze: etwa 180 °C
Heißluft: etwa 160 °C

3. Für den Teig die Butter oder Margarine mit einem Mixer (Rührstäbe) auf höchster Stufe geschmeidig rühren. Nach und nach Zucker und Orangenschalen-Aroma unterrühren. So lange rühren, bis eine gebundene Masse entstanden ist.

4. Eier nach und nach unterrühren (jedes Ei etwa ½ Minute). Mehl mit Backpulver mischen und auf mittlerer Stufe kurz unterrühren. Zuletzt die fein gehackten Pinienkerne unterrühren.

5. Den Teig portionsweise in einen Spritzbeutel mit großer Lochtülle füllen. Die Papierbackförmchen doppelt ineinander gestellt auf ein Backblech stellen. Den Teig hineinspritzen. Das Backblech in den vorgeheizten Backofen schieben. Die Muffins **15–20 Minuten backen.**

6. Das Backblech auf einen Kuchenrost stellen. Die Muffins in den Förmchen erkalten lassen. Anschließend die Förmchen entfernen und die Muffins auf einer Tortenplatte zu einem Turm stapeln.

7. Für den Guss aus Tortengusspulver, Zucker und Saft nach Packungsanleitung einen Guss herstellen. Den Guss über den Muffinsturm gießen, mit den gerösteten Pinienkernen bestreuen. Den Muffinsturm einige Minuten kalt stellen.

Pinienzapfen | Genuss mit Nuss

12 Stück

Pro Stück: E: 12 g, F: 39 g, Kh: 19 g, kJ: 1993, kcal: 476, BE: 1,5

Zum Vorbereiten:

300 g ungeschälte Mandelkerne

Für den Teig:

3 Eiweiß (Größe M)
1 Prise Salz
50 Marzipan-Rohmasse
3 Eigelb (Größe M)
1 Ei (Größe M)
50 ml Sonnenblumenöl
50 g Zucker
150 g gem. Haselnusskerne
50 g Speisestärke
2 gestr. TL Dr. Oetker Backin

Für das Topping:

150 g Marzipan-Rohmasse
2 EL Puderzucker
300 g Schlagsahne (mind. 30 % Fett)
1 Pck. Sahnesteif
50 g gem. Haselnusskerne

Außerdem:

12 Muffin-Papierbackförmchen

Zubereitungszeit: 2 Stunden, ohne Abkühlzeit
Backzeit: etwa 25 Minuten

1. Zum Vorbereiten die Mandeln zunächst auf einem scharfen Hobel von beiden Seiten 2-mal dünn anhobeln, dann in der Mitte mit einem kleinen, scharfen Messer in 2 Teile teilen (die Hobelreste anderweitig verwenden).

2. Den Backofen vorheizen.
Ober-/Unterhitze: etwa 180 °C
Heißluft: etwa 160 °C

3. Für den Teig Eiweiß und Salz mit einem Mixer (Rührstäbe) sehr steif schlagen. Marzipan in hauchdünne Scheiben schneiden. Marzipanscheiben mit Eigelb, Ei, Sonnenblumenöl und Zucker mit dem Mixer (Rührstäbe) zunächst kurz auf niedrigster, dann auf höchster Stufe glatt rühren.

4. Haselnusskerne, Speisestärke und Backpulver mischen und vorsichtig unter die Marzipan-Eigelb-Mischung rühren. Zum Schluss den Eischnee unterheben.

5. Den Teig in die Mulden einer Muffinform (für 12 Muffins, mit Papierbackförmchen ausgelegt) geben und glatt streichen.

6. Die Form auf dem Rost in den vorgeheizten Backofen schieben. Cupcakes **etwa 25 Minuten backen.**

7. Die Form auf einen Kuchenrost stellen. Cupcakes etwa 10 Minuten in der Form abkühlen lassen. Anschließend aus der Form lösen und auf dem Kuchenrost erkalten lassen.

8. Für das Topping Marzipan mit Puderzucker sorgfältig verkneten. Die Marzipanmasse in 12 gleich große Portionen teilen.

9. Jede Portion zunächst zu einer Kugel rollen, dann mit den Fingern zu flachen Talern in Größe der Cupcake-Oberfläche auseinanderdrücken. Die Cupcakes damit belegen. Die Marzipan-Taler leicht andrücken.

10. Sahne mit Sahnesteif steif schlagen. Die Haselnusskerne vorsichtig unterheben. Nuss-Sahne in einen Spritzbeutel mit Lochtülle (Ø etwa 1 ½ cm) geben und in dicken Tupfen auf die Cupcakes spritzen.

11. Die vorbereiteten Mandeln dachziegelartig rund um die Nuss-Sahne-Tupfen anordnen und leicht andrücken.

Tipp: Schneller geht es, wenn Sie fertig gehobelte Mandeln verwenden. Diese in einer Pfanne ohne Fett unter Wenden goldbraun rösten, auf einen Teller geben und vollständig erkalten lassen. Die Mandeln anschließend wie unter Punkt 11 beschrieben rund um die aufgespritzten Nuss-Sahne-Tupfen zu Zapfen anordnen.

Pink Raspberry

Fruchtig

12 Stück

Pro Stück: E: 4 g, F: 18 g, Kh: 31 g, kJ: 1284, kcal: 307, BE: 2,5

Für den Teig:

3 Eiweiß (Größe M)
1 Prise Salz
170 g Zucker
3 Eigelb (Größe M)
125 g Butter oder Margarine (zimmerwarm)
140 g Weizenmehl
1 Pck. Rote Grütze Himbeer-Geschmack (Dessertpulver)
1 Msp. Natron
50 ml Mineralwasser mit Kohlensäure

Für das Topping:

40 g Puderzucker
1 Pck. Sahnesteif
300 g Schlagsahne (mind. 30 % Fett)
250 g Himbeeren

Außerdem:

12 Muffin-Papierbackförmchen

Zubereitungszeit: 35 Minuten, ohne Abkühlzeit
Backzeit: etwa 30 Minuten

1. Den Backofen vorheizen.
Ober-/Unterhitze: etwa 180 °C
Heißluft: etwa 160 °C

2. Für den Teig Eiweiß und Salz mit einem Mixer (Rührstäbe) auf höchster Stufe steif schlagen. Eischnee 3 Minuten weiterschlagen, dabei nach und nach den Zucker einrieseln lassen.

3. In einer anderen Schüssel Eigelb mit Butter oder Margarine schaumig rühren. Mehl mit Rote-Grütze-Pulver und Natron mischen und abwechselnd mit dem Mineralwasser auf niedrigster Stufe kurz unterrühren. Eischnee in 2 Portionen kurz unterrühren.

4. Den Teig in die Mulden einer Muffinform (für 12 Muffins, mit Papierbackförmchen ausgelegt) geben und glatt streichen. Die Form auf dem Rost in den vorgeheizten Backofen schieben. Die Cakes **etwa 30 Minuten backen.**

5. Die Form auf einen Kuchenrost stellen. Cakes etwa 10 Minuten in der Form abkühlen lassen. Anschließend aus der Form lösen und auf dem Kuchenrost erkalten lassen.

6. Für das Topping Puderzucker mit Sahnesteif mischen. Die Sahne etwa ½ Minute aufschlagen, unter Schlagen das Puderzucker-Sahnesteif-Gemisch einrieseln lassen und die Sahne vollständig steif schlagen.

7. Die Himbeeren verlesen. 12 Himbeeren beiseitelegen, die restlichen Himbeeren kurz unter die Sahne rühren, sodass einige Beeren zerdrückt werden. Die Himbeersahne bergförmig auf den Cupcakes verstreichen. Jeden Cupcake mit 1 Himbeere garnieren.

Polenta-Muffins mit Heidelbeeren

Einfach – fruchtig

12 Stück

Pro Stück: E: 4 g, F: 12 g, Kh: 27 g, kJ: 977, kcal: 234, BE: 2,5

Zum Vorbereiten:

150 g frische oder TK-Heidelbeeren
250 ml Milch (1,5 % Fett)
1 Prise Salz
50 g Butter
120 g Polenta (Maisgrieß)

Für den Rührteig:

100 g Butter oder Margarine (zimmerwarm)
100 g brauner Zucker
1 Pck. Dr. Oetker Bourbon-Vanille-Zucker
2 Eier (Größe M)
125 g Weizenmehl
2 gestr. TL Dr. Oetker Backin

2 EL Puderzucker zum Bestäuben

Außerdem:

12 Muffin-Papierbackförmchen

Zubereitungszeit: 30 Minuten, ohne Quell- und Abkühlzeit
Backzeit: etwa 25 Minuten

1. Zum Vorbereiten frische Heidelbeeren verlesen, abspülen und sehr gut abtropfen lassen (TK-Heidelbeeren nicht auftauen lassen!). Milch mit Salz und Butter in einem Topf zum Kochen bringen. Den Topf von der Kochstelle nehmen. Polenta unter Rühren einstreuen und etwa 10 Minuten quellen lassen.

2. Den Backofen vorheizen.
Ober-/Unterhitze: etwa 180 °C
Heißluft: etwa 160 °C

3. Für den Teig Butter oder Margarine mit einem Mixer (Rührstäbe) auf höchster Stufe geschmeidig rühren. Nach und nach Zucker und Vanille-Zucker unterrühren. So lange rühren, bis eine gebundene Masse entstanden ist. Anschließend Polenta esslöffelweise unterrühren.

4. Eier nach und nach unterrühren (jedes Ei etwa ½ Minute). Mehl mit Backpulver mischen und auf mittlerer Stufe kurz unterrühren. Zuletzt die Heidelbeeren (TK-Heidelbeeren unaufgetaut) vorsichtig unterheben (nicht zu stark rühren, die Früchte färben sonst den Teig lila).

5. Den Teig in die Mulden einer Muffinform (für 12 Muffins, mit Papierbackförmchen ausgelegt) geben und glatt streichen. Die Form auf dem Rost in den vorgeheizten Backofen schieben. Die Polenta-Muffins **etwa 25 Minuten backen.**

6. Die Form auf einen Kuchenrost stellen. Die Muffins etwa 10 Minuten in der Form abkühlen lassen. Anschließend aus der Form lösen und auf dem Kuchenrost erkalten lassen. Die Polenta-Muffins mit Puderzucker bestäubt servieren.

Popcorn-Cakes | Schokoglück – glutenfrei

12 Stück

Pro Stück: E: 6 g, F: 27 g, Kh: 31 g, kJ: 1633, kcal: 390, BE: 2,5

Zum Vorbereiten:

250 g abgetropfte Pfirsichhälften (aus der Dose)

Für den Teig:

150 g Butter oder Margarine (zimmerwarm)
120 g Zucker
2 EL Orangenmarmelade mit Stückchen
3 Eier (Größe M)
120 g Maismehl
80 g abgezogene, gem. Mandeln
1 ½ gestr. TL Dr. Oetker Backin

60 ml Pfirsichsaft (aus der Dose)

Für das Topping:

50 g Popkornmais (oder fertiges Popkorn)
2 EL neutrales Speiseöl
20 g Kokosfett
100 g Zartbitter-Schokolade (etwa 50 % Kakaoanteil)
200 g Schlagsahne (mind. 30 % Fett)
1 TL Zucker
1 Pck. Sahnesteif

Außerdem:

12 Muffin-Papierbackförmchen

Zubereitungszeit: 50 Minuten, ohne Abkühlzeit
Backzeit: etwa 25 Minuten

1. Zum Vorbereiten von den Pfirsichen den Saft auffangen und beiseitestellen. Die Pfirsichhälften in etwa 1 cm große Würfel schneiden.

2. Den Backofen vorheizen.
Ober-/Unterhitze: etwa 180 °C
Heißluft: etwa 160 °C

3. Für den Teig die Butter oder Margarine mit Zucker und Marmelade in einer Rührschüssel mit dem Mixer (Rührstäbe) zunächst kurz auf niedrigster, dann auf höchster Stufe etwa 4 Minuten schaumig schlagen.

4. Eier nach und nach unterrühren (jedes Ei etwa ½ Minute). Maismehl mit Mandeln und Backpulver mischen, unter die Eier-Fett-Masse heben. Zuletzt die Pfirsichwürfel vorsichtig unterheben.

5. Den Teig in die Mulden einer Muffinform (für 12 Muffins, mit Papierbackförmchen ausgelegt) geben und glatt streichen. Die Form auf dem Rost in den vorgeheizten Backofen schieben. Die Cupcakes **etwa 25 Minuten backen.**

6. Die Form auf einen Kuchenrost stellen. Die noch heißen Cupcakes mit 60 ml von dem Pfirsichsaft bepinseln. Cupcakes etwa 10 Minuten in der Form abkühlen lassen. Anschließend aus der Form lösen und auf dem Kuchenrost erkalten lassen.

7. Für das Topping den Popkornmais mit dem Speiseöl in einem großen Topf erhitzen. Den Topf mit einem Deckel abdecken. Sobald die ersten Maiskörner aufpoppen, die Temperatur ausschalten.

8. Das Kokosfett und die Schokolade in kleine Stücke hacken. Zwei Drittel davon in einem Topf im Wasserbad bei schwacher Hitze unter Rühren schmelzen. Den Topf aus dem Wasserbad nehmen und die restlichen Kokosfett- und Schokoladenstücke darin unter Rühren schmelzen.

9. Sahne mit Zucker und Sahnesteif steif schlagen. Die Sahne mit einem Esslöffel auf den Cupcakes verteilen.

10. Das Popkorn in die aufgelöste Schokoladen-Kokosfett-Masse geben und gut mischen. Das noch feuchte Schoko-Popkorn auf den Cupcakes verteilen.

11. Die Popcorn-Cakes etwa 10 Minuten in den Kühlschrank stellen und bald servieren.

Tipp: Da das Popkorn nach einiger Zeit weich wird, die Cupcakes immer möglichst frisch servieren.

Prinzess-Muffins | Fruchtig

12 Stück

Pro Stück: E: 4 g, F: 8 g, Kh: 30 g, kJ: 898, kcal: 214, BE: 2,5

Zum Vorbereiten:

265 g abgetropfte Aprikosenhälften (aus der Dose)

Für den Teig:

200 g Weizenmehl
2 gestr. TL Dr. Oetker Backin
150 g Zucker
1 Prise Salz
50 g gehackte Mandeln
100 ml Buttermilch
50 ml neutrales Speiseöl
2 Eier (Größe M)

1 EL Puderzucker zum Bestäuben

Zubereitungszeit: 25 Minuten, ohne Abkühlzeit
Backzeit: etwa 30 Minuten

1. Den Backofen vorheizen.
Ober-/Unterhitze: etwa 180 °C
Heißluft: etwa 160 °C

2. Zum Vorbereiten Aprikosenhälften in sehr kleine Würfel schneiden.

3. Für den Teig Mehl mit Backpulver, Zucker, Salz und Mandeln in einer Rührschüssel mit einem Schneebesen verrühren.

4. Buttermilch, Speiseöl und Eier in einem Rührbecher mit dem Schneebesen verrühren. Dann die flüssigen Zutaten zu der Mehl-Mandel-Mischung in die Rührschüssel geben und zu einem glatten Teig verrühren. Aprikosenwürfel unterrühren.

5. Den Teig in die Mulden einer Muffinform (für 12 Muffins, gefettet, gemehlt) geben und glatt streichen. Form auf dem Rost in den vorgeheizten Backofen schieben. Muffins **etwa 30 Minuten backen.**

6. Die Form auf einen Kuchenrost stellen. Die Muffins etwa 5 Minuten in der Form abkühlen lassen. Anschließend vorsichtig aus der Form lösen und auf dem mit Backpapier belegten Kuchenrost erkalten lassen. Die Muffins vor dem Servieren mit Puderzucker bestäuben.

Tipp: Für ein Streifenmuster aus Puderzucker den Backofenrost auf die Muffins legen und Puderzucker daraufstäuben. Den Rost vorsichtig abheben.

Pumpernickel-Cakes

Raffiniert

12 Stück

Pro Stück: E: 4 g, F: 16 g, Kh: 28 g, kJ: 1149, kcal: 275, BE: 2,5

Zum Vorbereiten:

100 g Pumpernickel
50 ml frisch gepresster Orangensaft (von etwa 1/2 Orange)
75 g Zartbitter-Schokolade (etwa 50 % Kakaoanteil)

Für den Rührteig:

100 g Butter oder Margarine (zimmerwarm)
100 g Zucker
1 Pck. Dr. Oetker Finesse Orangenschalen-Aroma
je 1 Prise gem. Nelken, Zimt und Anis
2 Eier (Größe M)
100 g Weizenmehl
1 gestr. TL Dr. Oetker Backin
75 g gem. Haselnusskerne

Zum Garnieren:

1 EL Puderzucker
75 g Crème fraîche
100 g Johannisbeergelee

Außerdem:

12 Muffin-Papierbackförmchen

Zubereitungszeit: 30 Minuten, ohne Einweich- und Abkühlzeit
Backzeit: etwa 25 Minuten

1. Zum Vorbereiten Pumpernickel in einer flachen Schüssel fein zerbröseln. Die Pumpernickelbrösel mit Orangensaft beträufeln und etwa 20 Minuten darin einweichen. Schokolade fein raspeln.

2. Den Backofen vorheizen.
Ober-/Unterhitze: etwa 180 °C
Heißluft: etwa 160 °C

3. Für den Teig Butter oder Margarine mit einem Mixer (Rührstäbe) auf höchster Stufe geschmeidig rühren. Nach und nach Zucker, Aroma und Gewürze unterrühren. So lange rühren, bis eine gebundene Masse entstanden ist.

4. Eier nach und nach unterrühren (jedes Ei etwa 1/2 Minute). Mehl mit Backpulver und Haselnusskernen mischen. Die Mehl-Nuss-Mischung mit den eingeweichten Pumpernickelbröseln und den Schokoladenraspeln abwechselnd in 2 Portionen auf mittlerer Stufe kurz unterrühren.

5. Den Teig in die Mulden einer Muffinform (für 12 Muffins mit Papierbackförmchen ausgelegt) geben und glatt streichen. Die Form auf dem Rost in den vorgeheizten Backofen schieben. Pumpernickel-Cakes **etwa 25 Minuten backen.**

6. Die Form auf einen Kuchenrost stellen. Die Cakes etwa 10 Minuten in der Form abkühlen lassen. Anschließend aus der Form lösen und auf dem Kuchenrost erkalten lassen.

7. Zum Garnieren die Cakes mit Puderzucker bestäuben. Crème fraîche mit dem Mixer (Rührstäbe) cremig aufschlagen. Die Cakes damit und mit jeweils einem Klecks Gelee garnieren und sofort servieren.

Quark-Grieß-Muffins

Wunderbar luftig – fettarm

12 Stück

Pro Stück: E: 8 g, F: 7 g, Kh: 24 g, kJ: 794, kcal: 190, BE: 2,0

Für den Teig:

2 Eiweiß (Größe M)
2 Eigelb (Größe M)
125 g Zucker
50 g Butter oder Margarine (zimmerwarm)
500 g Magerquark
1 Pck. Dr. Oetker Pudding-Pulver Vanille-Geschmack
50 g Weichweizengrieß
1 EL Weizenmehl
1 EL Dr. Oetker Finesse Geriebene Zitronenschale
175 g abgetropfte Mandarinenspalten (aus der Dose)

Zum Bestreuen und Bestäuben:

2 EL gehobelte Mandeln
1 ½ EL Puderzucker

Zubereitungszeit: 25 Minuten, ohne Abkühlzeit
Backzeit: etwa 35 Minuten

1. Den Backofen vorheizen.
Ober-/Unterhitze: etwa 180 °C
Heißluft: etwa 160 °C

2. Für den Teig das Eiweiß sehr steif schlagen und beiseitestellen. Das Eigelb und 100 g von dem Zucker mit einem Mixer (Rührstäbe) auf höchster Stufe schaumig schlagen.

3. In einer anderen Schüssel Butter oder Margarine mit dem restlichen Zucker mit dem Mixer (Rührstäbe) geschmeidig rühren. Den Quark unterrühren. Pudding-Pulver mit Grieß, Mehl und Zitronenschale mischen, dann unter die Butter-Quark-Masse rühren.

4. Den Eischnee und die Eigelb-Zucker-Masse vorsichtig unterrühren. Zuletzt die Mandarinenspalten vorsichtig unterheben.

5. Den Teig in die Mulden einer Muffinform (für 12 Muffins, gefettet, gemehlt) geben und glatt streichen. Die Muffins mit Mandeln bestreuen. Die Form auf dem Rost in den vorgeheizten Backofen schieben. Quark-Grieß-Muffins **etwa 35 Minuten backen.**

6. Die Muffins sofort vorsichtig aus der Form lösen und auf einem mit Backpapier belegten Kuchenrost erkalten lassen. Die Quark-Grieß-Muffins vor dem Servieren mit Puderzucker bestäuben.

Quark-Kirsch-Muffins

Für Kinder – fettarm
12 Stück

Pro Stück: E: 5 g, F: 8 g, Kh: 40 g,
kJ: 1090, kcal: 260, BE: 3,5

Zum Vorbereiten:
360 g abgetropfte Sauerkirschen (aus dem Glas)

Für den All-in-Teig:
250 g Weizenmehl
3 TL Dr. Oetker Backin
1 Pck. Dr. Oetker Pudding-Pulver Vanille-Geschmack
100 g Zucker
1 Pck. Dr. Oetker Vanillin-Zucker
2 Eier (Größe M)
75 ml Speiseöl, z. B. Sonnenblumenöl
100 ml Milch (1,5 % Fett)
125 g Magerquark

Für den Guss:
75 g Puderzucker
1 EL Sauerkirschsaft (aus dem Glas)
evtl. etwas rote Speisefarbe

Außerdem:
12 Muffin-Papierbackförmchen

Zubereitungszeit: 25 Minuten, ohne Abkühlzeit
Backzeit: etwa 25 Minuten

1. Zum Vorbereiten von den Sauerkirschen den Saft auffangen und für den Guss beiseitestellen.

2. Den Backofen vorheizen.
Ober-/Unterhitze: etwa 180 °C
Heißluft: etwa 160 °C

3. Für den Teig Mehl mit Backpulver und Pudding-Pulver in einer Rührschüssel mischen. Die restlichen Zutaten hinzufügen und mit einem Mixer (Rührstäbe) zunächst kurz auf niedrigster, dann auf höchster Stufe in etwa 2 Minuten zu einem glatten Teig verarbeiten.

4. Den Teig in die Mulden einer Muffinform (für 12 Muffins, mit Papierbackförmchen ausgelegt) geben und glatt streichen. Die Sauerkirschen darauf verteilen. Die Form auf dem Rost in den vorgeheizten Backofen schieben. Die Muffins **etwa 25 Minuten backen.**

5. Die Form auf einen Kuchenrost stellen. Die Quark-Kirsch-Muffins etwa 10 Minuten in der Form abkühlen lassen. Anschließend aus der Form lösen und auf dem Kuchenrost erkalten lassen.

6. Für den Guss Puderzucker mit Sauerkirschsaft zu einer dickflüssigen Masse verrühren. Den Guss evtl. mit Speisefarbe zusätzlich einfärben. Dann in einen kleinen Gefrierbeutel oder ein Pergamentpapiertütchen füllen und eine kleine Ecke abschneiden. Die Muffins mit dem Guss besprenkeln. Den Guss trocknen lassen.

Quark-Marmor-Muffins I

Für jeden Tag

12 Stück

Pro Stück: E: 6 g, F: 15 g, Kh: 31 g, kJ: 1191, kcal: 285, BE: 1,5

Zum Vorbereiten:

1 Bio-Orange (unbehandelt, ungewachst)
100 g Zartbitter-Schokolade (etwa 50 % Kakaoanteil)
2 EL Schlagsahne

Für den Rührteig:

100 ml Sonnenblumenöl
120 g Zucker
1 Pck. Dr. Oetker Vanillin-Zucker
1 Ei (Größe M)
250 g Speisequark (20 % Fett)
250 g Weizenmehl
1 ½ gestr. TL Dr. Oetker Backin
1 Prise Salz

Zubereitungszeit: 40 Minuten
Backzeit: etwa 25 Minuten

1. Zum Vorbereiten die Orange heiß abwaschen, abtrocknen und die Schale fein abreiben. Dann die Orange halbieren. Von einer Orangenhälfte den Saft auspressen, 50 ml davon abmessen und für den Teig beiseitestellen.

2. Schokolade in kleine Stücke brechen. Zwei Drittel davon mit der Sahne in einem Topf im Wasserbad bei schwacher Hitze unter Rühren schmelzen. Den Topf aus dem Wasserbad nehmen und die restliche Schokolade darin unter Rühren schmelzen.

3. Den Backofen vorheizen.
Ober-/Unterhitze: etwa 180 °C
Heißluft: etwa 160 °C

4. Für den Teig Sonnenblumenöl mit Zucker und Vanillin-Zucker in eine Rührschüssel geben. Zutaten mit einem Mixer (Rührstäbe) zu einer dickflüssigen Masse verrühren. Das Ei etwa ½ Minute unterrühren.

Anschließend die Orangenschale und den Quark unterrühren.

5. Mehl mit Backpulver und Salz mischen und in 2 Portionen abwechselnd mit dem beiseitegestellten Orangensaft auf mittlerer Stufe kurz unterrühren.

6. Danach den Teig in die Mulden einer Muffinform (für 12 Muffins, gefettet, gemehlt) geben. Jeweils 1 Teelöffel der flüssigen Schokolade in die Mitte des Teiges geben. Anschließend mit einem Holzstäbchen jeweils 3–5 Kreise ziehen, sodass die Muffins an der Oberfläche leicht marmoriert sind. Die Form auf dem Rost in den vorgeheizten Backofen schieben. Die Quark-Marmor-Muffins **etwa 25 Minuten backen.**

7. Die Form auf einen Kuchenrost stellen. Die Quark-Marmor-Muffins etwa 10 Minuten in der Form abkühlen lassen. Anschließend vorsichtig aus der Form lösen und auf dem mit Backpapier belegten Kuchenrost erkalten lassen.

Quark-Zimt-Muffins

Fruchtig gekrönt

12 Stück

Pro Stück: E: 8 g, F: 18 g, Kh: 27 g, kJ: 1258, kcal: 301, BE: 2,0

Zum Vorbereiten:

185 g Butter
75 g dünne belgische Butterwaffeln

Für den Schüttelteig:

500 g Speisequark (20 % Fett)
100 g Zucker
1 Pck. Dr. Oetker Vanillin-Zucker
1 gestr. TL gem. Zimt
1 gestr. TL Dr. Oetker Backin
100 g Hartweizengrieß
2 Eier (Größe M)

Für den Belag:

100 g Kirschkonfitüre
25 g dünne belgische Butterwaffeln

Außerdem:

12 Muffin-Papierbackförmchen

Zubereitungszeit: 30 Minuten, ohne Abkühlzeit
Backzeit: etwa 25 Minuten

1. Zum Vorbereiten Butter zerlassen und abkühlen lassen. Inzwischen die Waffeln in einen Gefrierbeutel geben. Den Beutel fest verschließen. Waffeln mit einer Teigrolle fein zerbröseln und beiseitestellen.

2. Den Backofen vorheizen.
Ober-/Unterhitze: etwa 180 °C
Heißluft: etwa 160 °C

3. Für den Teig Quark in eine verschließbare Schüssel (etwa 3 l) geben. Zucker mit Vanillin-Zucker, Zimt und Backpulver mischen, zum Quark geben.

4. Grieß, Eier und flüssige Butter hinzufügen und die Schüssel mit dem Deckel fest verschließen. Schüssel mehrmals kräftig schütteln (insgesamt 15–30 Sekunden), sodass alle Zutaten gut vermischt sind.

5. Alles mit einem Schneebesen oder Rührlöffel nochmals sorgfältig durchrühren, damit trockene Zutaten vom Rand mit untergerührt werden.

6. Die beiseitegestellten Waffelbrösel auf die Böden der Mulden einer Muffinform (für 12 Muffins, mit Papierbackförmchen ausgelegt) streuen. Den Teig daraufgeben und glatt streichen. Die Form auf dem Rost in den vorgeheizten Backofen schieben. Die Muffins **etwa 25 Minuten backen.**

7. Die Form auf einen Kuchenrost stellen. Die Muffins etwa 10 Minuten in der Form abkühlen lassen. Anschließend aus der Form lösen und auf dem Kuchenrost erkalten lassen.

8. Für den Belag Konfitüre in einem kleinen Topf unter Rühren aufkochen. Die Muffins damit bestreichen. Die Waffeln in Stücke brechen und in die Muffins stecken. Konfitüre trocknen lassen.

Tipp: Die Muffins lauwarm mit Kirschkompott servieren.

Rhabarber-Erdbeer-Muffins

Frühlingsgenuss

12 Stück

Pro Stück: E: 4 g, F: 25 g, Kh: 28 g, kJ: 1502, kcal: 359, BE: 2,5

Zum Vorbereiten:

175 g Butter oder Margarine
150 g Rhabarber, z. B. Erdbeer-Rhabarber
150 g frische Erdbeeren

Für den Schüttelteig:

150 g Weizenmehl
3 gestr. TL Dr. Oetker Backin
1 Pck. Dr. Oetker Pudding-Pulver Vanille-Geschmack
120 g Puderzucker
2 Pck. Dr. Oetker Bourbon-Vanille-Zucker
1 Prise Salz
3 Eier (Größe M)
100 ml Milch (3,5 % Fett)
50 g Kokosraspel

Semmelbrösel für die Form

Zum Verzieren und Garnieren:

300 g Schlagsahne (mind. 30 % Fett)
1 Pck. Dr. Oetker Vanillin-Zucker
1 Pck. Sahnesteif
100 g Erdbeeren

Zubereitungszeit: 35 Minuten, ohne Abkühlzeit
Backzeit: etwa 25 Minuten

1. Zum Vorbereiten Butter oder Margarine zerlassen und abkühlen lassen. Rhabarber putzen, Stielenden und Blattansätze entfernen. Die Stangen abspülen, abtropfen lassen und in etwa 2 cm lange Stücke schneiden. Erdbeeren abspülen, abtropfen lassen und entstielen.

2. Den Backofen vorheizen.
Ober-/Unterhitze: etwa 180 °C
Heißluft: etwa 160 °C

3. Für den Teig Mehl mit Backpulver und Pudding-Pulver mischen, in eine verschließbare Schüssel (etwa 3 l) geben, mit Puderzucker, Vanille-Zucker und Salz mischen. Eier, Milch und die flüssige Butter oder Margarine hinzufügen und die Schüssel mit dem Deckel fest verschließen. Schüssel mehrmals kräftig schütteln (insgesamt 15–30 Sekunden), sodass alle Zutaten gut vermischt sind. Kokosraspel hinzugeben.

4. Alles mit einem Schneebesen oder Rührlöffel nochmals sorgfältig durchrühren, damit trockene Zutaten vom Rand mit untergerührt werden.

5. Den Teig in die Mulden einer Muffinform (für 12 Muffins, gefettet, mit Semmelbröseln ausgestreut) geben und glatt streichen. Rhabarberstücke und Erdbeeren in die Mitte der jeweiligen Förmchen geben. Die Form auf dem Rost in den vorgeheizten Backofen schieben. Die Muffins **etwa 25 Minuten backen.**

6. Die Form auf einen Kuchenrost stellen. Muffins etwa 10 Minuten in der Form abkühlen lassen. Anschließend vorsichtig aus der Form lösen und auf einem mit Backpapier belegten Kuchenrost erkalten lassen.

7. Zum Verzieren die Sahne mit Vanillin-Zucker und Sahnesteif steif schlagen. Die Sahne in einen Spritzbeutel mit Lochtülle (Ø etwa 7 mm) füllen. Die Muffins mit der Sahne verzieren.

8. Zum Garnieren Erdbeeren abspülen, abtropfen lassen, entstielen und halbieren. Die Muffins mit den Erdbeeren garnieren.

Rhabarber-Ingwer-Muffins

Raffiniert – schnell

12 Stück

Pro Stück: E: 3 g, F: 8 g, Kh: 25 g, kJ: 775, kcal: 185, BE: 2,0

Zum Vorbereiten:

- *600 g Rhabarber (vorbereitet gewogen, etwa 480 g)*
- *1 Stck. frischer Ingwer (etwa 15 g)*
- *20 g Zucker*

Für den All-in-Teig:

- *75 g Butter oder Margarine*
- *175 g Weizenmehl*
- *2 TL Dr. Oetker Backin*
- *1 Pck. Dr. Oetker Pudding-Pulver Vanille-Geschmack*
- *1 Prise Salz*
- *75 g Puderzucker*
- *1 TL fein abgeriebene Schale von 1 Bio-Orange (unbehandelt, ungewachst)*
- *etwa 150 g Bourbon-Vanille-Sauce (aus dem Kühlregal)*
- *2 Eier (Größe M)*

Puderzucker zum Bestäuben

Zubereitungszeit: 25 Minuten, ohne Abkühlzeit
Backzeit: 25–28 Minuten

1. Zum Vorbereiten Rhabarber abspülen und abtropfen lassen. Stielenden und Blattansätze entfernen. Rhabarber in kleine Stücke schneiden. Ingwer schälen und sehr fein reiben. Rhabarberstücke, Ingwer und Zucker mischen, kurz ziehen lassen.

2. Inzwischen den Backofen vorheizen.
Ober-/Unterhitze: etwa 180 °C
Heißluft: etwa 160 °C

3. Für den Teig Butter oder Margarine zerlassen und abkühlen lassen. Mehl mit Backpulver, Pudding-Pulver, Salz und Puderzucker in einer Rührschüssel mischen. Orangenschale hinzufügen.

4. Rhabarberstücke in einem Sieb abtropfen lassen und die Flüssigkeit dabei auffangen. Rhabarberflüssigkeit mit Vanillesauce auf 175 ml auffüllen.

5. Eier, flüssige Butter oder Margarine und Vanillesaucen-Mischung zum Mehl geben. Die Zutaten mit einem Mixer (Rührstäbe) zunächst kurz auf niedrigster, dann auf höchster Stufe in etwa 2 Minuten zu einem glatten Teig verarbeiten. Die Rhabarberstücke unterheben.

6. Den Teig in die Mulden einer Muffinform (für 12 Muffins, gefettet, gemehlt) geben und glatt streichen. Die Form auf dem Rost in den vorgeheizten Backofen schieben. Die Rhabarber-Ingwer-Muffins **25–28 Minuten backen.**

7. Die Form auf einen Kuchenrost stellen. Die Muffins etwa 10 Minuten in der Form abkühlen lassen. Anschließend vorsichtig aus der Form lösen und auf dem mit Backpapier belegten Kuchenrost erkalten lassen. Die Rhabarber-Ingwer-Muffins mit Puderzucker bestäubt servieren.

Rhabarber-Stachelbeer-Muffins

Fruchtig

12 Stück

Pro Stück: E: 4 g, F: 13 g, Kh: 28 g, kJ: 1026, kcal: 245, BE: 2,5

Für den Belag:

200 g Rhabarber (vorbereitet gewogen, etwa 150 g)
200 g frische Stachelbeeren

Für den Rührteig:

100 g Butter oder Margarine (zimmerwarm)
100 g Zucker
1 Pck. Dr. Oetker Vanillin-Zucker
1 Prise Salz
2 Eier (Größe M)
200 g Weizenmehl
3 TL Dr. Oetker Backin

Für den Guss:

200 g Schmand (Sauerrahm) oder saure Sahne
1 Ei (Größe M)
35 g Zucker
1 Pck. Saucenpulver Vanille-Geschmack zum Kochen

Außerdem:

12 Muffin-Papierbackförmchen

Zubereitungszeit: 25 Minuten, ohne Kühlzeit
Backzeit: etwa 30 Minuten

1. Für den Belag Rhabarber abspülen und abtropfen lassen. Stielenden und Blattansätze entfernen. Den Rhabarber in etwa 5 cm lange Stücke schneiden. Die Stachelbeeren putzen, abspülen und abtropfen lassen.

2. Den Backofen vorheizen.
Ober-/Unterhitze: etwa 180 °C
Heißluft: etwa 160 °C

3. Für den Teig Butter oder Margarine mit einem Mixer (Rührstäbe) auf höchster Stufe geschmeidig rühren. Nach und nach Zucker, Vanillin-Zucker und Salz unterrühren. So lange rühren, bis eine gebundene Masse entstanden ist.

4. Eier nach und nach unterrühren (jedes Ei etwa ½ Minute). Mehl mit Backpulver mischen und in 2 Portionen auf mittlerer Stufe kurz unterrühren.

5. Den Teig in die Mulden einer Muffinform (für 12 Muffins, mit Papierbackförmchen ausgelegt) geben und glatt streichen. Rhabarberstücke und Stachelbeeren darauf verteilen.

6. Für den Guss Schmand oder saure Sahne, Ei, Zucker und Saucenpulver gut verrühren. Den Guss gleichmäßig auf dem Teig verteilen. Die Form auf dem Rost in den vorgeheizten Backofen schieben. Muffins **etwa 30 Minuten backen.**

7. Die Form auf einen Kuchenrost stellen. Die Muffins etwa 10 Minuten in der Form abkühlen lassen. Anschließend aus der Form lösen und auf dem Kuchenrost erkalten lassen.

Tipp: Die Muffins nach Belieben mit Puderzucker bestäuben oder mit Hagelzucker bestreuen.

Ritter Sport Rum-Törtchen

Mit Alkohol

12 Stück

Pro Stück: E: 4 g, F: 24 g, Kh: 33 g, kJ: 1642, kcal: 392, BE: 3,0

Für den Knetteig:

175 g Weizenmehl
50 g Puderzucker
1 Pck. Dr. Oetker Vanillin-Zucker
100 g Butter
1 Eigelb (Größe M)
½ Pck. Dr. Oetker Finesse Geriebene Zitronenschale

Für die Füllung:

200 g Biskuitkekse, z. B. Eierplätzchen
125 ml Rum
75 ml Wasser oder Orangensaft
150 g Butter (zimmerwarm)

Zum Garnieren:

75 g Zartbitter-Schokolade (etwa 50 % Kakaoanteil)
1 TL Speiseöl, z. B. Sonnenblumenöl
6 RITTER SPORT Rum Knusperstücke

Zubereitungszeit: 60 Minuten, ohne Kühlzeit
Backzeit: etwa 12 Minuten

1. Für den Teig Mehl in eine Rührschüssel geben. Restliche Zutaten hinzufügen und mit einem Mixer (Knethaken) zunächst kurz auf niedrigster, dann auf höchster Stufe gut durcharbeiten. Anschließend auf einer leicht bemehlten Arbeitsfläche kurz zu einem Teig verkneten. Sollte er kleben, ihn in Frischhaltefolie gewickelt eine Zeit lang in den Kühlschrank legen.

2. Den Backofen vorheizen.
Ober-/Unterhitze: etwa 200 °C
Heißluft: etwa 180 °C

3. Den Teig auf der leicht bemehlten Arbeitsfläche dünn ausrollen. Aus der Teigplatte mit einer runden Ausstechform oder einem Glas 12 Kreise (Ø etwa 11 cm) ausstechen.

4. Die Teigkreise so in die Mulden einer Muffinform (für 12 Muffins, gefettet) drücken, dass der Teig bis zum Rand reicht. Den Teig am Rand mit einem Messer gerade schneiden. Den Teigboden mit einer Gabel mehrmals einstechen.

5. Die Form auf dem Rost in den vorgeheizten Backofen schieben. Die Gebäcktörtchen **etwa 12 Minuten backen.**

6. Die Form auf einen Kuchenrost stellen. Die Gebäcktörtchen etwa 10 Minuten in der Form abkühlen lassen. Anschließend vorsichtig aus der Form lösen und auf dem Kuchenrost erkalten lassen.

7. Für die Füllung die Biskuitkekse in einen Gefrierbeutel füllen. Den Beutel fest verschließen. Die Kekse mit einer Teigrolle grob zerdrücken.

8. Die Biskuitkeksbrösel mit Rum und Wasser oder Orangensaft mischen. Butter hinzufügen. Die Zutaten zu einer cremigen Masse verrühren.

9. Die Creme in einen Spritzbeutel mit Sterntülle (Ø etwa 1 cm) geben und in die Gebäcktörtchen spritzen. Die Rumtörtchen zugedeckt mindestens 30 Minuten in den Kühlschrank stellen.

10. Zum Garnieren Schokolade in kleine Stücke brechen. Zwei Drittel davon mit dem Speiseöl in einem Topf im Wasserbad bei schwacher Hitze unter Rühren schmelzen.

11. Den Topf aus dem Wasserbad nehmen und die restliche Schokolade darin unter Rühren schmelzen.

12. Die Schokolade in einen Gefrierbeutel füllen. Eine kleine Ecke abschneiden. Die Schokolade über die Rumtörtchen spritzen. Knusperstücke schräg halbieren. Die Rumtörtchen damit belegen. Schokolade trocknen lassen. Die Rumtörtchen bis zum Servieren zugedeckt in den Kühlschrank stellen.

Rosen-Trüffel-Cakes

Für Gäste

12 Stück

Pro Stück: E: 7 g, F: 31 g, Kh: 36 g, kJ: 1893, kcal: 453, BE: 3,0

Zum Vorbereiten:

1 rote Rose (unbehandelt)
1 Eiweiß
2 EL Zucker
200 g Vollmilch-Kuvertüre (etwa 30 % Kakaoanteil)
250 g Schlagsahne (mind. 30 % Fett)
60 g geschälte Sesamsamen

Für den Teig:

150 g Butter oder Margarine (zimmerwarm)
120 g Zucker
1 Prise Salz
3 Eier (Größe M)
160 g Weizenmehl
½ TL gem. Kardamom
1 ½ gestr. TL Dr. Oetker Backin
12 weiße Marc-de-Champagne-Trüffel (etwa 150 g)

Für das Topping:

1 TL Rosenwasser

Außerdem:

12 Muffin-Papierbackförmchen

Zubereitungszeit: 60 Minuten, ohne Kühlzeit
Backzeit: 20–25 Minuten

1. Zum Vorbereiten die Rosenblätter abzupfen, ganz dünn mit Eiweiß bepinseln und mit Zucker bestreuen. Rosenblätter auf einem Kuchenrost trocknen lassen.

2. Inzwischen Kuvertüre in kleine Stücke hacken. Die Sahne in einem Topf zum Kochen bringen. Den Topf von der Kochstelle nehmen. Die Kuvertürestücke hinzugeben und darin unter Rühren schmelzen lassen. Die Kuvertüresahne etwas abkühlen lassen. Anschließend zugedeckt 3–4 Stunden in den Kühlschrank stellen.

3. Die Sesamsamen in einer Pfanne ohne Fett unter Wenden goldbraun rösten und auf einen Teller geben.

4. Den Backofen vorheizen.
Ober-/Unterhitze: etwa 180 °C
Heißluft: etwa 160 °C

5. Für den Teig Butter oder Margarine mit Zucker und Salz in einer Rührschüssel mit einem Mixer (Rührstäbe) zunächst kurz auf niedrigster, dann auf höchster Stufe etwa 4 Minuten schaumig schlagen. Die Eier nach und nach unterrühren (jedes Ei etwa ½ Minute).

6. Mehl mit Kardamom, Backpulver und 45 g von dem gerösteten Sesam gut vermischen. Die Mehlmischung unter die Eier-Fett-Masse rühren. Den Teig in die Mulden einer Muffinform (für 12 Muffins, mit Papierbackförmchen ausgelegt) geben und glatt streichen. In jede Teigportion vorsichtig 1 Trüffel drücken. Die Form auf dem Rost in den vorgeheizten Backofen schieben. Die Cupcakes **20–25 Minuten backen.**

7. Die Form auf einen Kuchenrost stellen. Cupcakes etwa 5 Minuten in der Form abkühlen lassen. Anschließend aus der Form lösen und auf dem Kuchenrost erkalten lassen.

8. Für das Topping die Schokoladensahne mit dem Rosenwasser mit dem Mixer (Rührstäbe) aufschlagen und in einen Spritzbeutel mit großer Blatttülle füllen. Die Schokoladensahne in Blütenform dekorativ auf die Cupcakes spritzen. Die Cupcakes zugedeckt, sodass die Schokoladensahne nicht zerdrückt wird, etwa 60 Minuten in den Kühlschrank stellen.

9. Vor dem Servieren jeden Cupcake mit etwas von dem restlichen Sesam bestreuen und mit einem gezuckerten Rosenblatt dekorieren.

Tipps: Die Rosenblätter nach Möglichkeit nicht abspülen, da sie leicht gedrückt und verletzt werden können. Die Rosenblätter sind in gut schließenden Blechdosen etwa 6 Wochen haltbar.

Rosetten-Muffins | Gut gerollt

12 Stück

Pro Stück: E: 4 g, F: 21 g, Kh: 36 g, kJ: 1487, kcal: 355, BE: 3,0

Für den Knetteig:

225 g Weizenmehl
1 gestr. TL Dr. Oetker Backin
75 g Zucker
1 Pck. Dr. Oetker Vanillin-Zucker
1 Röhrchen Butter-Vanille-Aroma
125 g Butter oder Margarine
1 Eigelb (Größe M)
1 EL Wasser

Für den Belag:

125 g Weizenmehl
1 gestr. EL gesiebter Kakao zum Backen
½ gestr. TL gem. Zimt
75 g Zucker
1 Pck. Dr. Oetker Vanillin-Zucker
100 g Butter oder Margarine (zimmerwarm)

25 g zerlassene, abgekühlte Butter
4 EL Schlagsahne
25 g Butter

Außerdem:

12 Muffin-Papierbackförmchen

Zubereitungszeit: 40 Minuten, ohne Kühlzeit
Backzeit: etwa 25 Minuten

1. Für den Teig Mehl mit Backpulver in einer Rührschüssel mischen. Restliche Zutaten hinzufügen und mit einem Mixer (Knethaken) zunächst kurz auf niedrigster, dann auf höchster Stufe gut durcharbeiten. Anschließend auf einer leicht bemehlten Arbeitsfläche kurz zu einem Teig verkneten. Sollte er kleben, ihn in Frischhaltefolie gewickelt eine Zeit lang in den Kühlschrank legen.

2. Für den Belag Mehl mit Kakao in einer Rührschüssel mischen. Den Zimt, Zucker und Vanillin-Zucker mischen und Butter oder Margarine hinzufügen. Die

Zutaten mit einem Mixer (Rührstäbe) zunächst kurz auf niedrigster, dann auf höchster Stufe zu feinen Streuseln verarbeiten.

3. Den Backofen vorheizen.
Ober-/Unterhitze: etwa 180 °C
Heißluft: etwa 160 °C

4. Den Knetteig in 2 gleich große Portionen teilen. Jede Teigportion auf der leicht bemehlten Arbeitsfläche zu einem Rechteck (30 x 20 cm) ausrollen. Dann jeweils in 6 Streifen (5 x 20 cm) schneiden. Die Teigstreifen mit der zerlassenen Butter bestreichen.

5. Etwa 3 Esslöffel des Streuselteiges auf jedem Teigstreifen gleichmäßig verteilen und leicht andrücken. Die Teigstreifen von der kurzen Seite aus aufrollen. Die Teigrollen in die Mulden einer Muffinform (für 12 Muffins, mit Papierbackförmchen ausgelegt) setzen. Anschließend vorsichtig auseinanderdrücken, sodass Rosetten entstehen. Form auf dem Rost in den vorgeheizten Backofen schieben. Die Rosetten-Muffins **etwa 25 Minuten backen.**

6. Die Form auf einen Kuchenrost stellen. Sofort die Sahne mit Butter in einem kleinen Topf kurz aufkochen lassen. Die Rosetten-Muffins noch heiß damit bestreichen, dann etwa 10 Minuten in der Form abkühlen lassen. Anschließend aus der Form lösen und auf dem Kuchenrost erkalten lassen.

Rote Frucht-Muffins

Wunderbar saftig

12 Stück

Pro Stück: E: 3 g, F: 9 g, Kh: 32 g, kJ: 912, kcal: 218, BE: 2,5

Für den Teig:

120 g Weizenmehl
50 g Weichweizengrieß
1 Pck. Rote Grütze Himbeer-Geschmack (Dessertpulver)
2 gestr. TL Dr. Oetker Backin
150 g Zucker
1 Pck. Dr. Oetker Vanillin-Zucker
80 ml Buttermilch
80 ml neutrales Speiseöl
2 Eier (Größe M)

300 g gemischte TK-Beeren
1 EL Puderzucker zum Bestäuben

Außerdem:

12 Muffin-Papierbackförmchen

Zubereitungszeit: 20 Minuten, ohne Abkühlzeit
Backzeit: etwa 25 Minuten

1. Den Backofen vorheizen.
Ober-/Unterhitze: etwa 180 °C
Heißluft: etwa 160 °C

2. Für den Teig Mehl mit Weichweizengrieß, Dessertpulver, Backpulver, Zucker und Vanillin-Zucker in einer Rührschüssel mit einem Schneebesen verrühren.

3. Danach Buttermilch, Speiseöl und Eier in einem Rührbecher mit dem Schneebesen verrühren. Die flüssigen Zutaten zu der Mehl-Grieß-Mischung geben und zu einem glatten Teig verrühren.

4. Den Teig in die Mulden einer Muffinform (für 12 Muffins, mit Papierbackförmchen ausgelegt) geben und glatt streichen. Die gefrorenen Beeren darauf verteilen und leicht in den Teig drücken. Die Form auf dem Rost in den vorgeheizten Backofen schieben. Muffins **etwa 25 Minuten backen.**

5. Die Form auf einen Kuchenrost stellen. Die Muffins etwa 5 Minuten in der Form abkühlen lassen. Anschließend aus der Form lösen und auf dem Kuchenrost erkalten lassen.

6. Die Muffins vor dem Servieren mit Puderzucker bestäuben.

Rote-Grütze-Muffins | Fruchtig gefüllt

12 Stück

Pro Stück: E: 5 g, F: 8 g, Kh: 35 g, kJ: 1009, kcal: 241, BE: 3,0

Für den Quark-Öl-Teig:

300 g Weizenmehl
1 Pck. Dr. Oetker Backin
75 g Zucker
150 g Magerquark
6 EL Milch
6 EL Speiseöl

Für die Füllung:

250 g rote Grütze (aus dem Kühlregal)
1 TL Weizenmehl
300 g Sahne-Pudding Vanille-Geschmack (aus dem Kühlregal)

Zubereitungszeit: 50 Minuten, ohne Abkühlzeit
Backzeit: etwa 20 Minuten

1. Den Backofen vorheizen.
Ober-/Unterhitze: etwa 180 °C
Heißluft: etwa 160 °C

2. Für den Teig Mehl mit Backpulver in einer Rührschüssel mischen. Zucker, Quark, Milch und Öl hinzufügen. Die Zutaten mit einem Mixer (Knethaken) auf niedrigster, dann auf höchster Stufe in etwa 1 Minute zu einem Teig verarbeiten (nicht zu lange, der Teig klebt sonst).

3. Den Teig zu einer Rolle formen und in 12 gleich große Scheiben schneiden. Jede Teigscheibe auf einer leicht bemehlten Arbeitsfläche zu einer runden Platte (Ø etwa 11 cm) ausrollen.

4. Die Teigplatten in die Mulden einer Muffinform (für 12 Muffins, gefettet, gemehlt) legen, rundherum andrücken und die Teigränder überstehen lassen.

5. Für die Füllung rote Grütze und Mehl mit einem Schneebesen verrühren. Rote Grütze in die Mulden füllen. Die Form auf dem Rost in den vorgeheizten Backofen schieben. Die Muffins **etwa 20 Minuten backen.**

6. Die Form auf einen Kuchenrost stellen. Muffins etwa 10 Minuten in der Form abkühlen lassen. Anschließend vorsichtig aus der Form lösen und auf dem Kuchenrost erkalten lassen. Den Pudding in die Vertiefungen der Muffins füllen und die Muffins sofort servieren.

Sanddorn-Marmor-Muffins | Einfach

12 Stück

Pro Stück: E: 4 g, F: 13 g, Kh: 27 g, kJ: 1029, kcal: 246, BE: 2,0

Für den Rührteig:

150 g Butter oder Margarine (zimmerwarm)
125 g Zucker
1 Pck. Dr. Oetker Vanillin-Zucker
1 Prise Salz
3 Eier (Größe M)
175 g Weizenmehl
1 Pck. Dr. Oetker Pudding-Pulver Vanille-Geschmack
2 gestr. TL Dr. Oetker Backin
etwa 50 ml Buttermilch

50 ml Sanddornsaft, mit Honig gesüßt (aus dem Reformhaus)
25 g abgezogene, gem. Mandeln

Außerdem:

12 Muffin-Papierbackförmchen

Zubereitungszeit: 25 Minuten
Backzeit: etwa 25 Minuten

1. Den Backofen vorheizen.
Ober-/Unterhitze: etwa 180 °C
Heißluft: etwa 160 °C

2. Für den Teig Butter oder Margarine mit einem Mixer (Rührstäbe) auf höchster Stufe geschmeidig rühren. Nach und nach Zucker, Vanillin-Zucker und Salz unterrühren. So lange rühren, bis eine gebundene Masse entstanden ist.

3. Eier nach und nach unterrühren (jedes Ei etwa ½ Minute). Mehl mit Pudding-Pulver und Backpulver mischen und in 2 Portionen abwechselnd mit der Buttermilch auf mittlerer Stufe kurz unterrühren.

4. Zwei Drittel des Teiges in die Mulden einer Muffinform (für 12 Muffins, mit Papierbackförmchen ausgelegt) geben. Unter den restlichen Teig Sanddornsaft und Mandeln rühren, auf dem hellen Teig verteilen. Eine Gabel einmal vorsichtig spiralförmig durch die Teigschichten ziehen. Die Form auf dem Rost in den vorgeheizten Backofen schieben. Die Sanddorn-Marmor-Muffins **etwa 25 Minuten backen.**

5. Die Form auf einen Kuchenrost stellen. Die Muffins etwa 10 Minuten in der Form abkühlen lassen. Anschließend vorsichtig aus der Form lösen und auf dem Kuchenrost erkalten lassen.

Sand-Muffins

Drei auf einen Streich

24 Stück

Pro Stück Apfelmuffins: E: 2 g, F: 8 g, Kh: 24 g, kJ: 731, kcal: 175, BE: 2,0
Pro Stück Zwetschenmuffins: E: 2 g, F: 7 g, Kh: 24 g, kJ: 697, kcal: 167, BE: 2,0
Pro Stück Schoko-Mandarinen-Muffins: E: 2 g, F: 8 g, Kh: 24 g, kJ: 731, kcal: 175, BE: 2,0

Für den Biskuitteig:

150 g Butter
4 Eier (Größe M)
1 EL heißes Wasser
250 g feiner Zucker
1 Pck. Dr. Oetker Bourbon-Vanille-Zucker
125 g Weizenmehl
125 g Speisestärke
1 1/2 gestr. TL Dr. Oetker Backin

Für 8 Apfelmuffins:

1 Apfel (100 g)
1 EL Rosinen
1 EL gestiftelte Mandeln
1 Msp. gem. Zimt

Für 8 Zwetschenmuffins:

8 Zwetschen

Für 8 Schoko-Mandarinen-Muffins:

2 EL Zartbitter-Raspelschokolade
16 abgetropfte Mandarinenspalten (aus der Dose)

etwas Puderzucker zum Bestäuben

Außerdem:

evtl. 24 Muffin-Papierbackförmchen

Zubereitungszeit: 45 Minuten, ohne Abkühlzeit
Backzeit: etwa 25 Minuten je Form

1. Für den Teig Butter zerlassen und abkühlen lassen. Eier und Wasser mit einem Mixer (Rührstäbe) auf höchster Stufe in 1 Minute schaumig schlagen. Zucker mit Vanille-Zucker mischen, in 1 Minute einstreuen, dann noch etwa 2 Minuten schlagen.

2. Mehl mit Speisestärke und Backpulver mischen, die Hälfte davon auf die Eiercreme geben und kurz auf niedrigster Stufe unterrühren.

3. Das restliche Mehlgemisch auf die gleiche Weise unterarbeiten. Zuletzt die lauwarme, zerlassene Butter kurz unterrühren. Den Teig in 3 gleich große Portionen teilen.

4. Zwei Muffinformen (für je 12 Muffins) mit Papierbackförmchen auslegen oder fetten und mehlen.

5. Den Backofen vorheizen.
Ober-/Unterhitze: etwa 180 °C
Heißluft: etwa 160 °C

6. Für die Apfelmuffins eine Teigportion in 8 Mulden einer Muffinform geben und glatt streichen. Den Apfel schälen, vierteln und das Kerngehäuse entfernen.

7. Die Apfelviertel in Stücke schneiden, mit Rosinen und Mandeln mischen. Die Apfel-Mandel-Mischung auf 8 Muffins verteilen und mit Zimt bestreuen.

8. Für die Zwetschenmuffins die Zwetschen abwaschen, abtrocknen und vierteln. Etwa zwei Drittel einer weiteren Teigportion in 8 weiteren Muffinmulden verteilen und mit Zwetschenvierteln belegen. Den restlichen Teig dieser Teigportion daraufgeben.

9. Für die Schoko-Mandarinen-Muffins die letzte Teigportion in den restlichen 8 Muffinmulden verteilen, mit Raspelschokolade bestreuen und mit je 2 Mandarinenspalten belegen.

10. Die Muffinformen nacheinander (bei Heißluft zusammen) auf dem Rost in den vorgeheizten Backofen schieben. Muffins **etwa 25 Minuten je Form backen.**

11. Die Formen auf Kuchenroste stellen. Die Muffins etwa 10 Minuten in den Formen abkühlen lassen. Anschließend aus den Formen lösen und auf den Kuchenrosten erkalten lassen. Die Muffins mit Puderzucker bestäubt servieren.

Schoko-Aprikosen-Muffins

Einfach

12 Stück

Pro Stück: E: 5 g, F: 15 g, Kh: 43 g, kJ: 1400, kcal: 335, BE: 2,5

Zum Vorbereiten:

240 g	*abgetropfte Aprikosenhälften (aus der Dose)*
100 g	*Vollmilch-Nuss-Schokolade*

Für den Teig:

80 g	*Speiseöl, z. B. Sonnenblumenöl*
250 ml	*Buttermilch*
1	*Ei (Größe M)*
150 g	*Zucker*
1 Pck.	*Dr. Oetker Bourbon-Vanille-Zucker*
½ gestr. TL	*Salz*
280 g	*Weizenmehl*
25 g	*gesiebter Kakao zum Backen*
2 gestr. TL	*Dr. Oetker Backin*
1 Msp.	*Natron*

Für den Guss:

100 g	*Vollmilch-Nuss-Schokolade*
1 TL	*Speiseöl, z. B. Sonnenblumenöl*

Zubereitungszeit: 35 Minuten, ohne Abkühlzeit
Backzeit: etwa 25 Minuten

1. Zum Vorbereiten 2 Aprikosenhälften zum Garnieren beiseitelegen. Die restlichen Früchte in kleine Würfel schneiden. Die Schokolade grob hacken.

2. Den Backofen vorheizen.
Ober-/Unterhitze: etwa 180 °C
Heißluft: etwa 160 °C

3. Für den Teig Öl mit Buttermilch, Ei, Zucker, Vanille-Zucker und Salz in einer Rührschüssel mit einem Schneebesen verrühren.

4. Mehl mit Kakao, Backpulver und Natron in einer anderen Rührschüssel mit dem Schneebesen verrühren. Die flüssigen Zutaten zu der Mehl-Kakao-Mischung in die Rührschüssel geben und zu einem glatten Teig verrühren. Aprikosenwürfel und Schokoladenstücke unterheben.

5. Den Teig in die Mulden einer Muffinform (für 12 Muffins, gefettet, gemehlt) geben und glatt streichen. Die Form auf dem Rost in den vorgeheizten Backofen schieben. Die Muffins **etwa 30 Minuten backen.**

6. Die Form auf einen Kuchenrost stellen. Die Muffins etwa 10 Minuten in der Form abkühlen lassen. Anschließend vorsichtig aus der Form lösen und auf dem Kuchenrost erkalten lassen.

7. Für den Guss Schokolade in kleine Stücke brechen. Zwei Drittel davon mit dem Öl in einem Topf im Wasserbad bei schwacher Hitze unter Rühren schmelzen. Den Topf aus dem Wasserbad nehmen und die restliche Schokolade darin unter Rühren schmelzen. Die beiseitegelegten Aprikosenhälften jeweils in 6 dünne Spalten schneiden. Die Schokolade in Häufchen auf die Muffins geben, mit je 1 Aprikosenspalte garnieren. Den Guss trocknen lassen.

Schoko-Birnen-Muffins I

Gut vorzubereiten
12 Stück

Pro Stück: E: 4 g, F: 15 g, Kh: 33 g, kJ: 1191, kcal: 285, BE: 3,0

Zum Vorbereiten:
250 g abgetropfte Birnenhälften (aus der Dose)

Für den All-in-Teig:
200 g Weizenmehl
1 Pck. Dr. Oetker Backin
100 g Zucker
1 Pck. Dr. Oetker Vanillin-Zucker
3 Eier (Größe M)
125 g Butter oder Margarine (zimmerwarm)
100 g Zartbitter-Raspelschokolade

Zum Bestäuben:
etwas Puderzucker

Zum Besprenkeln:
50 g Zartbitter-Schokolade
1 TL Speiseöl

Zubereitungszeit: 25 Minuten, ohne Abkühlzeit
Backzeit: etwa 30 Minuten

1. Zum Vorbereiten die Birnenhälften in kleine Würfel schneiden.

2. Den Backofen vorheizen.
Ober-/Unterhitze: etwa 180 °C
Heißluft: etwa 160 °C

3. Für den Teig Mehl mit Backpulver in einer Rührschüssel mischen. Zucker, Vanillin-Zucker, Eier und Butter oder Margarine hinzufügen. Die Zutaten mit einem Mixer (Rührstäbe) zunächst kurz auf niedrigster, dann auf höchster Stufe in etwa 2 Minuten zu einem glatten Teig verarbeiten.

4. Die Raspelschokolade und Birnenwürfel vorsichtig unterheben.

5. Den Teig in die Mulden einer Muffinform (für 12 Muffins, gefettet, gemehlt) geben und glatt streichen. Die Form auf dem Rost in den vorgeheizten Backofen schieben. Die Muffins **etwa 30 Minuten backen.**

6. Die Form auf einen Kuchenrost stellen. Die Muffins etwa 10 Minuten in der Form abkühlen lassen. Anschließend aus der Form lösen und auf dem Kuchenrost erkalten lassen. Die Muffins mit Puderzucker bestäuben.

7. Zum Besprenkeln Schokolade in kleine Stücke brechen. Zwei Drittel davon mit dem Öl in einem Topf im Wasserbad bei schwacher Hitze unter Rühren schmelzen. Den Topf aus dem Wasserbad nehmen und die restliche Schokolade darin unter Rühren schmelzen. Die Muffins damit besprenkeln. Schokolade fest werden lassen.

Schoko- und Karamell-Fudge-Muffins I

Fein gefüllt

12 Stück

Pro Stück: E: 5 g, F: 19 g, Kh: 22 g, kJ: 1160, kcal: 277, BE: 2,0

Für den All-in-Teig:

175 g Weizenmehl
2 gestr. TL Dr. Oetker Backin
½ gestr. TL Natron
50 g Zucker
5 Tropfen Butter-Vanille-Aroma
1 Ei (Größe M)
100 g Schlagsahne
100 ml Speiseöl, z. B. Sonnenblumenöl
100 g abgezogene, gem. Mandeln

Für die Füllung:

je 6 Schoko-Fudge- und Karamell-Fudge-Würfel (Weichkaramell-Bonbons, je etwa 8 g)

Für den Belag:

12 abgezogene, ganze Mandeln

25 g Zartbitter-Schokolade

Außerdem:

12 Muffin-Papierbackförmchen

Zubereitungszeit: 25 Minuten, ohne Abkühlzeit
Backzeit: etwa 20 Minuten

1. Den Backofen vorheizen.
Ober-/Unterhitze: etwa 180 °C
Heißluft: etwa 160 °C

2. Für den Teig Mehl mit Backpulver und Natron in einer Rührschüssel mischen. Restliche Zutaten hinzufügen und mit einem Mixer (Rührstäbe) zunächst kurz auf niedrigster, dann auf höchster Stufe in etwa 2 Minuten zu einem glatten Teig verarbeiten.

3. Jeweils 1 gut gehäuften Esslöffel Teig in die Mulden einer Muffinform (für 12 Muffins, mit Papierbackförmchen ausgelegt) geben. Die Fudge-Würfel daraufsetzen. Den restlichen Teig daraufgeben und mit jeweils 1 Mandel belegen. Die Form auf dem Rost in den vorgeheizten Backofen schieben. Die Muffins **etwa 20 Minuten backen.**

4. Die Form auf einen Kuchenrost stellen. Die Muffins etwa 10 Minuten in der Form abkühlen lassen. Anschließend aus der Form lösen und auf dem Kuchenrost erkalten lassen.

5. Die Schokolade in Stücke brechen und in einem kleinen Topf im Wasserbad bei schwacher Hitze unter Rühren schmelzen. Die Schokolade in einen Gefrierbeutel geben, eine kleine Ecke abschneiden und die Muffins mit der Schokolade besprenkeln. Schokolade trocknen lassen.

Schoko-Ingwer-Muffins

Einfach

12 Stück

Pro Stück: E: 4 g, F: 11 g, Kh: 29 g, kJ: 976, kcal: 233, BE: 2,5

Für den Teig:

40 g	*getrocknete, gezuckerte Ingwerstücke*
170 g	*Weizenmehl*
20 g	*gesiebter Kakao zum Backen*
100 g	*Zartbitter-Raspelschokolade*
3 gestr. TL	*Dr. Oetker Backin*
1 Prise	*Salz*
130 g	*brauner Zucker*
250 g	*Schlagsahne*
2	*Eier (Größe M)*

Zubereitungszeit: 20 Minuten
Backzeit: etwa 25 Minuten

1. Den Backofen vorheizen.
Ober-/Unterhitze: etwa 180 °C
Heißluft: etwa 160 °C

2. Für den Teig Ingwerstücke sehr fein hacken, mit Mehl, Kakao, Raspelschokolade, Backpulver, Salz und Zucker in einer Rührschüssel mit einem Schneebesen verrühren.

3. Sahne und Eier in einem Rührbecher glatt rühren. Die flüssigen Zutaten zu der Mehl-Schokoladen-Mischung geben und zu einem glatten Teig verrühren.

4. Den Teig in die Mulden einer Muffinform (für 12 Muffins, gefettet, gemehlt) geben und glatt streichen. Die Form auf dem Rost in den vorgeheizten Backofen schieben. Schoko-Ingwer-Muffins **etwa 25 Minuten backen.**

5. Die Form auf einen Kuchenrost stellen. Schoko-Ingwer-Muffins etwa 5 Minuten in der Form abkühlen lassen. Anschließend aus der Form lösen und auf dem Kuchenrost erkalten lassen.

Tipps: Die Muffins schmecken auch lauwarm sehr gut, etwa mit halbsteif geschlagener Schlagsahne. Wer den etwas scharfen Geschmack von Ingwer nicht mag, kann den Ingwer einfach weglassen oder stattdessen klein geschnittene Soft-Aprikosen verwenden.

Schoko-Kokos-Muffins

Schnell

12 Stück

Pro Stück: E: 5 g, F: 24 g, Kh: 29 g, kJ: 1470, kcal: 351, BE: 2,5

Für den All-in-Teig:

150 g Butter oder Margarine
175 g Weizenmehl
2 gestr. TL Dr. Oetker Backin
20 g gesiebter Kakao zum Backen
125 g Kokosraspel
150 g brauner Zucker
½–1 TL gem. Zimt
3 Eier (Größe M)
100 ml Buttermilch
25 g fein gehackte Zartbitter-Schokolade (etwa 50 % Kakaoanteil)

Für den Guss:

75 g Zartbitter-Schokolade (etwa 50 % Kakaoanteil)
1 TL Speiseöl, z. B. Sonnenblumenöl

Zum Bestreuen:

frische oder getrocknete Kokosspäne

Zubereitungszeit: 25 Minuten, ohne Abkühlzeit
Backzeit: etwa 20 Minuten

1. Den Backofen vorheizen.
Ober-/Unterhitze: etwa 180 °C
Heißluft: etwa 160 °C

2. Für den Teig die Butter oder Margarine in einem kleinen Topf zerlassen und etwas abkühlen lassen.

3. Das Mehl mit Backpulver und Kakaopulver in einer Rührschüssel mischen. Restliche Zutaten und die flüssige Butter oder Margarine hinzufügen. Anschließend mit einem Mixer (Rührstäbe) zunächst kurz auf niedrigster, dann auf höchster Stufe in etwa 2 Minuten zu einem glatten Teig verarbeiten.

4. Teig in die Mulden einer Muffinform (für 12 Muffins, gefettet, gemehlt) geben und glatt streichen. Die Form auf dem Rost in den vorgeheizten Backofen schieben. Die Muffins **etwa 20 Minuten backen.**

5. Die Form auf einen Kuchenrost stellen. Die Muffins etwa 10 Minuten in der Form abkühlen lassen. Anschließend aus der Form lösen und auf dem Kuchenrost erkalten lassen.

6. Für den Guss Schokolade in kleine Stücke brechen. Zwei Drittel davon mit dem Speiseöl in einem Topf im Wasserbad bei schwacher Hitze unter Rühren schmelzen. Den Topf aus dem Wasserbad nehmen und die restliche Schokolade darin unter Rühren schmelzen. Muffins mit dem Guss bestreichen und mit Kokosspänen bestreuen. Den Guss trocknen lassen.

Schoko-Marzipan-Muffins

Schokoglück – schnell

12 Stück

Pro Stück: E: 7 g, F: 19 g, Kh: 30 g, kJ: 1319, kcal: 315, BE: 2,5

Zum Vorbereiten:

150 g Marzipan-Rohmasse

Für den All-in-Teig:

250 g Weizenmehl
2 1/2 TL Dr. Oetker Backin
30 g gesiebter Kakao zum Backen
100 g Zucker
1 Pck. Dr. Oetker Finesse Bourbon-Vanille-Aroma
4 Eier (Größe M)
125 ml Speiseöl, z. B. Sonnenblumenöl
150 ml Buttermilch

Zum Bestäuben:

etwas Kakao zum Backen

Außerdem:

12 Muffin-Papierbackförmchen

Zubereitungszeit: 15 Minuten, ohne Abkühlzeit
Backzeit: etwa 25 Minuten

1. Zum Vorbereiten Marzipan klein würfeln.

2. Den Backofen vorheizen.
Ober-/Unterhitze: etwa 180 °C
Heißluft: etwa 160 °C

3. Für den Teig Mehl mit Backpulver und Kakao in einer Rührschüssel mischen. Restliche Zutaten hinzufügen und mit einem Mixer (Rührstäbe) zunächst kurz auf niedrigster, dann auf höchster Stufe in etwa 2 Minuten zu einem glatten Teig verarbeiten. Etwa zwei Drittel der Marzipanstücke unterheben.

4. Den All-in-Teig in die Mulden einer Muffinform (für 12 Muffins, mit Papierbackförmchen ausgelegt) geben und glatt streichen. Restliches Marzipan auf der Teigoberfläche verteilen. Die Form auf dem Rost in den vorgeheizten Backofen schieben. Die Muffins **etwa 25 Minuten backen.**

5. Die Form auf einen Kuchenrost stellen. Die Muffins etwa 10 Minuten in der Form abkühlen lassen, aus der Form lösen, auf dem Kuchenrost erkalten lassen. Die Muffins mit Kakaopulver bestäubt servieren.

Schoko-Minz-Muffins

Etwas Besonderes

12 Stück

Pro Stück: E: 4 g, F: 22 g, Kh: 26 g, kJ: 1321, kcal: 316, BE: 2,0

Zum Vorbereiten:

100 g weiße Schokolade
50 ml kochend heißes Wasser
50 g Macadamia-Nusskerne, geröstet und gesalzen

Für den Teig:

150 g Weizenmehl
2 gestr. TL Dr. Oetker Backin
100 g Zucker
50 g Joghurt (3,5 % Fett)
100 ml neutrales Speiseöl, z. B. Sonnenblumenöl
2 Eier (Größe M)

Für den Belag:

50 g Joghurt (3,5 % Fett)
150 g Mascarpone (ital. Frischkäse)
2 TL Puderzucker
etwas grüne Lebensmittelfarbe
2–3 Tropfen Minzöl (erhältlich in der Apotheke)

einige weiße Schokoladenlocken zum Bestreuen

Zubereitungszeit: 25 Minuten, ohne Abkühlzeit
Backzeit: etwa 25 Minuten

1. Zum Vorbereiten Schokolade fein hacken, in einen Rührbecher geben. Heißes Wasser auf die Schokolade geben, kurz stehen lassen und glatt rühren. Die Nusskerne sehr fein hacken.

2. Den Backofen vorheizen.
Ober-/Unterhitze: etwa 180 °C
Heißluft: etwa 160 °C

3. Für den Teig Mehl mit Backpulver, Zucker und gehackten Nusskernen in einer Rührschüssel mit einem Schneebesen verrühren. Joghurt, Öl und Eier zu der geschmolzenen Schokolade geben, mit dem Schneebesen verrühren. Die flüssigen Zutaten zu der Mehlmischung in die Rührschüssel geben und zu einem glatten Teig verrühren.

4. Den Teig in die Mulden einer Muffinform (für 12 Muffins, gefettet, gemehlt) geben. Die Form auf dem Rost in den vorgeheizten Backofen schieben. Die Muffins **etwa 25 Minuten backen.**

5. Die Form auf einen Kuchenrost stellen. Die Muffins etwa 5 Minuten in der Form abkühlen lassen. Anschließend aus der Form lösen und auf dem Kuchenrost erkalten lassen.

6. Für den Belag Joghurt, Mascarpone, Puderzucker und Lebensmittelfarbe mit einem Schneebesen glatt rühren, mit Minzöl abschmecken. Den Belag auf den Muffins verteilen und dekorativ mit Schokoladenlocken bestreuen.

Schokomuffins mit Glühweinsirup I

Mit Alkohol
12 Stück

Pro Stück: E: 4 g, F: 15 g, Kh: 38 g, kJ: 1317, kcal: 315, BE: 3,0

Für den Rührteig:

150 g Butter oder Margarine (zimmerwarm)
100 g Zucker
1 Pck. Dr. Oetker Vanillin-Zucker
2 Eier (Größe M)
200 g Weizenmehl
2 gestr. TL Dr. Oetker Backin
25 g gesiebter Kakao zum Backen
3 EL Milch (3,5 % Fett)
100 g Zartbitter-Raspelschokolade

Für den Glühweinsirup:

250 ml trockener Rotwein
125 g Zucker
1 Zimtstange
1 Pck. Dr. Oetker Finesse Orangenschalen-Aroma
etwas gem. Nelke und gem. Kardamom

Zubereitungszeit: 30 Minuten, ohne Abkühlzeit
Backzeit: etwa 25 Minuten

1. Den Backofen vorheizen.
Ober-/Unterhitze: etwa 180 °C
Heißluft: etwa 160 °C

2. Für den Teig Butter oder Margarine mit einem Mixer (Rührstäbe) auf höchster Stufe geschmeidig rühren. Nach und nach Zucker und Vanillin-Zucker unterrühren. So lange rühren, bis eine gebundene Masse entstanden ist. Die Eier nach und nach unterrühren (jedes Ei etwa ½ Minute).

3. Mehl mit Backpulver und Kakao mischen und in 2 Portionen auf mittlerer Stufe kurz unterrühren. Milch und Raspelschokolade unterrühren. Den Teig in die Mulden einer Muffinform (für 12 Muffins, gefettet, gemehlt) geben und glatt streichen. Die Form auf dem Rost in den vorgeheizten Backofen schieben. Die Muffins **etwa 25 Minuten backen.**

4. Die Form auf einen Kuchenrost stellen. Muffins etwa 10 Minuten in der Form abkühlen lassen. Anschließend aus der Form lösen und auf dem mit Backpapier belegten Kuchenrost erkalten lassen.

5. Für den Glühweinsirup in der Zwischenzeit Rotwein, Zucker, Zimtstange, Orangenschale und gemahlene Gewürze in einen breiten Kochtopf geben, zum Kochen bringen und etwa 10 Minuten bei schwacher Hitze einkochen lassen. Den Sirup abkühlen lassen und zu den Muffins reichen.

Schokomuffins mit Knusperhaube | Für Gäste – mit Alkohol

12 Stück

Pro Stück: E: 6 g, F: 22 g, Kh: 27 g, kJ: 1418, kcal: 339, BE: 2,5

Für den Belag:

60 g Zucker
4 EL Schlagsahne
100 g gestiftelte Mandeln
1 EL flüssiger Honig
2 gestr. EL zarte Haferflocken

Für den Rührteig:

100 g Butter oder Margarine (zimmerwarm)
80 g Zucker
2 Pck. Dr. Oetker Vanillin-Zucker
3 Eier (Größe M)
120 g Weizenmehl
1 gestr. TL Dr. Oetker Backin
20 g gesiebter Kakao zum Backen

Für die Füllung:

200 g Mascarpone (ital. Frischkäse)
2 EL Puderzucker
4–5 EL Eierlikör

Zubereitungszeit: 40 Minuten, ohne Abkühlzeit
Backzeit: etwa 25 Minuten

1. Für den Belag Zucker, Sahne, Mandeln und Honig in eine Pfanne geben und unter Rühren zum Kochen bringen. Die Pfanne von der Kochstelle nehmen, Haferflocken unterrühren. Die Masse etwas abkühlen lassen.

2. In der Zwischenzeit den Backofen vorheizen.
Ober-/Unterhitze: etwa 180 °C
Heißluft: etwa 160 °C

3. Für den Teig Butter oder Margarine mit einem Mixer (Rührstäbe) auf höchster Stufe geschmeidig rühren. Nach und nach Zucker und Vanillin-Zucker unterrühren. So lange rühren, bis eine gebundene Masse entstanden ist.

4. Eier nach und nach unterrühren (jedes Ei etwa ½ Minute). Mehl mit Backpulver und Kakao mischen und auf mittlerer Stufe kurz unterrühren.

5. Den Teig in die Mulden einer Muffinform (für 12 Muffins, gefettet, gemehlt) geben und glatt streichen. Die Mandel-Haferflocken-Masse daraufgeben. Die Form auf dem Rost in den vorgeheizten Backofen schieben. Die Muffins **etwa 25 Minuten backen.**

6. Die Form auf einen Kuchenrost stellen. Die Muffins etwa 10 Minuten in der Form abkühlen lassen. Anschließend aus der Form lösen und auf dem Kuchenrost erkalten lassen.

7. Für die Füllung Mascarpone mit Puderzucker und Eierlikör in einen Rührbecher geben. Die Zutaten zu einer Creme aufschlagen. Die Muffins je nach Größe 1–3-mal waagerecht aufschneiden und mit der Creme füllen.

Schoko-Spezial-Muffins

Schokoglück

12 Stück

Pro Stück: E: 5 g, F: 21 g, Kh: 27 g, kJ: 1321, kcal: 316, BE: 2,0

Zum Vorbereiten:

100 g Edelbitter-Schokolade (60–70 % Kakaoanteil)
120 g Butter

Für den Schüttelteig:

150 g Weizenmehl
2 gestr. TL Dr. Oetker Backin
120 g Zucker
1 Pck. Dr. Oetker Bourbon-Vanille-Zucker
3 Eier (Größe M)
2 EL Milch

Für den Belag:

100 g Edelbitter-Schokolade (60–70 % Kakaoanteil)
30 g Butter
3 EL Schlagsahne
1 Pck. Dr. Oetker Bourbon-Vanille-Zucker
25 g gehackte Pistazienkerne

Außerdem:

12 Muffin-Backförmchen (Alu oder Papier)

Zubereitungszeit: 50 Minuten, ohne Abkühlzeit
Backzeit: 20–25 Minuten

1. Zum Vorbereiten Schokolade in Stücke brechen, mit der Butter in einem kleinen Topf bei schwacher Hitze unter Rühren schmelzen und abkühlen lassen.

2. Den Backofen vorheizen.
Ober-/Unterhitze: etwa 180 °C
Heißluft: etwa 160 °C

3. Für den Teig Mehl mit Backpulver mischen, in eine verschließbare Schüssel (etwa 3 l) geben, mit Zucker

und Vanille-Zucker mischen. Eier, Milch und die flüssige Schokoladen-Butter-Masse hinzufügen und die Schüssel mit dem Deckel fest verschließen. Schüssel mehrmals kräftig schütteln (insgesamt 15–30 Sekunden), sodass alle Zutaten gut vermischt sind.

4. Alles mit einem Schneebesen oder Rührlöffel nochmals sorgfältig durchrühren, damit trockene Zutaten vom Rand mit untergerührt werden.

5. Teig in die Mulden einer Muffinform (für 12 Muffins, mit Muffin-Backförmchen ausgelegt) geben und glatt streichen. Die Form auf dem Rost in den vorgeheizten Backofen schieben und die Schoko-Spezial-Muffins **20–25 Minuten backen.**

6. Die Form auf einen Kuchenrost stellen. Die Muffins etwa 10 Minuten in der Form abkühlen lassen. Anschließend aus der Form lösen und auf dem Kuchenrost erkalten lassen.

7. Für den Belag Schokolade in Stücke brechen und in einen Topf geben. Butter, Sahne und Vanille-Zucker hinzufügen. Die Zutaten bei schwacher Hitze unter Rühren zu einer geschmeidigen Masse verrühren, abkühlen lassen. Sobald die Schokoladenmasse weich und sehr dickflüssig geworden ist, Pistazienkerne unterheben. Die Masse mit einem Teelöffel auf den Muffins verteilen und fest werden lassen.

Schoko-Whisky-Cakes

Mit Alkohol

12 Stück

Pro Stück: E: 5 g, F: 22 g, Kh: 37 g, kJ: 1596, kcal: 383, BE: 3,0

Zum Vorbereiten:

150 g Blockschokolade
100 g Butter oder Margarine

Für den Teig:

200 g Weizenmehl
2 gestr. TL Dr. Oetker Backin
½ gestr. TL Natron
150 g Zucker
1 Pck. Dr. Oetker Vanillin-Zucker
1 Prise Salz
2 Eier (Größe M)
100 ml starker Kaffee
4 EL Whisky
50 g Raspelschokolade

Für das Topping:

250 g Crème double
1 Pck. Dr. Oetker Vanillin-Zucker
1 geh. EL Puderzucker
3 EL Whisky

Zubereitungszeit: 40 Minuten, ohne Abkühlzeit
Backzeit: 25–30 Minuten

1. Zum Vorbereiten Blockschokolade in grobe Stücke hacken und mit Butter oder Margarine in einem Topf im Wasserbad bei schwacher Hitze unter Rühren schmelzen. Die Masse abkühlen lassen.

2. Den Backofen vorheizen.
Ober-/Unterhitze: etwa 180 °C
Heißluft: etwa 160 °C

3. Für den Teig Mehl mit Backpulver und Natron in eine Rührschüssel geben, mit Zucker, Vanillin-Zucker und Salz mischen.

4. Eier, Kaffee, Whisky und die Schokoladen-Fett-Mischung hinzufügen. Die Zutaten mit einem Mixer (Rührstäbe) in etwa 2 Minuten zu einem glatten Teig verarbeiten. Zuletzt die Raspelschokolade kurz unterrühren.

5. Den Teig in die Mulden einer Muffinform (für 12 Muffins, gefettet, gemehlt) geben und glatt streichen. Die Form auf dem Rost in den vorgeheizten Backofen schieben. Die Cakes **25–30 Minuten backen.**

6. Die Form auf einen Kuchenrost stellen. Die Cakes etwa 5 Minuten in der Form abkühlen lassen. Anschließend vorsichtig aus der Form lösen und auf dem mit Backpapier belegten Kuchenrost erkalten lassen.

7. Für das Topping Crème double mit dem Mixer (Rührstäbe) cremig aufschlagen. Vanillin-Zucker mit Puderzucker unterrühren und den Whisky unterheben. Die Creme vor dem Servieren auf die Cupcakes geben.

Schwarz-weiße Schokoladen-Muffins

Schokoglück mit Alkohol

12 Stück

Pro Stück: E: 4 g, F: 22 g, Kh: 38 g, kJ: 1584, kcal: 378, BE: 3,0

Für den Rührteig:

- *150 g Butter oder Margarine (zimmerwarm)*
- *100 g Zucker*
- *1 Pck. Dr. Oetker Vanillin-Zucker*
- *3 Eier (Größe M)*
- *125 g Weizenmehl*
- *50 g Speisestärke*
- *1 Pck. Dr. Oetker Pudding-Pulver Schokoladen-Geschmack*
- *1–2 EL gesiebter Kakao zum Backen*
- *2 gestr. TL Dr. Oetker Backin*
- *100 ml Rotwein oder Orangensaft*
- *100 g Edelbitter-Schokolade (mind. 60 % Kakaoanteil)*
- *100 g weiße Schokolade*

Für den Guss:

- *100 g Zartbitter-Kuvertüre*
- *50 g weiße Kuvertüre*

Außerdem:

- *12 Muffin-Papierbackförmchen*

Zubereitungszeit: 30 Minuten, ohne Abkühlzeit
Backzeit: etwa 25 Minuten

1. Den Backofen vorheizen.
Ober-/Unterhitze: etwa 180 °C
Heißluft: etwa 160 °C

2. Für den Teig Butter oder Margarine mit einem Mixer (Rührstäbe) auf höchster Stufe geschmeidig rühren. Nach und nach Zucker und Vanillin-Zucker unterrühren. So lange rühren, bis eine gebundene Masse entstanden ist.

3. Eier nach und nach unterrühren (jedes Ei etwa ½ Minute). Mehl mit Speisestärke, Pudding-Pulver, Kakao und Backpulver mischen, in 2 Portionen abwechselnd mit Wein oder Saft auf mittlerer Stufe kurz unterrühren. Beide Schokoladensorten grob hacken und unterheben.

4. Den Teig in die Mulden einer Muffinform (für 12 Muffins, mit Papierbackförmchen ausgelegt) geben und glatt streichen. Die Form auf dem Rost in den vorgeheizten Backofen schieben. Die Muffins **etwa 25 Minuten backen.**

5. Die Form auf einen Kuchenrost stellen. Die Muffins etwa 10 Minuten in der Form abkühlen lassen. Anschließend aus der Form lösen und auf dem Kuchenrost erkalten lassen.

6. Für den Guss die Zartbitter-Kuvertüre in kleine Stücke hacken. Zwei Drittel davon in einem Topf im Wasserbad bei schwacher Hitze unter Rühren schmelzen. Den Topf aus dem Wasserbad nehmen und die restliche Kuvertüre darin unter Rühren schmelzen. Die Muffins damit bestreichen. Guss trocknen lassen.

7. Anschließend die weiße Kuvertüre wie unter Punkt 6 beschrieben schmelzen. Kuvertüre in einen kleinen Gefrierbeutel füllen und eine kleine Ecke abschneiden. Die Kuvertüre in Streifen über die Muffins sprenkeln. Guss trocknen lassen.

Schwedische Preiselbeer-Cupcakes | Fruchtig

12 Stück

Pro Stück: E: 5 g, F: 28 g, Kh: 32 g, kJ: 1672, kcal: 400, BE: 2,5

Zum Vorbereiten:

150 g Butter oder Margarine

Für den Teig:

100 g Buchweizenmehl
100 g nicht abgezogene, gem. Mandeln
30 g Speisestärke
3 gestr. TL Dr. Oetker Backin
1 Prise Salz
2 EL Speiseöl, z. B. Sonnenblumen- oder Distelöl
120 g Zucker
2 Eier (Größe M)
200 g Apfelmus (aus dem Glas)

Für das Topping:

400 g Schlagsahne (mind. 30 % Fett)
2 Pck. Sahnesteif
200 g Preiselbeer-Dessert (aus dem Glas)

Außerdem:

12 Muffin-Papierbackförmchen

Zubereitungszeit: 30 Minuten, ohne Abkühlzeit
Backzeit: 25–30 Minuten

1. Zum Vorbereiten Butter oder Margarine zerlassen und abkühlen lassen.

2. Den Backofen vorheizen.
Ober-/Unterhitze: etwa 180 °C
Heißluft: etwa 160 °C

3. Für den Teig Buchweizenmehl mit Mandeln, Speisestärke, Backpulver und Salz in einer Rührschüssel mit einem Schneebesen verrühren.

4. Flüssige Butter oder Margarine mit Speiseöl, Zucker und Eiern mit einem Mixer (Rührstäbe) gut verrühren. Zuletzt das Apfelmus unterrühren. Die flüssigen Zutaten zu der Mehl-Mandel-Mischung geben und zu einem glatten Teig verrühren.

5. Den Teig in die Mulden einer Muffinform (für 12 Muffins, mit Papierbackförmchen ausgelegt) geben und glatt streichen.

6. Die Form auf dem Rost in den vorgeheizten Backofen schieben. Die Cupcakes **25–30 Minuten backen.**

7. Die Form auf einen Kuchenrost stellen. Die Cupcakes etwa 10 Minuten in der Form abkühlen lassen. Anschließend Cupcakes aus der Form lösen und auf dem Kuchenrost erkalten lassen.

8. Für das Topping Sahne mit Sahnesteif steif schlagen. Zwei Drittel des Preiselbeer-Desserts unter die Sahne heben.

9. Die Preiselbeersahne in einen Spritzbeutel mit Lochtülle (Ø etwa 1 cm) geben. Den äußeren Rand der Cupcakes mit kleinen Sahnetupfen bespritzen. Das restliche Preiselbeer-Dessert in kleinen Klecksen jeweils in die Mitte geben.

Tipp: Die Cupcakes zusätzlich mit etwas Zartbitter-Raspelschokolade bestreuen.

Smoothie-Muffins

Laktosefrei

12 Stück

Pro Stück: E: 3 g, F: 10 g, Kh: 39 g, kJ: 1069, kcal: 255, BE: 3,0

Zum Vorbereiten:

1 Bio-Zitrone (unbehandelt, ungewachst)

Für den Teig:

250 g Weizenmehl
3 gestr. TL Dr. Oetker Backin
1 Prise Salz
120 g Zucker
250 ml Smoothie (Fruchtmark und -saft aus Erdbeeren, Bananen, Äpfeln, aus dem Kühlregal)
100 ml Speiseöl, z. B. Maiskeimöl
1 Ei (Größe M)

Zum Garnieren:

6 Erdbeeren (etwa 80 g)
120 g Puderzucker

Zubereitungszeit: 25 Minuten, ohne Abkühlzeit
Backzeit: etwa 25 Minuten

1. Zum Vorbereiten Zitrone heiß abwaschen, abtrocknen und die Schale fein abreiben. Zitrone halbieren und den Saft auspressen. 1–2 Esslöffel von dem Zitronensaft abmessen und für den Guss beiseitestellen.

2. Den Backofen vorheizen.
Ober-/Unterhitze: etwa 180 °C
Heißluft: etwa 160 °C

3. Für den Teig Mehl mit Backpulver, Salz, Zitronenschale und Zucker in einer Rührschüssel mit einem Schneebesen verrühren.

4. Smoothie, Speiseöl und Ei in einem Rührbecher mit dem Schneebesen verrühren. Die flüssigen Zutaten zu der Mehlmischung in die Rührschüssel geben und zu einem glatten Teig verrühren.

5. Teig in die Mulden einer Muffinform (für 12 Muffins, mit laktosefreiem Fett gefettet, gemehlt) geben und glatt streichen.

6. Die Form auf dem Rost in den vorgeheizten Backofen schieben. Muffins **etwa 25 Minuten backen.**

7. Die Form auf einen Kuchenrost stellen. Muffins etwa 5 Minuten in der Form abkühlen lassen. Anschließend aus der Form lösen und auf dem Kuchenrost erkalten lassen.

8. Zum Garnieren die Erdbeeren abspülen, trocken tupfen, entstielen und vierteln. Puderzucker mit dem beiseitegestellten Zitronensaft zu einer dickflüssigen Masse verrühren.

9. Den Guss auf den Muffins verteilen und mit den Erdbeervierteln belegen. Guss fest werden lassen.

Sommerfrucht-Joghurt-Muffins

Schnell – einfach

12 Stück

Pro Stück: E: 3 g, F: 12 g, Kh: 30 g, kJ: 1000, kcal: 239, BE: 2,5

Für die Fruchtfüllung:

250 g Sommerfrüchte, z. B. Kirschen, Johannisbeeren, Heidelbeeren

Für den Rührteig:

150 g Butter oder Margarine (zimmerwarm)
150 g Zucker
1 Pck. Dr. Oetker Vanillin-Zucker
1 TL Dr. Oetker Finesse Geriebene Zitronenschale
2 Eier (Größe M)
100 g Fruchtjoghurt, z. B. Zitronengeschmack (3,5 % Fett)
175 g Weizenmehl
25 g Speisestärke
1 gestr. TL Dr. Oetker Backin

Zum Bestäuben:

1–2 EL Puderzucker

Außerdem:

12 Muffin-Papierbackförmchen

Zubereitungszeit: 25 Minuten, ohne Abkühlzeit
Backzeit: etwa 25 Minuten

1. Für die Fruchtfüllung die Früchte verlesen, abspülen, sehr gut abtropfen lassen, evtl. entstielen, entsteinen oder entkernen.

2. Den Backofen vorheizen.
Ober-/Unterhitze: etwa 180 °C
Heißluft: etwa 160 °C

3. Für den Teig die Butter oder Margarine mit einem Mixer (Rührstäbe) auf höchster Stufe geschmeidig rühren. Nach und nach Zucker, Vanillin-Zucker und Zitronenschale unterrühren. So lange rühren, bis eine gebundene Masse entstanden ist.

4. Die Eier nach und nach unterrühren (jedes Ei etwa ½ Minute). Joghurt hinzugeben.

5. Mehl mit Speisestärke und Backpulver mischen und in 2 Portionen auf mittlerer Stufe kurz unterrühren.

6. Zwei Drittel des Teiges in die Mulden einer Muffinform (für 12 Muffins, mit Papierbackförmchen ausgelegt) geben. Die vorbereiteten Früchte gleichmäßig darauf verteilen. Den restlichen Teig daraufgeben und vorsichtig glatt streichen. Die Form auf dem Rost in den vorgeheizten Backofen schieben. Die Muffins **etwa 25 Minuten backen.**

7. Die Form auf einen Kuchenrost stellen. Die Muffins etwa 10 Minuten in der Form abkühlen lassen. Anschließend aus der Form lösen und auf dem Kuchenrost erkalten lassen.

8. Die Sommerfrucht-Joghurt-Muffins vor dem Servieren mit Puderzucker bestäuben.

Spekulatius-Muffins

Mit Alkohol

12 Stück

Pro Stück: E: 4 g, F: 13 g, Kh: 41 g, kJ: 1291, kcal: 309, BE: 3,5

Zum Vorbereiten:

100 g Gewürzspekulatius

Für den Rührteig:

125 g Butter oder Margarine (zimmerwarm)
100 g Zucker
1 Pck. Dr. Oetker Vanillin-Zucker
1 Prise Salz
3 Eier (Größe M)
170 g Weizenmehl
2 gestr. TL Dr. Oetker Backin
125 ml Eierlikör

Für den Guss:

140 g Puderzucker
2 EL Orangensaft

Zubereitungszeit: 30 Minuten, ohne Abkühlzeit
Backzeit: etwa 25 Minuten

1. Zum Vorbereiten Spekulatius in einen Gefrierbeutel geben. Den Beutel fest verschließen. Spekulatius mit einer Teigrolle zerbröseln.

2. Den Backofen vorheizen.
Ober-/Unterhitze: etwa 180 °C
Heißluft: etwa 160 °C

3. Für den Teig Butter oder Margarine mit einem Mixer (Rührstäbe) auf höchster Stufe geschmeidig rühren.

4. Nach und nach Zucker, Vanillin-Zucker und Salz unterrühren. So lange rühren, bis eine gebundene Masse entstanden ist.

5. Eier nach und nach unterrühren (jedes Ei etwa 1/2 Minute). Mehl mit Backpulver mischen und mit dem Eierlikör auf mittlerer Stufe kurz unterrühren. Zuletzt die Spekulatiusbrösel unterheben.

6. Den Teig in die Mulden einer Muffinform (für 12 Muffins, gefettet, gemehlt) geben und glatt streichen. Die Form auf dem Rost in den vorgeheizten Backofen schieben. Die Spekulatius-Muffins **etwa 25 Minuten backen.**

7. Die Form auf einen Kuchenrost stellen. Die Muffins etwa 10 Minuten in der Form abkühlen lassen. Anschließend aus der Form lösen und auf dem Kuchenrost erkalten lassen.

8. Für den Guss Puderzucker mit Orangensaft zu einer dickflüssigen Masse verrühren. Die Muffins damit bestreichen. Guss fest werden lassen.

Stachelbeer-Baiser-Cakes

Für Gäste

12 Stück

Pro Stück: E: 5 g, F: 21 g, Kh: 33 g, kJ: 1419, kcal: 339, BE: 2,5

Für den Teig:

150 g	*Butter oder Margarine (zimmerwarm)*
120 g	*Zucker*
1 Pck.	*Dr. Oetker Bourbon-Vanille-Zucker*
1 Prise	*Salz*
3	*Eier (Größe M)*
120 g	*Weizenmehl*
80 g	*abgezogene, gem. Mandeln*
1 ½ gestr. TL	*Dr. Oetker Backin*
250 g	*abgetropfte Stachelbeeren (aus dem Glas)*

Für das Topping:

200 g	*Schlagsahne (mind. 30 % Fett)*
1 TL	*Zucker*
1 Pck.	*Sahnesteif*
etwa 18	*Baiserwellen (etwa 100 g, Fertigprodukt)*
100 g	*abgetropfte Stachelbeeren (aus dem Glas)*
einige	*frische Pfefferminzblätter*

Außerdem:

12	*Muffin-Papierbackförmchen*

Zubereitungszeit: 40 Minuten, ohne Abkühlzeit
Backzeit: 25–30 Minuten

1. Den Backofen vorheizen.
Ober-/Unterhitze: etwa 180 °C
Heißluft: etwa 160 °C

2. Für den Teig Butter oder Margarine mit Zucker, Vanille-Zucker und Salz in einer Rührschüssel mit einem Mixer (Rührstäbe) zunächst kurz auf niedrigster, dann auf höchster Stufe etwa 4 Minuten schaumig schlagen. Eier nach und nach unterrühren (jedes Ei etwa ½ Minute).

3. Mehl mit Mandeln und Backpulver gut vermischen. Die Mehlmischung unter die Eier-Fett-Masse rühren. Die Stachelbeeren vorsichtig unter den Teig heben.

4. Den Teig in die Mulden einer Muffinform (für 12 Muffins, mit Papierbackförmchen ausgelegt) geben und glatt streichen. Die Form auf dem Rost in den vorgeheizten Backofen schieben. Die Cupcakes **25–30 Minuten backen.**

5. Die Form auf einen Kuchenrost stellen. Cupcakes etwa 5 Minuten in der Form abkühlen lassen. Anschließend aus der Form lösen und auf dem Kuchenrost erkalten lassen.

6. Für das Topping die Sahne mit dem Zucker und dem Sahnesteif steif schlagen. Die Sahne in einen Spritzbeutel mit mittlerer Lochtülle geben. 6 von den Baiserwellen halbieren. Die Cupcakes mit der Schlagsahne verzieren und mit je 1 ½ Baiserwellen belegen. Die Cupcakes mit Stachelbeeren und abgespülten, trocken getupften Pfefferminzblättchen garnieren.

Stachelbeer-Muffins

Schnell – einfach

12 Stück

Pro Stück: E: 4 g, F: 13 g, Kh: 33 g, kJ: 1113, kcal: 266, BE: 3,0

Zum Vorbereiten:

80 g Butterschmalz

Für den Schüttelteig:

120 g Weizenmehl
50 g Speisestärke
2 gestr. TL Dr. Oetker Backin
120 g brauner Zucker
1 Pck. Dr. Oetker Bourbon-Vanille-Zucker
3 Eier (Größe M)
50 ml Milch (1,5 % Fett)
70 g gehackte Walnusskerne

390 g abgetropfte Stachelbeeren (aus dem Glas)

Für den Belag:

100 g Aprikosenkonfitüre

Zubereitungszeit: 20 Minuten, ohne Abkühlzeit
Backzeit: 25–30 Minuten

1. Zum Vorbereiten Butterschmalz zerlassen und abkühlen lassen.

2. Den Backofen vorheizen.
Ober-/Unterhitze: etwa 200 °C
Heißluft: etwa 180 °C

3. Für den Teig Mehl mit Speisestärke und Backpulver mischen, in eine verschließbare Schüssel (etwa 3 l) geben und anschließend gut mit Zucker und Vanille-Zucker mischen.

4. Eier, flüssiges Butterschmalz und Milch hinzufügen und die Schüssel mit dem Deckel fest verschließen. Die Schüssel mehrmals kräftig schütteln (insgesamt 15–30 Sekunden), sodass alle Zutaten gut vermischt sind. Walnusskerne hinzugeben.

5. Alles mit einem Schneebesen oder Rührlöffel nochmals sorgfältig durchrühren, damit vor allem trockene Zutaten vom Rand mit untergerührt werden.

6. Den Teig in die Mulden einer Muffinform (für 12 Muffins, gefettet, gemehlt) geben und glatt streichen. Den Teig etwa 5 Minuten stehen lassen. Von den Stachelbeeren etwa 100 g beiseitelegen. Restliche Stachelbeeren auf dem Teig verteilen. Die Form auf dem Rost in den vorgeheizten Backofen schieben. Die Muffins **25–30 Minuten backen.**

7. Die Form auf einen Kuchenrost stellen. Muffins etwa 10 Minuten in der Form abkühlen lassen. Anschließend aus der Form lösen und auf dem Kuchenrost erkalten lassen.

8. Für den Belag Konfitüre in einem Topf unter Rühren aufkochen. Die beiseitegestellten Stachelbeeren hinzufügen und unter vorsichtigem Rühren kurz aufkochen lassen. Die Stachelbeermasse mit einem Löffel auf den Muffins verteilen und fest werden lassen.

Stollenmuffins | Weihnachtlich

12 Stück

Pro Stück: E: 6 g, F: 14 g, Kh: 34 g, kJ: 1210, kcal: 289, BE: 3,0

Für den Brandteig:

125 ml Wasser
25 g Butter oder Margarine
75 g Weizenmehl
1 EL Zucker
2–3 Eier (Größe M)

Für den Rührteig:

75 g Butter oder Margarine (zimmerwarm)
50 g Zucker
1 Pck. Dr. Oetker Vanillin-Zucker
1 Prise Salz
je 1 Msp. gem. Zimt, gem. Nelken, gem. Kardamom, ger. Muskatnuss
1 Ei (Größe M)
200 g Weizenmehl
2 gestr. TL Dr. Oetker Backin
100 g Rosinen
50 g fein gehacktes Zitronat (Succade)
50 g gehackte Mandeln

50 g Butter
2 EL Puderzucker

Außerdem:

12 Muffin-Papierbackförmchen

Zubereitungszeit: 50 Minuten
Backzeit: etwa 25 Minuten

1. Für den Brandteig Wasser mit Butter oder Margarine am besten in einem Stieltopf zum Kochen bringen. Mehl auf einmal in die von der Kochstelle genommene Flüssigkeit schütten, zu einem glatten Kloß rühren und unter Rühren etwa 1 Minute erhitzen. Den heißen Kloß sofort in eine Schüssel geben.

2. Nach und nach Zucker und Eier mit einem Mixer (Knethaken) auf höchster Stufe unterarbeiten. Die Eiermenge hängt von der Beschaffenheit des Teiges

ab, er muss stark glänzen und so vom Löffel abreißen, dass lange Spitzen hängen bleiben.

3. Den Backofen vorheizen.
Ober-/Unterhitze: etwa 180 °C
Heißluft: etwa 160 °C

4. Für den Rührteig Butter oder Margarine mit einem Mixer (Rührstäbe) auf höchster Stufe geschmeidig rühren. Nach und nach Zucker, Vanillin-Zucker und Salz unterrühren. So lange rühren, bis eine gebundene Masse entstanden ist. Dann die Gewürze unterrühren.

5. Das Ei etwa ½ Minute unterrühren. Mehl mit Backpulver mischen und in 2 Portionen auf mittlerer Stufe kurz unterrühren. Zuletzt Rosinen, Zitronat und Mandeln unterrühren.

6. Den Brandteig zum Rührteig geben. Beide Teige mit dem Mixer (Knethaken) miteinander verkneten. Den Teig in die Mulden einer Muffinform (für 12 Muffins, mit Papierbackförmchen ausgelegt) geben. Das Backblech in den vorgeheizten Backofen schieben. Die Stollenmuffins **etwa 25 Minuten backen.**

7. Die Form auf einen Kuchenrost stellen. Die Muffins in der Form etwas abkühlen lassen. Inzwischen die Butter in einem kleinen Topf zerlassen. Anschließend die Muffins aus der Form lösen, auf den mit Backpapier belegten Kuchenrost setzen, sofort mit Butter bestreichen und mit Puderzucker bestäuben. Die Stollenmuffins erkalten lassen.

Stracciatella-Cupcakes

Raffiniert

12 Stück

Pro Stück: E: 7 g, F: 26 g, Kh: 33 g, kJ: 1469, kcal: 395, BE: 3,0

Zum Vorbereiten:

100 g Vollmilch-Schokolade (etwa 30 % Kakaoanteil)
150 g Frischkäse (etwa 17 % Fett)

Für den Rührteig:

150 g Butter oder Margarine (zimmerwarm)
100 g brauner Zucker
1 Pck. Dr. Oetker Vanillin-Zucker
1 Prise Salz
3 Eier (Größe M)
50 g Schmand (Sauerrahm)
200 g Weizenmehl
2 gestr. TL Dr. Oetker Backin
80 g Zartbitter-Raspelschokolade

12 Stücke Zartbitter-Schokolade (etwa 60 g, mind. 50 % Kakaoanteil)

Für das Topping:

150 g Schlagsahne (mind. 30 % Fett)
½ Pck. Sahnesteif
100 g weiße Milchcreme (aus dem Glas)

Außerdem:

12 Muffin-Papierbackförmchen

Zubereitungszeit: 40 Minuten, ohne Kühlzeit
Backzeit: 25–30 Minuten

1. Zum Vorbereiten für das Topping Vollmilch-Schokolade in kleine Stücke brechen und mit 1 Esslöffel Frischkäse in einem Topf im Wasserbad bei schwacher Hitze unter Rühren schmelzen. Schoko-Frischkäse-Masse etwas abkühlen lassen, dann mit dem restlichen Frischkäse verrühren. Schoko-Frischkäse erkalten lassen.

2. Den Backofen vorheizen.
Ober-/Unterhitze: etwa 180 °C
Heißluft: etwa 160 °C

3. Für den Teig die Butter oder Margarine mit Zucker, Vanillin-Zucker und Salz mit einem Mixer (Rührstäbe) zunächst kurz auf niedrigster, dann auf höchster Stufe etwa 5 Minuten schaumig schlagen.

4. Die Eier nach und nach unterrühren (jedes Ei etwa ½ Minute). Schmand ebenfalls unterrühren.

5. Mehl mit Backpulver mischen und in 2 Portionen auf mittlerer Stufe kurz unterrühren. Die Raspelschokolade unterheben.

6. Den Teig in die Mulden einer Muffinform (für 12 Muffins, mit Papierbackförmchen ausgelegt) geben und glatt streichen. Jeweils 1 Stück Zartbitter-Schokolade in die Teigmitte stecken. Die Form auf dem Rost in den vorgeheizten Backofen schieben. Die Cupcakes **25–30 Minuten backen.**

7. Die Form auf einen Kuchenrost stellen. Cupcakes etwa 10 Minuten in der Form abkühlen lassen. Anschließend aus der Form lösen und auf dem Kuchenrost erkalten.

8. Für das Topping Sahne mit Sahnesteif steif schlagen. Die Milchcreme zunächst mit 2 Esslöffeln von der Schlagsahne glatt rühren, dann unter die restliche Sahne rühren.

9. Einen Spritzbeutel mit Lochtülle (Ø etwa 8 mm) auf einer Seite mit dem dunklen Schoko-Frischkäse befüllen. Den Spritzbeutel mit der schweren Seite nach unten auf eine Arbeitsplatte legen. Die helle Sahne-Milchcreme vorsichtig auf die dunkle Creme schichten. Das zweifarbige Topping in großen Tupfen auf die Cupcakes spritzen.

10. Die Cupcakes zugedeckt, sodass das Topping nicht zerdrückt wird, etwa 30 Minuten in den Kühlschrank stellen.

Tipp: Die Cupcakes mit grob zerbrochenen Splittern von dünnen Schokoladen-Täfelchen garnieren.

Super-Choc-Cheese-Cupcakes

Schokoglück

12 Stück

Pro Stück: E: 9 g, F: 28 g, Kh: 24 g, kJ: 1603, kcal: 384, BE: 2,0

Für die Bröselböden:

16 OREOs® (Kakaogebäck mit Vanille-Cremefüllung, ohne Schoko-Überzug)
80 g Butter

Für die Cheesecake-Creme:

80 g Zartbitter-Schokolade (etwa 50 % Kakaoanteil)
50 g Schlagsahne
60 g Zucker
2 Eier (Größe M)
1 Eigelb (Größe M)
300 g Speisequark (20 % Fett)
1 1/2 gestr. EL Speisestärke

Für das Topping:

150 g Schlagsahne (mind. 30 % Fett)
1/2 Pck. Sahnesteif
2 gestr. TL gesiebter Kakao zum Backen
200 g Doppelrahm-Frischkäse
100 g Nuss-Nougat-Creme

Außerdem:

12 Muffin-Papierbackförmchen

Zubereitungszeit: 45 Minuten, ohne Abkühlzeit
Backzeit: etwa 35 Minuten

1. Für die Bröselböden die gefüllten Kekse durch Drehen voneinander trennen. Die weiße Füllung abschaben, in eine Rührschüssel geben und beiseitestellen. Die schwarzen Kekshälften in einen großen Gefrierbeutel füllen. Den Beutel fest verschließen. Die Kekshälften mit einer Teigrolle fein zerbröseln. Die Butter schmelzen und mit den Keksbröseln sorgfältig vermengen.

2. Den Bröselteig in die Mulden einer Muffinform (für 12 Muffins, mit Papierbackförmchen ausgelegt) geben und mit einem Teelöffel fest zu Böden andrücken.

3. Den Backofen vorheizen.
Ober-/Unterhitze: etwa 180 °C
Heißluft: etwa 160 °C

4. Für die Cheesecake-Creme Schokolade in kleine Stücke brechen. Zwei Drittel davon mit der Sahne in einem Topf im Wasserbad bei schwacher Hitze unter Rühren schmelzen. Den Topf aus dem Wasserbad nehmen und die restliche Schokolade darin unter Rühren schmelzen. Masse etwas abkühlen lassen.

5. Zucker, Eier, Eigelb und Quark zu der abgeschabten Keksfüllung in die Rührschüssel geben. Flüssige Schokoladen-Sahne hinzugeben. Die Zutaten sorgfältig verrühren, die Speisestärke untermischen.

6. Die Cheesecake-Creme gleichmäßig auf den Bröselböden verteilen. Die Form auf dem Rost in den vorgeheizten Backofen schieben. Die Cupcakes **etwa 35 Minuten backen.**

7. Die Form auf einen Kuchenrost stellen. Die Cupcakes in der Form erkalten lassen. Anschließend vorsichtig aus der Form lösen.

8. Für das Topping Sahne mit Sahnesteif und Kakaopulver steif schlagen. Den Frischkäse mit der Nuss-Nougat-Creme glatt rühren, dann in einen Spritzbeutel mit Sterntülle (Ø etwa 7 mm) geben. Nuss-Nougat-Frischkäse in kleinen Rosetten auf die Cupcakes spritzen, dabei immer etwas Abstand lassen.

9. Anschließend die Schokoladen-Sahne in einen Spritzbeutel mit Lochtülle (Ø etwa 7 mm) geben. Kleine Schokoladen-Sahne-Tupfen in die Zwischenräume auf die Cupcakes spritzen.

Tipp: Super-schokoladig wird es, wenn Sie die Cupcakes vor dem Servieren noch mit etwas Kakaopulver bestäuben.

Tassen-Muffins I

Fruchtig

10–12 Stück

Pro Stück: E: 5 g, F: 14 g, Kh: 32 g, kJ: 1140, kcal: 272, BE: 2,5

Für den Schüttelteig:

125 g Butter
200 g Weizenmehl
2 gestr. TL Dr. Oetker Backin
70 g Hartweizengrieß
90 g Zucker
2 Pck. Dr. Oetker Vanillin-Zucker
3 Eier (Größe M)
4 EL Milch (1,5 % Fett)

Für die Füllung:

250 g vorbereitetes frisches Obst, z. B. klein geschnittene Pflaumen, Äpfel, Birnen, Nektarinen, Mangos

Puderzucker zum Bestäuben

Außerdem:

10–12 feuerfeste Tassen (etwa 150 ml)

Zubereitungszeit: 20 Minuten, ohne Abkühlzeit
Backzeit: 25–30 Minuten

1. Den Backofen vorheizen.
Ober-/Unterhitze: etwa 180 °C
Heißluft: etwa 160 °C

2. Für den Teig Butter zerlassen und abkühlen lassen. Das Mehl mit Backpulver mischen, in eine verschließbare Schüssel (etwa 3 l) geben und mit Grieß, Zucker und Vanillin-Zucker mischen. Eier, Milch und flüssige Butter hinzufügen und die Schüssel mit dem Deckel fest verschließen. Schüssel mehrmals kräftig schütteln (insgesamt 15–30 Sekunden), sodass alle Zutaten gut vermischt sind.

3. Alles mit einem Schneebesen oder Rührlöffel nochmals sorgfältig durchrühren, damit trockene Zutaten vom Rand mit untergerührt werden.

4. Die Hälfte des Teiges in die Tassen (gefettet) geben und glatt streichen. Das klein geschnittene Obst daraufgeben und mit dem restlichen Teig bedecken. Die Tassen auf dem Rost in den vorgeheizten Backofen schieben. Die Muffins **25–30 Minuten backen.**

5. Die Muffins etwa 10 Minuten in den Tassen abkühlen lassen. Anschließend aus den Tassen lösen und auf einem Kuchenrost erkalten lassen. Muffins vor dem Servieren mit Puderzucker bestäuben.

Tipps: Verwenden Sie nur einfache Tassen ohne oder mit ofenfestem Dekor. Keine Goldrandtassen oder Tassen, die nach dem Glasieren beklebt oder bemalt wurden. Sie können die Tassen-Muffins auch in einer Muffinform (für 12 Muffins) oder in jeweils 2 ineinander gestellten Papierbackförmchen backen.

Thai-Cakes | Exotisch

12 Stück

Pro Stück: E: 6 g, F: 23 g, Kh: 27 g, kJ: 1440, kcal: 345, BE: 2,5

Für den Teig:

80 g Erdnuss-Cashew-Mix Thai-Style (von Seeberger)
3 Eiweiß (Größe M)
1 Prise Salz
140 g Zucker
3 Eigelb (Größe M)
160 g Butter oder Margarine (zimmerwarm)
6 EL Milch
160 g Weizenmehl
1 gestr. TL Dr. Oetker Backin

Für das Topping:

100 g Mascarpone (ital. Frischkäse, zimmerwarm)
120 g Crème fraîche
1 EL Puderzucker
30 g weiße Schokolade
12 Physalis (Kapstachelbeeren)

Außerdem:

12 Muffin-Papierbackförmchen

Zubereitungszeit: 40 Minuten, ohne Abkühlzeit
Backzeit: 25–30 Minuten

1. Den Backofen vorheizen.
Ober-/Unterhitze: etwa 180 °C
Heißluft: etwa 160 °C

2. Für den Teig den Erdnuss-Cashew-Mix in grobe Stücke hacken. Das Eiweiß und Salz mit einem Mixer (Rührstäbe) auf höchster Stufe steif schlagen. Den Eischnee 3 Minuten weiterschlagen, dabei nach und nach 100 g von dem Zucker unterschlagen.

3. In einer anderen Rührschüssel Eigelb mit Butter oder Margarine und restlichem Zucker mit dem Mixer (Rührstäbe) zunächst kurz auf niedrigster, dann auf höchster Stufe etwa 4 Minuten schaumig schlagen. Die Milch kurz unterrühren.

4. Das Mehl mit dem Erdnuss-Cashew-Mix und dem Backpulver gut vermischen. Die Mehl-Nuss-Mischung in 2 Portionen abwechselnd mit dem Eischnee unter die Eigelb-Fett-Masse rühren.

5. Den Teig in die Mulden einer Muffinform (für 12 Muffins, mit Papierbackförmchen ausgelegt) geben und glatt streichen. Die Form auf dem Rost in den vorgeheizten Backofen schieben. Die Cupcakes **25–30 Minuten backen.**

6. Die Form auf einen Kuchenrost stellen. Cupcakes etwa 5 Minuten in der Form abkühlen lassen. Aus der Form lösen, auf dem Kuchenrost erkalten lassen.

7. Für das Topping Mascarpone mit Crème fraîche und Puderzucker mit dem Mixer (Rührstäbe) auf mittlerer Stufe kurz steif schlagen. Die Schokolade fein raspeln und die Hälfte davon unter die Mascarponecreme heben.

8. Die Mascarponecreme auf den Cupcakes verteilen und mit einem Messer dekorativ verstreichen. Die Cupcakes mit den restlichen Schokoladenraspeln bestreuen und mit je 1 abgespülten, trocken getupften Physalis garnieren. Die Thai-Cakes zugedeckt, sodass das Topping nicht zerdrückt wird, etwa 30 Minuten in den Kühlschrank stellen.

Tierische Muffins | Für Kinder

12 Stück

Pro Stück: E: 4 g, F: 21 g, Kh: 38 g, kJ: 1507, kcal: 360, BE: 3,0

Für den Rührteig:

- *175 g Butter oder Margarine (zimmerwarm)*
- *125 g Zucker*
- *1 Pck. Dr. Oetker Vanillin-Zucker*
- *2 Eier (Größe M)*
- *100 g Crème fraîche*
- *200 g Weizenmehl*
- *3 gestr. TL Dr. Oetker Backin*

Zum Garnieren:

- *30 g Edelbitter-Schokolade (60–70 % Kakaoanteil)*

Für die Bären:

- *9 Vollmilch-Schokoladentaler*
- *9 bunte Schokolinsen*
- *Zuckerschrift in Rot*

Für die Schweine:

- *6 rosa Brausepulverkissen aus Esspapier*
- *Zuckerschrift in Rot*

Für die Mäuse:

- *6 Vollmilch-Schokoladentaler*
- *3 rosa Schokolinsen*
- *Zuckerschrift in Rot*
- *3 Lakritzschnecken*

Für die Rentiere:

- *50 g Zartbitter-Schokolade (etwa 50 % Kakaoanteil)*
- *10 g Puderzucker*
- *etwas Wasser*
- *etwas rote Speisefarbe*
- *3 rote Schokolinsen*
- *weiße Zuckerschrift*

Außerdem:

- *12 Muffin-Papierbackförmchen*

Zubereitungszeit: 50 Minuten, ohne Abkühl- und Trockenzeit
Backzeit: etwa 20 Minuten

1. Den Backofen vorheizen.
Ober-/Unterhitze: etwa 180 °C
Heißluft: etwa 160 °C

2. Für den Teig Butter oder Margarine mit einem Mixer (Rührstäbe) auf höchster Stufe geschmeidig rühren. Nach und nach Zucker und Vanillin-Zucker unterrühren. So lange rühren, bis eine gebundene Masse entstanden ist.

3. Die Eier nach und nach unterrühren (jedes Ei etwa ½ Minute). Crème fraîche unterrühren. Das Mehl mit Backpulver mischen und in 2 Portionen auf mittlerer Stufe kurz unterrühren.

4. Den Teig in die Mulden einer Muffinform (für 12 Muffins, mit Papierbackförmchen ausgelegt) geben und glatt streichen. Die Form auf dem Rost in den vorgeheizten Backofen schieben. Die Muffins **etwa 20 Minuten backen.**

5. Die Form auf einen Kuchenrost stellen. Die Muffins etwa 10 Minuten in der Form abkühlen lassen. Anschließend aus der Form lösen und auf dem Kuchenrost erkalten lassen.

6. Zum Garnieren zunächst die Edelbitter-Schokolade in kleine Stücke brechen und in einem Topf im Wasserbad bei schwacher Hitze unter Rühren schmelzen. Schokolade in einen kleinen Gefrierbeutel füllen, eine kleine Ecke abschneiden. Für **3 Bären** jeweils die Schokoladentaler als Ohren und Schnauze sowie die Schokolinsen als Augen „ankleben“. Eine weitere Linse in die Mitte der Schnauze „kleben“. Dann mit der Schokolade ein paar Haare zwischen die Ohren malen. Zuletzt mit der Zuckerschrift einen Mund aufmalen.

7. Für **3 Schweine** jeweils 1 ganzes Brausepulverkissen als Rüssel und 2 Brausepulverkissen-Hälften (Brausepulver entfernen) als Ohren mit der Schokolade „ankleben“. Die Augen mit Schokolade, die Nasenlöcher mit Zuckerschrift aufmalen.

8. Für **3 Mäuse** zunächst jeweils 2 Schokoladentaler als Ohren vorsichtig in die Muffinoberfläche stecken. Mit der Edelbitter-Schokolade die Augen aufmalen, die Schokolinse als Nase „ankleben" und die Nasenhaare aufmalen. Jeweils einen Mund mit der Zuckerschrift aufmalen. Die Lakritzschnecken auseinanderrollen und als Schwänzchen in die Muffins stecken.

9. Für **3 Rentiere** Zartbitter-Schokolade wie unter Punkt 6 beschrieben schmelzen. Schokolade in einen Gefrierbeutel füllen, eine kleine Ecke abschneiden und Rentiergeweihe auf Backpapier spritzen. Dabei evtl. ein zweites Mal darüberspritzen, damit die Geweihe dicker werden. Die Geweihe im Kühlschrank fest werden lassen.

10. Die Edelbitter-Schokolade aus der Gefriertüte nehmen und erneut schmelzen. Dann jeweils die Geweihe damit ankleben, sowie Augen und eine große Schnauze aufmalen, dabei für das Ankleben der roten Nase etwas Platz lassen. Schokolade trocknen lassen.

11. Aus Puderzucker, nur wenigen Tropfen Wasser und Speisefarbe einen dicken, roten Guss anrühren. Jeweils in die Mitte der Schnauze einen Klecks setzen, der nach unten zu einer „Zunge" ausläuft.

12. Eine rote Schokolinse auf den oberen Teil des Kleckses als Nase setzen. Mit der weißen Zuckerschrift die Augen oberhalb umranden. Guss und Zuckerschrift fest werden lassen.

Tiramisu-Muffins

Mit Alkohol

12 Stück

Pro Stück: E: 4 g, F: 15 g, Kh: 30 g, kJ: 1166, kcal: 279, BE: 2,5

Für den All-in-Teig:

200 g Weizenmehl
1 Pck. Dr. Oetker Pudding-Pulver Vanille-Geschmack
3 gestr. TL Dr. Oetker Backin
125 g Zucker
3 Eier (Größe M)
125 g Butter oder Margarine (zimmerwarm)
40 ml Amaretto (ital. Mandellikör)

Zum Tränken:

3 EL starker Kaffee
2 EL Amaretto

Für die Füllung:

150 g Crème fraîche
1 Pck. Dr. Oetker Vanillin-Zucker

Zum Bestäuben:

1 EL Kakao zum Backen
1 EL Puderzucker

Zubereitungszeit: 30 Minuten, ohne Abkühlzeit
Backzeit: 20–25 Minuten

1. Den Backofen vorheizen.
Ober-/Unterhitze: etwa 180 °C
Heißluft: etwa 160 °C

2. Für den Teig Mehl mit Pudding-Pulver und Backpulver in einer Rührschüssel mischen. Restliche Zutaten hinzufügen und mit einem Mixer (Rührstäbe) zunächst kurz auf niedrigster, dann auf höchster Stufe in etwa 2 Minuten zu einem glatten Teig verarbeiten.

3. Den All-in-Teig in die Mulden einer Muffinform (für 12 Muffins, gefettet, gemehlt) geben und glatt streichen.

4. Die Form auf dem Rost in den vorgeheizten Backofen schieben. Die Muffins **20–25 Minuten backen.**

5. Die Form auf einen Kuchenrost stellen. Die Muffins etwa 10 Minuten in der Form abkühlen lassen. Anschließend aus der Form lösen und auf dem Kuchenrost erkalten lassen.

6. Zum Tränken zunächst die Muffins waagerecht halbieren. Den Kaffee mit dem Amaretto verrühren. Die Muffinhälften damit tränken.

7. Für die Füllung Crème fraîche mit Vanillin-Zucker cremig aufschlagen. Die Creme auf den unteren Muffinhälften verteilen. Die oberen Muffinhälften daraufsetzen. Die Tiramisu-Muffins mit Kakao und Puderzucker dick bestäuben und sofort servieren.

Tipps: Wenn Sie die Tiramisu-Muffins ohne Alkohol zubereiten möchten, können Sie den Amaretto im Teig durch 40 g saure Sahne (keine stichfeste) ersetzen. Zum Tränken nehmen Sie statt Kaffee und Amaretto 5 Esslöffel Fruchtsaft, zum Beispiel Orangensaft. Wenn Sie es gerne fruchtig mögen, belegen Sie die Muffinhälften zusätzlich mit einigen abgetropften Mandarinenspalten (aus der Dose). Auch vorbereitete frische Erdbeeren schmecken sehr lecker. Im Sommer können Sie die Tiramisu-Muffins statt mit der Cremefüllung auch mit einer kleinen Kugel Vanille-Eis servieren.

Toffee-Zitronen-Cakes

Gut kombiniert

12 Stück

Pro Stück: E: 5 g, F: 27 g, Kh: 41 g, kJ: 1806, kcal: 432, BE: 3,5

Für den Teig:

3 Eiweiß (Größe M)
1 Prise Salz
180 g Zucker
3 Eigelb (Größe M)
1 Pck. Dr. Oetker Finesse Geriebene Zitronenschale
180 g Butter oder Margarine (zimmerwarm)
180 g Weizenmehl
2 gestr. TL Dr. Oetker Backin
75 g Crème légère

Für das Topping:

2 Bio-Zitronen (unbehandelt, ungewachst)
50 g Zucker
125 g Sahne Muh-Muhs (Sahne Toffees)
350 g Schlagsahne (mind. 30 % Fett)
2 Pck. Sahnesteif
1 gestr. EL Puderzucker
75 g Crème légère

Außerdem:

12 Muffin-Papierbackförmchen

Zubereitungszeit: 45 Minuten, ohne Abkühlzeit
Backzeit: etwa 30 Minuten

1. Den Backofen vorheizen.
Ober-/Unterhitze: etwa 180 °C
Heißluft: etwa 160 °C

2. Für den Teig das Eiweiß mit Salz mit einem Mixer (Rührstäbe) auf höchster Stufe steif schlagen. Den Eischnee 3 Minuten weiterschlagen, dabei nach und nach die Hälfte des Zuckers dazugeben.

3. In einer anderen Schüssel Eigelb mit Zitronenschale, Butter oder Margarine und restlichem Zucker schaumig rühren. Mehl mit Backpulver mischen. Das Mehlgemisch abwechselnd mit Crème légère unter die Buttermasse rühren. Eischnee in 2 Portionen auf niedrigster Stufe kurz unterrühren.

4. Den Teig in die Mulden einer Muffinform (für 12 Muffins, mit Papierbackförmchen ausgelegt) geben und glatt streichen. Die Form auf dem Rost in den vorgeheizten Backofen schieben. Die Cakes **etwa 30 Minuten backen.**

5. Die Form auf einen Kuchenrost stellen. Cupcakes etwa 5 Minuten in der Form abkühlen lassen. Anschließend aus der Form lösen und auf dem Kuchenrost erkalten lassen.

6. Für das Topping die Zitronen heiß abwaschen und abtrocknen. Mit einem Sparschäler die Zitronen dünn schälen, dann die Schale der Länge nach in sehr feine Streifen schneiden (oder die Zitronen mit einem Zestenreißer schälen). Die Zitronen halbieren und den Saft auspressen.

7. Zitronenschale mit 7 Esslöffeln (etwa 80 ml) Zitronensaft und Zucker in einem Topf verrühren, aufkochen lassen und bei schwacher Hitze etwa 1 Minute zugedeckt ziehen lassen. Zitronenschale in einem Sieb abtropfen lassen, dabei den Sud auffangen.

8. Sechs Sahne Muh-Muhs zum Garnieren beiseitelegen. Restliche Sahne Muh-Muhs mit dem aufgefangenen Zitronensud in einem Topf erwärmen, bis sie geschmolzen sind. Die Masse abkühlen lassen.

9. Sahne kurz aufschlagen, 1 Päckchen Sahnesteif mit Puderzucker mischen und nach und nach dazugeben, dabei die Sahne steif schlagen.

10. Crème légère mit dem zweiten Päckchen Sahnesteif und den geschmolzenen Sahne Muh-Muhs verrühren und kurz unter die Sahne rühren.

11. Die Sahnecreme auf den Cupcakes verteilen und mit einem Messer wellenartig verstreichen. Die beiseitegelegten Sahne Muh-Muhs in dünne Scheiben schneiden und darauf verteilen. Cupcakes mit den abgetropften Zitronenschalenstreifen garnieren.

Valentine's-Day-Cupcakes

Schokoglück

12 Stück

Pro Stück: E: 7 g, F: 26 g, Kh: 36 g, kJ: 1684, kcal: 403, BE: 3,0

Für das Canache-Topping:

150 g	*Zartbitter-Schokolade (etwa 50 % Kakaoanteil)*
150 g	*Schlagsahne (mind. 30 % Fett)*
50 g	*weiße Schokolade*

Für den Rührteig:

125 g	*Butter oder Margarine (zimmerwarm)*
125 g	*Zucker*
5 Tropfen	*Bittermandel-Aroma*
½ gestr. TL	*gem. Zimt*
3	*Eier (Größe M)*
75 g	*abgezogene, gem. Mandeln*
175 g	*Weizenmehl*
4 ½ gestr. TL	*Dr. Oetker Backin*

Zum Garnieren:

150 g	*Zartbitter-Kuvertüre (etwa 50 % Kakaoanteil)*
etwas	*Puderzucker*

Außerdem:

je 12	*Muffin-Backförmchen (Papier und Alu, rosa)*
	Buchstaben-Ausstechförmchen

Zubereitungszeit: 40 Minuten, ohne Kühlzeit
Backzeit: etwa 25 Minuten

1. Für das Topping die Zartbitter-Schokolade in Stücke brechen. Sahne in einem Topf erwärmen (nicht kochen). Den Topf von der Kochstelle nehmen, die Schokoladenstücke in die Sahne geben und etwa 1 Minute stehen lassen. Die Schokoladensahne mit einem Schneebesen glatt rühren, bis die Schokolade vollständig geschmolzen ist. Die Schokoladensahne etwas abkühlen lassen, dann zugedeckt 2–3 Stunden in den Kühlschrank stellen.

2. Die weiße Schokolade fein hacken. Den Backofen vorheizen.
Ober-/Unterhitze: etwa 180 °C
Heißluft: etwa 160 °C

3. Für den Teig Butter oder Margarine mit einem Mixer (Rührstäbe) auf höchster Stufe geschmeidig rühren. Nach und nach Zucker, Aroma und Zimt unterrühren. So lange rühren, bis eine gebundene Masse entstanden ist.

4. Eier nach und nach unterrühren (jedes Ei etwa ½ Minute). Die Mandeln mit Mehl und Backpulver mischen, auf mittlerer Stufe kurz unterrühren. Zuletzt die fein gehackte Schokolade unterheben.

5. Den Teig in die Mulden einer Muffinform (für 12 Muffins, mit Papierbackförmchen ausgelegt) geben und glatt streichen. Die Form auf dem Rost in den vorgeheizten Backofen schieben. Die Cupcakes **etwa 25 Minuten backen.**

6. Die Form auf einen Kuchenrost stellen. Cupcakes etwa 5 Minuten in der Form abkühlen lassen. Anschließend aus der Form lösen und auf dem Kuchenrost erkalten lassen.

7. Zum Garnieren die Kuvertüre grob hacken. Zwei Drittel davon in einem Topf im Wasserbad bei schwacher Hitze unter Rühren schmelzen. Den Topf aus dem Wasserbad nehmen und die restliche Kuvertüre darin unter Rühren schmelzen. Die Kuvertüre auf ein Backblech (mit Backpapier belegt) 2–3 mm dick glatt verstreichen. Die Kuvertüre fest werden lassen.

8. Mit den Buchstabenförmchen vorsichtig Buchstaben aus der Kuvertüre ausstechen. Die Schokoladenbuchstaben vorsichtig vom Backpapier lösen.

9. Die Canache-Creme kurz durchrühren. Auf jeden Cupcake etwas von der Creme verstreichen. Die Schokoladenbuchstaben vorsichtig in die Creme drücken. Die Cupcakes mit Puderzucker bestäuben.

Tipp: Sie können zum Garnieren auch die passenden Buchstaben aus einem fertigen Schoko-Dekor-Alphabet oder Schoko-Dekor-Herzen verwenden.

Vanille-Pudding-Muffins I

Fruchtig

12 Stück

Pro Stück: E: 4 g, F: 10 g, Kh: 26 g, kJ: 892, kcal: 213, BE: 2,0

Zum Vorbereiten:

200 g frische oder
150 g TK-Heidelbeeren

Für den All-in-Teig:

225 g Weizenmehl
2 gestr. TL Dr. Oetker Backin
50 g Zucker
1 Pck. Dr. Oetker Vanillin-Zucker
1 Pck. Dr. Oetker Finesse Geriebene Zitronenschale
1 Prise Salz
2 Eier (Größe M)
100 g Butter oder Margarine (zimmerwarm)
100 g Joghurt (3,5 % Fett)

Für die Puddingcreme:

1 Pck. Backfeste Puddingcreme
200 ml Milch (3,5 % Fett)

etwas Puderzucker zum Bestäuben

Außerdem:

12 Muffin-Papierbackförmchen

Zubereitungszeit: 30 Minuten, ohne Abkühlzeit
Backzeit: etwa 30 Minuten

1. Zum Vorbereiten frische Heidelbeeren verlesen, vorsichtig abspülen, sehr gut abtropfen lassen und mit Küchenpapier trocken tupfen (TK-Heidelbeeren nicht auftauen lassen!).

2. Den Backofen vorheizen.
Ober-/Unterhitze: etwa 180 °C
Heißluft: etwa 160 °C

3. Für den Teig Mehl mit Backpulver in einer Rührschüssel mischen. Zucker, Vanillin-Zucker, Zitronenschale, Salz, Eier, Butter oder Margarine und Joghurt hinzufügen. Die Zutaten mit einem Mixer (Rührstäbe) zunächst kurz auf niedrigster, dann auf höchster Stufe in etwa 2 Minuten zu einem glatten Teig verarbeiten.

4. Die Heidelbeeren (TK-Heidelbeeren unaufgetaut) vorsichtig mit einem Teigschaber unterheben (nicht zu stark rühren, die Früchte färben sonst den Teig lila).

5. Den All-in-Teig in die Mulden einer Muffinform (für 12 Muffins, mit Papierbackförmchen ausgelegt) geben und glatt streichen. Jeweils in die Mitte eine Vertiefung drücken.

6. Für die Puddingcreme aus Puddingpulver und Milch nach Packungsanleitung – aber nur mit 200 ml Milch – eine Creme zubereiten. Die Creme mit einem Teelöffel in die Vertiefungen geben. Die Form auf dem Rost in den vorgeheizten Backofen schieben. Die Vanille-Pudding-Muffins **etwa 30 Minuten backen.**

7. Die Form auf einen Kuchenrost stellen. Die Muffins etwa 20 Minuten in der Form abkühlen lassen. Anschließend aus der Form lösen und auf dem Kuchenrost erkalten lassen. Die Muffins mit Puderzucker bestäubt servieren.

Vanille-Quark-Muffins

Fruchtig – für Gäste
12 Stück

Pro Stück: E: 6 g, F: 13 g, Kh: 39 g, kJ: 1275, kcal: 304, BE: 3,5

Zum Vorbereiten:
175 g Physalis (Kapstachelbeeren)

Für den All-in-Teig:
150 g Weizenmehl
2 TL Dr. Oetker Backin
1 Prise Salz
150 g Zucker
1 Pck. Grießbrei nach klassischer Art (92 g)
3 Eier (Größe M)
125 g Butter oder Margarine (zimmerwarm)
200 g Speisequark (40 % Fett)
100 g Vanillejoghurt

Für den Guss:
100 g Puderzucker
2–4 TL heißes Wasser oder Zitronensaft

Zubereitungszeit: 25 Minuten, ohne Abkühlzeit
Backzeit: etwa 25 Minuten

1. Zum Vorbereiten Physalis abspülen und trocken tupfen. 12 Physalis beiseitelegen. Die restlichen Früchte aus den Hülsen lösen und halbieren.

2. Den Backofen vorheizen.
Ober-/Unterhitze: etwa 180 °C
Heißluft: etwa 160 °C

3. Für den Teig Mehl mit Backpulver und Salz in einer Rührschüssel mischen. Restliche Zutaten hinzufügen und mit einem Mixer (Rührstäbe) zunächst kurz auf niedrigster, dann auf höchster Stufe in etwa 2 Minuten zu einem glatten Teig verarbeiten. Die halbierte Physalis unterheben.

4. Den Teig in die Mulden einer Muffinform (für 12 Muffins, gefettet, gemehlt oder mit Papierbackförmchen ausgelegt) geben und glatt streichen. Die Form auf dem Rost in den vorgeheizten Backofen schieben und die Vanille-Quark-Muffins **etwa 25 Minuten backen.**

5. Die Form auf einen Kuchenrost stellen. Die Muffins etwa 10 Minuten in der Form abkühlen lassen. Anschließend aus der Form lösen und dem Kuchenrost erkalten lassen.

6. Für den Guss Puderzucker mit Wasser oder Zitronensaft zu einem dünnflüssigen Guss verrühren. Die Muffins damit besprenkeln. Jeweils 1 Physalis daraufsetzen. Den Guss fest werden lassen.

Very-Berry-Cakes | Fruchtig – Eisgenuss

12 Stück

Pro Stück: E: 2 g, F: 13 g, Kh: 19 g, kJ: 850, kcal: 203, BE: 1,5

Für die Eismasse:

200 g TK-Beerenmischung
100 g Extra Gelierzucker (2:1)
100 g kleine Baisertupfen (Fertigprodukt)
350 g Schlagsahne (mind. 30 % Fett)
1 Pck. Dr. Oetker Vanillin Zucker

Für das Topping:

150 g Schlagsahne (mind. 30 % Fett)
1 TL Zucker
24 vorbereitete, frische Himbeeren

Außerdem:

12 Muffin-Papierbackförmchen

Zubereitungszeit: 30 Minuten
Gefrierzeit: etwa 6 Stunden

1. Für die Eismasse die gefrorenen Beeren mit dem Gelierzucker in einem kleinen Topf bei mittlerer Hitze zum Kochen bringen, dabei ab und zu umrühren. Den Topf von der Kochstelle nehmen und die Beeren erkalten lassen.

2. Die Baisertupfen in einen Gefrierbeutel füllen. Den Beutel fest verschließen. Die Baisertupfen mit einer Teigrolle grob zerbröseln.

3. Die Sahne mit dem Vanillin-Zucker mit einem Mixer (Rührstäbe) steif schlagen. Die Sahne unter die erkalteten Beeren heben. Zuletzt die Baiserbrösel unterheben.

4. Die Eismasse in die Mulden einer Muffinform (für 12 Muffins, mit Papierbackförmchen ausgelegt) geben. Die Muffinform mit Frischhaltefolie zugedeckt mindestens 6 Stunden in das Gefrierfach stellen.

5. Für das Topping Sahne und Zucker mit dem Mixer (Rührstäbe) steif schlagen. Die Sahne in einen Spritzbeutel mit Sterntülle (Ø etwa 1 cm) füllen. Very-Berry-Cakes aus der Muffinform nehmen, mit der Sahne verzieren, mit je 2 Himbeeren garnieren und sofort servieren.

Vollkornmuffins, gefüllte

Fruchtig – cremig gefüllt

12 Stück

Pro Stück: E: 4 g, F: 14 g, Kh: 33 g, kJ: 1143, kcal: 273, BE: 2,5

Für den Teig:

220 g Vollkorn-Weizenmehl
3 gestr. TL Dr. Oetker Backin
1 Prise Salz
130 g brauner Zucker
1 Pck. Dr. Oetker Bourbon-Vanille-Zucker
200 ml Buttermilch
100 ml Speiseöl, z. B. Sonnenblumenöl
2 Eier (Größe M)

Für die Füllung:

200 g Schmand (Sauerrahm)
150 g Kirsch- oder Beerenkonfitüre

Zum Bestäuben:

etwas Puderzucker

Zubereitungszeit: 25 Minuten, ohne Abkühlzeit
Backzeit: etwa 30 Minuten

1. Den Backofen vorheizen.
Ober-/Unterhitze: etwa 180 °C
Heißluft: etwa 160 °C

2. Für den Teig Mehl mit Backpulver, Salz, Zucker und Vanille-Zucker in eine Rührschüssel geben und mit einem Schneebesen verrühren.

3. Buttermilch, Speiseöl und Eier in einem Rührbecher mit dem Schneebesen verrühren. Die flüssigen Zutaten zu der Mehlmischung in die Rührschüssel geben und zu einem glatten Teig verrühren.

4. Den Teig in die Mulden einer Muffinform (für 12 Muffins, gefettet, gemehlt) geben und glatt streichen. Die Form auf dem Rost in den vorgeheizten Backofen schieben. Die Muffins **etwa 30 Minuten backen.**

5. Die Form auf einen Kuchenrost stellen. Muffins etwa 5 Minuten in der Form abkühlen lassen. Anschließend aus der Form lösen und auf dem Kuchenrost erkalten lassen. Muffins waagerecht halbieren.

6. Für die Füllung Schmand glatt rühren. Die unteren Muffinhälften zunächst mit je 1 Esslöffel Schmand bestreichen. Anschließend 1–2 Teelöffel Konfitüre daraufgeben. Die oberen Muffinhälften daraufsetzen und mit Puderzucker bestäuben.

Tipp: Zum Füllen können Sie auch Apfelkompott oder eine andere Konfitüre, Marmelade oder ein Pflaumenmus verwenden.

Waldmeister-Zitronen-Muffins

Für Kinder – schnell

12 Stück

Pro Stück: E: 3 g, F: 10 g, Kh: 33 g, kJ: 984, kcal: 235, BE: 3,0

Für den Schüttelteig:

200 g Weizenmehl
2 TL Dr. Oetker Backin
1 Prise Salz
125 g Puderzucker
1 Pck. Dr. Oetker Finesse Geriebene Zitronenschale
2 Eier (Größe M)
100 ml Speiseöl, z. B. Sonnenblumenöl
175 ml Limonade mit Waldmeister-Geschmack

Für den Guss:

100 g Puderzucker
2–3 TL Zitronensaft

Zubereitungszeit: 15 Minuten, ohne Abkühlzeit
Backzeit: etwa 25 Minuten

1. Den Backofen vorheizen.
Ober-/Unterhitze: etwa 180 °C
Heißluft: etwa 160 °C

2. Für den Teig das Mehl mit Backpulver, Salz und Puderzucker mischen, in eine verschließbare Schüssel (etwa 3 l) geben. Zitronenschale, Eier, Speiseöl und Limonade hinzufügen und die Schüssel mit dem Deckel fest verschließen. Schüssel mehrmals kräftig schütteln (insgesamt 15–30 Sekunden), sodass alle Zutaten gut vermischt sind.

3. Alles mit einem Schneebesen oder Rührlöffel nochmals sorgfältig durchrühren, damit trockene Zutaten vom Rand mit untergerührt werden.

4. Teig in die Mulden einer Muffinform (für 12 Muffins, gefettet, gemehlt) geben und glatt streichen. Die Form auf dem Rost in den vorgeheizten Backofen schieben. Die Waldmeister-Zitronen-Muffins **etwa 25 Minuten backen.**

5. Die Form auf einen Kuchenrost stellen. Die Muffins etwa 10 Minuten in der Form abkühlen lassen. Anschließend aus der Form lösen und auf dem Kuchenrost erkalten lassen.

6. Für den Guss Puderzucker mit Zitronensaft zu einer streichfähigen Masse verrühren. Die Muffins damit überziehen. Den Guss fest werden lassen.

Tipp: Für ein intensives Grün den Teig zusätzlich mit grüner Speisefarbe färben.

Walnuss-Muffins mit Ahornsirup

Raffiniert – schnell

12 Stück

Pro Stück: E: 5 g, F: 16 g, Kh: 27 g, kJ: 1155, kcal: 276, BE: 2,5

Zum Vorbereiten:

100 g Walnusskerne

Für den Teig:

50 g Vollkorn-Weizenmehl
150 g Weizenmehl
3 gestr. TL Dr. Oetker Backin
1 Prise Salz
100 brauner Zucker
1 Pck. Dr. Oetker Vanillin-Zucker
150 ml Buttermilch
80 ml neutrales Speiseöl, z. B. Sonnenblumenöl
2 Eier (Größe M)

Zum Garnieren und Bestreichen:

12 Walnusskerne
80 ml Ahornsirup (Grad A)

Außerdem:

Holzstäbchen (Schaschlikstäbchen)

Zubereitungszeit: 25 Minuten
Backzeit: etwa 25 Minuten

1. Zum Vorbereiten Walnusskerne sehr fein hacken, evtl. in einem Blitzhacker.

2. Den Backofen vorheizen.
Ober-/Unterhitze: etwa 180 °C
Heißluft: etwa 160 °C

3. Für den Teig beide Mehlsorten mit Backpulver, Salz, Zucker, Vanillin-Zucker und gehackten Walnusskerne in einer Rührschüssel mit einem Schneebesen verrühren.

4. Buttermilch, Speiseöl und Eier in einem Rührbecher mit einem Schneebesen glatt rühren. Die flüssigen Zutaten zu der Mehl-Walnusskern-Mischung in die Rührschüssel geben und zu einem glatten Teig verrühren.

5. Den Teig in die Mulden einer Muffinform (für 12 Muffins, gefettet, gemehlt) geben und glatt streichen. Zum Garnieren die Walnusskerne auf dem Teig verteilen.

6. Die Form auf dem Rost in den vorgeheizten Backofen schieben. Muffins **etwa 25 Minuten backen.**

7. Die Form auf einen Kuchenrost stellen. Die heißen Muffins sofort mit einem Holzstäbchen jeweils um die Nusshälften herum mehrmals einstechen und mit Ahornsirup bestreichen. Sobald der Sirup aufgesogen ist, Muffins aus der Form nehmen und auf dem Kuchenrost erkalten lassen.

Weihnachtliche Cupcakes

Mit Alkohol

12 Stück

Pro Stück: E: 4 g, F: 16 g, Kh: 37 g, kJ: 1335, kcal: 320, BE: 3,0

Zum Vorbereiten:

100 g getrocknete Aprikosen
100 g getrocknete Pflaumen
80 g getrocknete Äpfel
50 g kandierter Ingwer
3 EL Whisky oder Rum
100 ml kochendes Wasser
50 g Rollfondant
1 EL Puderzucker
etwas Wasser
etwas Zucker

Für den Teig:

120 g Butter (zimmerwarm)
1 Prise Salz
80 g Zucker
2 Eier (Größe M)
120 g Weizenmehl
1 ½ gestr. TL Dr. Oetker Backin
80 g Kokosraspel

Für das Topping:

180 ml kalte Milch (1,5 % Fett)
1 Pck. Cocos-Sahne-Likör-Mousse (Dessertpulver)
2 EL Kokosraspel

Außerdem:

12 Muffin-Papierbackförmchen
Schneeflocken- und Stern-Ausstechförmchen

Zubereitungszeit: 50 Minuten, ohne Kühlzeit
Backzeit: 25–30 Minuten

1. Zum Vorbereiten Aprikosen, Pflaumen, Äpfel und Ingwer grob hacken. Die Früchte in eine Schüssel geben, mit Whisky oder Rum beträufeln und mit kochendem Wasser übergießen. Die Schüssel zugedeckt beiseitestellen.

2. Rollfondant auf etwas Puderzucker etwa 2 mm dick ausrollen, mit Ausstechformen Schneeflocken und Sterne ausstechen. Die Schneeflocken und Sterne dünn mit Wasser bepinseln und mit Zucker bestreuen. Die Rollfondant-Schneeflocken und -Sterne auf einem Bogen Backpapier trocknen lassen.

3. Den Backofen vorheizen.
Ober-/Unterhitze: etwa 180 °C
Heißluft: etwa 160 °C

4. Für den Teig Butter mit Salz und Zucker in einer Rührschüssel mit einem Mixer (Rührstäbe) zunächst kurz auf niedrigster, dann auf höchster Stufe etwa 4 Minuten schaumig schlagen. Eier nach und nach unterrühren (jedes Ei etwa ½ Minute).

5. Mehl mit Backpulver gut vermischen. Die Mehlmischung unter die Eier-Fett-Masse rühren. Früchte mit der Flüssigkeit und den Kokosraspeln mischen, dann unter den Teig heben. Den Teig in die Mulden einer Muffinform (für 12 Muffins, mit Papierbackförmchen ausgelegt) geben und glatt streichen. Die Form auf dem Rost in den vorgeheizten Backofen schieben und die Cupcakes **25–30 Minuten backen.**

6. Die Muffinform auf einen Kuchenrost stellen. Die Cupcakes etwa 5 Minuten in der Form abkühlen lassen. Anschließend aus der Form lösen und auf dem Kuchenrost erkalten lassen.

7. Für das Topping aus Milch und Dessertpulver nach Packungsanleitung eine Mousse herstellen. Die Mousse kurz in den Kühlschrank stellen. Die Mousse in einen Spritzbeutel mit Lochtülle (Ø etwa 1 cm) füllen und in Tupfen auf die Cupcakes spritzen. Die Cupcakes mit Kokosraspeln bestreuen und zugedeckt, sodass das Topping nicht zerdrückt wird, etwa 60 Minuten in den Kühlschrank stellen. Die Cupcakes vor dem Servieren mit den Schneeflocken und den Sternen garnieren.

Tipps: Wenn Sie auf Alkohol verzichten möchten, nehmen Sie einfach die gleiche Menge Wasser. Besonders festlich sehen die Cupcakes aus, wenn Sie sie vor dem Servieren in Cupcake-Manschetten oder -Wrapper hüllen.

Weincreme-Pilze, gefüllte

Mit Alkohol

12 Stück

Pro Stück: E: 4 g, F: 13 g, Kh: 25 g, kJ: 998, kcal: 239, BE: 2,0

Für den Biskuitteig:

50 g Butter oder Margarine
3 Eier (Größe M)
2 EL Weißwein
125 g Zucker
1 Pck. Dr. Oetker Vanillin-Zucker
100 g Weizenmehl
25 g Speisestärke
1 gestr. TL Dr. Oetker Backin
50 g abgezogene, gem. Mandeln

Für die Füllung:

200 g Schlagsahne (mind. 30 % Fett)
1 Pck. Sahnesteif
1 Pck. Dr. Oetker Vanillin-Zucker
3 EL Weißwein
200 g kernlose grüne und blaue Weintrauben

Zum Bestäuben:

etwas Puderzucker

Zubereitungszeit: 35 Minuten, ohne Kühlzeit
Backzeit: etwa 20 Minuten

1. Den Backofen vorheizen.
Ober-/Unterhitze: etwa 180 °C
Heißluft: etwa 160 °C

2. Für den Teig die Butter zerlassen und abkühlen lassen. Eier und Wein mit einem Mixer (Rührstäbe) auf höchster Stufe in 1 Minute schaumig schlagen. Zucker mit Vanillin-Zucker mischen, in 1 Minute einstreuen, dann noch etwa 2 Minuten schlagen.

3. Mehl mit Speisestärke und Backpulver mischen, auf die Eiercreme geben und kurz auf niedrigster Stufe unterrühren. Zuletzt die Mandeln und die flüssige Butter oder Margarine vorsichtig unterrühren.

4. Den Teig in die Mulden einer Muffinform (für 12 Muffins, gefettet, gemehlt) geben und glatt streichen. Die Form auf dem Rost in den vorgeheizten Backofen schieben. Die Muffins **etwa 20 Minuten backen.**

5. Die Form auf einen Kuchenrost stellen. Die Muffins etwa 10 Minuten in der Form abkühlen lassen. Anschließend aus der Form lösen und auf dem Kuchenrost erkalten lassen. Von den Muffins je einen Deckel abschneiden und beiseitelegen.

6. Für die Füllung Sahne mit Sahnesteif und Vanillin-Zucker steif schlagen. Den Wein vorsichtig unterheben. 2 Esslöffel der Weißweincreme abnehmen und in einen Spritzbeutel mit sehr kleiner Lochtülle füllen. Die restliche Weincreme mit einem Teelöffel auf die unteren Muffinteile streichen.

7. Die Weintrauben abspülen, entstielen und nach Belieben halbieren. 25–30 Weintrauben zum Garnieren beiseitelegen. Die restlichen Weintrauben auf die Weincreme legen. Die Muffindeckel darauflegen und leicht andrücken. Weincreme im Spritzbeutel in Tuffs auf die Deckel spritzen, mit den beiseitegestellten Weintrauben garnieren.

8. Die Weincreme-Pilze zugedeckt etwa 30 Minuten in den Kühlschrank stellen und vor dem Servieren mit Puderzucker bestäuben.

Tipp: Für Kinder statt Wein Apfelsaft, hellen Traubensaft oder Zitronenlimonade verwenden.

Weiße Cupcakes

Für Gäste

12 Stück

Pro Stück: E: 6 g, F: 32 g, Kh: 40 g, kJ: 1983, kcal: 474, BE: 3,5

Zum Vorbereiten:

100 g Rollfondant
1 EL Puderzucker

Für den Teig:

3 Eiweiß (Größe M)
1 Prise Salz
120 g Zucker
3 Eigelb (Größe M)
150 g Butter oder Margarine (zimmerwarm)
60 g Schmand (Sauerrahm)
170 g Weizenmehl
60 g geraspelte weiße Schokolade
1 1/2 gestr. TL Dr. Oetker Backin

Für das Topping:

200 g weiße Kuvertüre
160 g Schlagsahne (mind. 30 % Fett)
2 Blatt weiße Gelatine
200 g Schlagsahne (mind. 30 % Fett)
4 EL Kokosraspel

Außerdem:

12 Muffin-Papierbackförmchen
Blüten- und Schmetterlings-Ausstechförmchen

Zubereitungszeit: 40 Minuten, ohne Kühlzeit
Backzeit: 25–30 Minuten

1. Zum Vorbereiten Rollfondant durchkneten und auf etwas Puderzucker etwa 2 mm dünn ausrollen. Mit einer Ausstechform Blüten und Schmetterlinge ausstechen. Die Blüten in leere halbrunde Plastik-Pralinenverpackungen legen und trocknen lassen.

2. Für die Schmetterlinge einen Tonkarton wie eine Ziehharmonika falten und die Schmetterlinge darin trocknen lassen (im Foto hinten).

3. Den Backofen vorheizen.
Ober-/Unterhitze: etwa 180 °C
Heißluft: etwa 160 °C

4. Für den Teig das Eiweiß mit Salz mit einem Mixer (Rührstäbe) auf höchster Stufe steif schlagen. Eischnee 3 Minuten weiterschlagen, dabei nach und nach 100 g von dem Zucker unterschlagen. In einer anderen Rührschüssel Eigelb mit Butter oder Margarine und restlichem Zucker mit dem Mixer (Rührstäbe) zunächst kurz auf niedrigster, dann auf höchster Stufe etwa 4 Minuten schaumig schlagen. Zuletzt den Schmand unterheben.

5. Mehl mit Schokoladenraspeln und Backpulver gut vermischen, dann in 2 Portionen abwechselnd mit dem Eischnee unter die Eigelb-Fett-Masse rühren.

6. Dann den Teig in die Mulden einer Muffinform (für 12 Muffins, mit Papierbackförmchen ausgelegt) geben und glatt streichen. Die Form auf dem Rost in den vorgeheizten Backofen schieben und die Cupcakes **25–30 Minuten backen.** Die Form auf einen Kuchenrost stellen. Cupcakes nach etwa 5 Minuten aus der Form lösen und auf dem Kuchenrost erkalten lassen.

7. Für das Topping die Kuvertüre in grobe Stücke hacken. Die 160 g Sahne in einem Topf zum Kochen bringen. Den Topf von der Kochstelle nehmen. Die Kuvertüre in der Sahne unter Rühren schmelzen. Die Gelatine nach Packungsanleitung einweichen. Die Gelatine leicht ausdrücken und in der warmen Schokoladensahne auflösen, zugedeckt beiseitestellen.

8. 200 g Sahne steif schlagen. Sobald die vorbereitete Schokoladensahne anfängt dicklich zu werden, die geschlagene Sahne vorsichtig unterheben, kurz in den Kühlschrank stellen.

9. Die Deckel der Cupcakes vorsichtig abschneiden (Deckel anderweitig verwenden). Die weiße Schokoladenmousse mit einem Esslöffel kuppelförmig auf den Cupcakes verteilen und mit Kokosraspeln bestreuen. Die Cupcakes zugedeckt, sodass die Creme nicht zerdrückt wird, etwa 60 Minuten in den Kühlschrank stellen. Die Cupcakes vor dem Servieren mit Fondant-Blumen und -Schmetterlingen garnieren.

Zitronen-Baiser-Cakes

Mit feinem Rosmarin-Aroma

12 Stück

Pro Stück: E: 4 g, F: 13 g, Kh: 32 g, kJ: 1084, kcal: 259, BE: 2,5

Zum Vorbereiten:

1 Bio-Zitrone (unbehandelt, ungewachst)
2 mittelgroße Stängel Rosmarin

Für den Teig:

150 g Butter oder Margarine (zimmerwarm)
120 g Zucker
1 Prise Salz
2 Eier (Größe M)
2 Eigelb (Größe M)
4 EL Milch (3,5 % Fett)
160 g Weizenmehl
1 gestr. TL Dr. Oetker Backin

Für das Topping:

2 Eiweiß (Größe M)
100 g Zucker
60 g Lemoncurd
1 Stängel Rosmarin

Außerdem:

12 Muffin-Papierbackförmchen

Zubereitungszeit: 40 Minuten, ohne Abkühlzeit
Backzeit: 25–30 Minuten und 3–4 Minuten für das Bräunen des Baisers

1. Zum Vorbereiten die Zitrone heiß abwaschen, abtrocknen und die Schale fein abreiben. Die Zitrone halbieren und den Saft auspressen.

2. Rosmarin abspülen, trocken tupfen und die Nadeln von den Stängeln zupfen. Nadeln fein hacken.

3. Den Backofen vorheizen.
Ober-/Unterhitze: etwa 180 °C
Heißluft: etwa 160 °C

4. Für den Teig Butter oder Margarine mit einem Mixer (Rührstäbe) auf höchster Stufe geschmeidig rühren. Zucker, Zitronenschale, fein gehackten Rosmarin und Salz hinzufügen. Die Zutaten zunächst kurz auf niedrigster, dann auf höchster Stufe etwa 4 Minuten schaumig schlagen. Eier und Eigelb mit der Milch nach und nach unterrühren.

5. Mehl mit Backpulver mischen, auf die Eiermasse geben und unterheben. Den Teig in die Mulden einer Muffinform (für 12 Muffins, mit Papierbackförmchen ausgelegt) geben und glatt streichen.

6. Die Form auf dem Rost in den vorgeheizten Backofen schieben. Cupcakes **25–30 Minuten backen.**

7. Die Form auf einen Kuchenrost stellen. Die **Backofentemperatur auf etwa 240 °C erhöhen (gilt für Ober-/Unterhitze und Heißluft).**

8. Zitronensaft mit Wasser auf 50 ml ergänzen. Die heißen Cupcakes mit dem Zitronensaft bestreichen. Cupcakes etwa 5 Minuten in der Form abkühlen lassen. Anschließend aus der Form lösen und auf dem Kuchenrost erkalten lassen.

9. Für das Topping Eiweiß mit dem Mixer (Rührstäbe) auf höchster Stufe steif schlagen. Der Schnee muss so fest sein, dass ein Messerschnitt sichtbar bleibt. Nach und nach den Zucker unterschlagen und so lange schlagen, bis der Eischnee stark glänzt.

10. Den Eischnee in einen Spritzbeutel mit großer Sterntülle (Ø 1–1 ½ cm) füllen. Auf jeden Cupcake einen dicken Eischneering spritzen. Die Cupcakes auf ein Backblech stellen.

11. Das Backblech in den heißen Backofen schieben (mittlere Einschubleiste). Den Baiserring in **3–4 Minuten bräunen.** Die Cupcakes auf einem Kuchenrost erkalten lassen.

12 Lemoncurd glatt rühren. Jeweils 1 Teelöffel davon in die Baiserringe füllen. Rosmarin abspülen, trocken tupfen und die Nadeln von den Stängeln zupfen. Die Cakes mit den Rosmarinnadeln garnieren und sofort servieren.

Zitronen-Buttermilch-Muffins

Schnell

12 Stück

Pro Stück: E: 5 g, F: 12 g, Kh: 37 g, kJ: 1138, kcal: 272, BE: 3,0

Für den All-in-Teig:

1 Bio-Zitrone (unbehandelt, ungewachst)
200 g Weizenmehl
3 TL Dr. Oetker Backin
200 g Zucker
1 Pck. Dr. Oetker Vanillin-Zucker
2 Eier (Größe M)
200 ml Zitronen-Buttermilch

Für den Belag:

50 g Butter
50 g Zucker
125 g gehobelte Mandeln oder gehobelte Haselnusskerne oder Kokosraspel

Außerdem:

12 Muffin-Papierbackförmchen

Zubereitungszeit: 20 Minuten
Backzeit: etwa 25 Minuten

1. Den Backofen vorheizen.
Ober-/Unterhitze: etwa 180 °C
Heißluft: etwa 160 °C

2. Für den Teig Zitrone heiß abwaschen, abtrocknen und die Schale fein abreiben. Mehl mit Backpulver in einer Rührschüssel mischen. Restliche Zutaten und die Zitronenschale hinzufügen und mit einem Mixer (Rührstäbe) zunächst kurz auf niedrigster, dann auf höchster Stufe in etwa 2 Minuten zu einem glatten Teig verarbeiten.

3. Den Teig in die Mulden einer Muffinform (für 12 Muffins, mit Papierbackförmchen ausgelegt) geben und glatt streichen. Die Form auf dem Rost in den vorgeheizten Backofen schieben. Die Muffins **etwa 10 Minuten vorbacken.**

4. Die Form auf einen Kuchenrost stellen.

5. Für den Belag Butter mit Zucker in einem Topf zerlassen. Mandeln oder Haselnusskerne oder Kokosraspel unterrühren. Die Masse auf die vorgebackenen Muffins streichen. Das Backblech wieder in den heißen Backofen schieben. Die Muffins **bei gleicher Backofentemperatur in etwa 15 Minuten fertig backen.**

6. Die Form auf einen Kuchenrost stellen. Die Muffins etwa 10 Minuten in der Form abkühlen lassen. Anschließend aus der Form lösen und auf dem Kuchenrost erkalten lassen.

Tipp: Statt frischer Zitronenschale können Sie auch 1 Päckchen Dr. Oetker Finesse Geriebene Zitronenschale verwenden.

Zitronen-Cupcakes

Feiner Genuss – erfrischend
12 Stück

Pro Stück: E: 4 g, F: 10 g, Kh: 29 g,
kJ: 929, kcal: 222, BE: 2,5

Zum Vorbereiten:
1 1/2 Bio-Zitronen (unbehandelt, ungewachst)
3 Eiweiß (Größe M)
140 g Zucker

Für den Rührteig:
100 g Butter oder Margarine (zimmerwarm)
100 g Zucker
1 Pck. Dr. Oetker Vanillin-Zucker
3 Eigelb (Größe M)
130 g Weizenmehl
2 gestr. TL Dr. Oetker Backin

30 g gehackte Mandeln

Außerdem:
12 Muffin-Papierbackförmchen

Zubereitungszeit: 40 Minuten
Backzeit: etwa 25 Minuten

1. Zum Vorbereiten die Zitronen heiß abwaschen, abtrocknen und die Schale fein abreiben. Von den Zitronen den Saft auspressen.

2. Eiweiß mit einem Mixer (Rührstäbe) auf höchster Stufe steif schlagen. Der Schnee muss so fest sein, dass ein Messerschnitt sichtbar bleibt. Nach und Nach Zucker und 1 Teelöffel von dem Zitronensaft unterschlagen. Die Baisermasse in den Kühlschrank stellen.

3. Den Backofen vorheizen.
Ober-/Unterhitze: etwa 180 °C
Heißluft: etwa 160 °C

4. Für den Teig Butter oder Margarine mit einem Mixer (Rührstäbe) auf höchster Stufe geschmeidig rühren. Nach und nach Zucker und Vanillin-Zucker unterrühren. So lange rühren, bis eine gebundene Masse entstanden ist.

5. Eigelb nach und nach unterrühren. Zitronenschale und 2 Esslöffel von dem Zitronensaft hinzufügen. Mehl mit Backpulver mischen, ebenfalls hinzufügen und auf mittlerer Stufe kurz unterrühren.

6. Den Teig in die Mulden einer Muffinform (für 12 Muffins, mit Papierbackförmchen ausgelegt) geben und glatt streichen. Die Baisermasse mit einem Teelöffel gleichmäßig daraufhäufen und mit den Mandeln bestreuen. Die Form auf dem Rost in den vorgeheizten Bachofen schieben. Die Zitronen-Cupcakes **etwa 25 Minuten backen.**

7. Die Form auf einen Kuchenrost stellen. Die Zitronen-Cupcakes etwa 5 Minuten in der Form abkühlen lassen. Anschließend aus der Form lösen und auf dem Kuchenrost erkalten lassen.

Mit Alkohol

Ohne zu backen

Für Kinder

Schnell & einfach

Fein & besonders

Fettarm

Gut vorzubereiten

Gefüllt

Kaiserstraße 14 b
D-80801 München

7. Auflage 2016

ISBN: 978-3-7670-1712-2

Projektleitung: Carola Reich

Redaktionelle Mitarbeit: Christina Langner

Lektorat: no:vum, Susanne Noll

Nährwertberechnungen: Nutri Service, Hennef

Titelgestaltung: kontur:design GmbH

Grafische Gestaltung und Satz: MDH Haselhorst

Fotografie: Walter Cimbal, Hamburg (S. 16, 19, 21, 29, 34, 72, 97, 106, 143, 192, 264)
Fotostudio Diercks: Thomas Diercks/Kai Boxhammer/Christiane Krüger, Hamburg (S. 5, 7, 9, 11, 20, 22, 24, 25, 28, 30, 33, 38, 42, 46, 48–50, 53, 55, 56, 63, 69–71, 73, 75–77, 79, 85, 88, 89, 91–95, 100, 104, 108, 111, 115, 116, 120, 127, 128, 135–137, 139, 140, 146–150, 157, 165–169, 173, 174, 175, 180, 182, 183, 193–195, 200–206, 209, 212–217, 219, 222, 227, 229, 235–248, 250–256, 260, 269, 271, 274, 281)
Ulli Hartmann, Halle/Westf. (S. 6, 10, 45, 51, 82, 101, 107, 114, 117, 133, 134, 191, 220, 221, 233, 266, 267, 270, 280)
Janne Peters, Hamburg (S. 113)
Antje Plewinski, Berlin (S. 68, 162, 228)
Anke Politt, Hamburg (S. 12, 15, 23, 27, 37, 41, 57, 58, 61, 64, 67, 74, 80, 83, 87, 98, 103, 110, 119, 123, 124, 129, 131, 138, 151, 153, 154, 155, 159, 160, 177, 178, 181, 185, 187, 188, 197, 198, 208, 211, 225, 249, 257, 263, 268, 273, 277, 278)
Axel Struwe, Bielefeld (S. 39, 47, 65, 90, 141, 179, 218, 232, 275)
Brigitte Wegner, Bielefeld (S. 14, 17, 35, 43, 59, 84, 132, 144, 145, 152, 163, 172, 190, 226, 231, 234, 259)

Producing: Jan Russok, Peter Karg-Cordes

Druck & Bindung: Optimal media GmbH, Röbel/Müritz

Die Bücher und E-Books unter der Marke Dr. Oetker Verlag erscheinen als Lizenz in der ZS Verlag GmbH. www.oetker-verlag.de | www.facebook.de/Dr.OetkerVerlag

Die ZS Verlag GmbH ist ein Unternehmen der Edel AG, Hamburg.
www.zsverlag.de / www.facebook.de/zs-verlag

Für Fragen, Vorschläge oder Anregungen steht Ihnen der Verbraucherservice der Dr. Oetker Versuchsküche Telefon: 00800 71 72 73 74 Mo.–Fr. 8:00–18:00 Uhr, Sa. 9:00–15:00 Uhr (gebührenfrei in Deutschland) zur Verfügung.